L.1264.
+ G.31.

COLLECTION

DES CHRONIQUES

NATIONALES FRANÇAISES.

COLLECTION
DES CHRONIQUES
NATIONALES FRANÇOISES,

ÉCRITES EN LANGUE VULGAIRE

DU TREIZIÈME AU SEIZIÈME SIÈCLE.

AVEC NOTES ET ÉCLAIRCISSEMENTS,

PAR J. A. BUCHON.

XVe SIÈCLE.

PARIS.

VERDIÈRE, LIBRAIRE, QUAI DES AUGUSTINS, N° 25.
J. CAREZ, RUE HAUTEFEUILLE, N° 18.

M DCCC XXVI.

CHRONIQUES

D'ENGUERRAND

DE MONSTRELET.

IMPRIMERIE D'HIPPOLYTE TILLIARD,
RUE DE LA HARPE, N° 78.

CHRONIQUES

D'ENGUERRAND

DE MONSTRELET,

NOUVELLE ÉDITION,

ENTIÈREMENT REFONDUE SUR LES MANUSCRITS,
AVEC NOTES ET ÉCLAIRCISSEMENTS,

PAR J. A. BUCHON.

TOME VI.

PARIS.

VERDIÈRE, LIBRAIRE, QUAI DES AUGUSTINS, N° 25.
J. CAREZ, RUE HAUTEFEUILLE, N° 18.

M DCCC XXVI.

CHRONIQUES

D'ENGUERRAND

DE MONSTRELET.

LIVRE SECOND.

CHAPITRE CVII.

Comment le duc de Bar vint en la comté de Vaudemont pour la conquerre à force.

Or est vérité qu'au temps et à l'occasion de la guerre jà piéça émue, et dont en autre lieu est faite mention, entre René, duc de Bar, et Antoine de Lorraine, comte de Vaudemont, son ennemi, fit très grande assemblée de gens d'armes, tant des duchés de Bar et de Lorraine, comme des pays d'Allemagne et de plusieurs autres lieux, jusques au nombre de six mille combattants ou environ, desquels étoient les principaux les comtes de Salmes, de Salvines et de Limage, l'évêque de Metz, messire Thibaut de Barbey, et aucuns autres nobles hommes et de grand état. Et si étoit avec eux ce gentil et renommé chevalier, le seigneur de Barbazan, au plaisir et induction duquel, ou au moins en la plus grand' partie, le dessusdit duc de Bar conduisoit son armée et exercite, pour ce qu'il étoit expert, subtil et renommé en fait de guerre. Lesquels grandement aornés et pourvus de grand nombre de charrois, vivres, artilleries et autres habillements de guerre, furent par ledit duc capitaine conduits et menés devant la ville de Vaudemont, chef-lieu et chef de ladite comté, laquelle fut en assez fort lieu. Et avec ce étoit bien réparée et pourvue, pour attendre guerre, tant de vivres et d'artillerie comme de gens et autres choses nécessaires, pour ce que par avant ledit comte étoit assez averti pour la venue de ses ennemis, et y avoit en son lieu constitué capitaine de ladite ville un nommé Gérard de Passenchault, bailli d'icelle comté, et Henri de Fouquencourt, lesquels deux firent bonne diligence de défendre et résister contre leurs adversaires. Néanmoins ils furent en assez bref terme assiégés et environnés de toutes parts, parce que leursdits adversaires étoient en très grand nombre au regard d'eux, et ne les pouvoient de ce détourber.

Et d'autre part lesdits assiégeants coururent, ravirent et dégâtèrent par feu et par épée la plus grand' partie de la comté de Vaudemont, dont grandement déplut audit comte; mais à présent lui convenoit souffrir et endurer, pour ce qu'il n'étoit mie assez puissant pour y remédier. Si garnit les forteresses qui étoient en son obéissance de ce qu'il avoit de gens, et si conclut qu'il se retrairoit devers le duc Philippe de Bourgogne, duquel il avoit toujours tenu le parti, pour lui requerre humblement qu'il lui voulsît bailler aide de ses gens, afin qu'il pût délivrer sadite ville de ses ennemis, laquelle étoit assiégée, comme dit est. Lequel duc il trouva en son pays de Flandre.

Et après qu'il lui eut raconté ses affaires et la grand' nécessité en laquelle étoit la dessusdite ville de Vaudemont, ledit duc de Bourgogne lui fit réponse que de sa requête il parleroit volontiers à son conseil, et lui feroit brièvement réponse, et la meilleure aide que bonnement pourroit.

Et alors étoient venus des parties de Bourgogne, par-devers ledit duc, n'avoit point encore grandement, messire Antoine de Toulongeon, maréchal de Bourgogne, et aucuns autres notables personnes envoyés d'icelui pays, pour remontrer audit duc les grands affaires qui étoient en sondit pays de Bourgogne, par le moyen des François et Bourbonnois ses ennemis, qui, chacun jour incessamment, faisoient èsdites parties très grandes occisions et dommages, par feu et par épée, et avoient déjà conquis plusieurs bonnes villes et forteresses, au grand dommage et préjudice desdits pays, et étoient bien en volonté de plus avant conquerre, si par lui n'y étoit pourvu; requérant à icelui très humblement, qu'il lui plût, pour la salvation de ses pays, à eux faire aide de ses capitaines de Picardie, accompagnés de certain nombre de gens d'armes, et par espécial, de gens de traits, lesquels, comme ils disoient, leur étoient moult nécessaires.

Sur lesquelles deux requêtes dessusdites, ledit duc assembla plusieurs fois avec lui ceux de son conseil, pour avoir avis comment il pourroit besogner sur les affaires dessusdites. Si furent lesdites besognes moult débattues. Et lui remontroit-on comment les François ses ennemis étoient d'autre partie tout à l'environ des marches de Picardie, prêts et désirant d'entrer en son pays d'Artois; disant que s'il se défournissoit de ses Picards, et sesdits ennemis le savoient, ils lui pourroient porter un très grand préjudice.

Nonobstant toutefois tous les périls qui s'ensuivoient ou pourroient s'ensuivre, fut enfin conclu, pour le mieux faire que laisser, qu'on bailleroit audit maréchal, certain nombre de combattants, jusques à mille ou douze cents, lesquels seroient conduits et menés par aucuns chefs de la marche de Picardie, au-dessous dudit maréchal à tous les dessusdits ; et ceux qu'ils pourroient avoir en Bourgogne, feroient au comte de Vaudemont le plus grand aide et secours qu'ils pourroient.

Après laquelle conclusion fut avisé quelles gens on pourroit prendre pour conduire cette entreprise; mais il y eut peu de gens d'état qui en voulussent entreprendre la charge, pource que c'étoit loin, et en pays où leurs ennemis étoient forts, et s'attendoient être petitement payés de leurs gages, ainsi que passé long-temps on avoit accoutumé de faire. Néanmoins le dessusdit maréchal de Bourgogne, le comte de Vaudemont, et aucuns autres de leurs marches, qui avoient lesdites besognes plus au cœur que les besognes de Picardie, conclurent ensemble qu'ils prendroient tels gens qu'ils pourroient avoir.

Et adonc firent parler à Matthieu de Humières, à un nommé Robinet de Huchechien, le bâtard de Fosseux, le bâtard de Neuville, Garin, bâtard de Brimeu, et aucuns autres gentilshommes et hommes d'armes de moyen état, lesquels en leur pays n'avoient pas grands revenus ni tels états qu'ils désiroient à avoir, savoir s'ils voudroient assembler gens de guerre pour aller avec eux là où ils les mèneroient, pour quérir leurs aventures. Lesquels tantôt, tant pour les dons et promesses qui leur furent faites par lesdits seigneurs comme par les moyens d'autres nobles du pays, firent réponse qu'ils iroient très volontiers. Si assemblèrent à l'entrée de mai, en plusieurs lieux, ce qu'ils purent avoir de gens, jusques au nombre de mille à douze cents combattants, et eurent congé et mandement patent, de par le duc de Bourgogne, d'assembler et entretenir certaine espace de temps les dessusdits, desquels la plus grand' partie étoient pauvres compagnons, qui de long-temps avoient accoutumé à vivre d'avantage, et à tenir les champs tant en leur marche qu'ailleurs. Et pour ce, on ne faisoit point grand' force s'ils s'en alloient dehors, et aussi s'ils ne retournoient en long-temps : toutefois il en y avoit la plus grand' partie de roides, vigoureux, et bien usités en fait de guerre.

Et après qu'ils furent assemblés en plusieurs compagnies, ils se tirèrent vers le pays de Cambrésis, et passèrent à montre (revue) à un grand village, nommé Solames, appartenant à l'abbé de Saint-Denis, en France. Et de là chevauchèrent ledit maréchal, et aucuns autres seigneurs de Bourgogne, jusques à Rethel, où ils reçurent aucun paiement pour leurs gages, et par Saint-Ménehoult s'en retournèrent en Bourgogne, où ils furent aucun petit de temps, en attendant que l'armée des Bourguignons fût prête.

Et entre temps que toutes ces assemblées se faisoient, le dessusdit duc de Bar, atout très grand' puissance de gens, étoit, comme dessus est dit, au siége devant la ville de Vaudemont, et icelle, par l'espace de trois mois continuels, par plusieurs et diverses manières, avoit très fort combattue et endommagée de ses engins, et tant, que les assiégés avoient très grand' nécessité de griefs affaires. Mais, parce qu'ils espéroient avoir aucun brief secours par le moyen du comte, leur seigneur, duquel ils oyoient souvent nouvelle par messages secrets, ils en portoient plus patiemment leurs adversités. Et par le moyen et conduite des deux chefs dessus nommés, firent si très bonne diligence d'eux défendre, que, durant ledit siège, ne purent ni durent de leurdit seigneur être reprochés d'aucune négligence.

CHAPITRE CVIII.

Comment le duc de Bar, qui avoit assiégé la ville de Vaudemont, fut combattu du comte de Vaudemont, et déconfit par lui et ses aidants.

Après que le maréchal de Bourgogne eut fait son amas et assemblée ès pays de Bourgogne et à l'environ, il se tira atout iceux vers Langres, et de là, atout ses Bourguignons et Picards, prit son chemin devers le pays de Barrois, où s'assembla avec lui le comte de Vaudemont avec tout ce qu'il put avoir de gens; et quand ils furent tous mis en un seul ost, où ils pouvoient être environ quatre mille combattants, et desquels étoient les principaux, le dessusdit Antoine de Toulongeon, maréchal de Bourgogne, le comte de Vaudemont, le seigneur d'Auter, Gérard de Marigny, le comte de Fribourg, le seigneur de Merebeau, le seigneur de Sez, le seigneur de Roland, messire Ymbert, maréchal Savoyen; le bâtard de Vergy, Matthieu de Humières, neveu du devantdit seigneur d'Antoing, messire Jean de Cardonne, seigneur de Bichancourt, Boort de Bazentin, et un gentil chevalier anglois, nommé messire Jean Ladan, et messire Thomas Gergeran. Et étoit ledit sire Jean capitaine de Montigny-le-Roi, et avoit avec lui six vingts combattants ou environ, avec plusieurs notables gentilshommes d'armes experts et renommés en faits de guerre; et par bonne ordonnance, commencèrent à chevaucher parmi le pays de Barrois, et avoient avec eux de seize à vingt chars et charrettes chargés de vivres, canons, artillerie, et autres besognes nécessaires à guerre. Auquel pays de Barrois ils firent bouter les feux en plusieurs lieux; et ainsi, en dégâtant pays, vinrent loger à un gros village nommé Sandacourt, sept lieues près de leurs ennemis, et y arrivèrent un samedi au soir. Et le lendemain, qui fut le dimanche, pour tant qu'ils attendoient à être combattus de leurs ennemis, se mirent en ordonnance de bataille, et y furent la plus grand' partie du jour, et avoient leurs archers chacun un pieu aiguisé, fiché devant eux.

Et pource que leursdits ennemis ne vinrent point ce jour, ils se retrahirent vers les vêpres au village dessusdit, pour eux rafraîchir; et là tous les capitaines se mirent ensemble pour avoir avis quelle chose leur étoit bonne à faire; si fut conclu, pource que bonnement ne pouvoient aller jusques à leurs ennemis, pour le danger des chemins, qui étoient trop étroits et hayés en plusieurs lieux, et avec ce qu'ils n'étoient point en nombre compétent au regard de leursdits adversaires, et n'avoient point provision de vivres pour illec séjourner, s'en retourneroient en dégâtant ledit pays de Barrois en Bourgogne; et là derechef, feroient plus grand' assemblée de gens, et d'autres choses à ce convenables, pour en bref combattre leurs ennemis; laquelle conclusion déplut moult à icelui comte de Vaudemont, mais il lui convint souffrir, car il n'en pouvoit avoir autre chose.

Si fut de par les capitaines ordonné à tout trousser le lundi au matin, qui étoit le jour Saint-Martin d'été. Et ainsi qu'ils s'étoient mis à chemin pour eux retourner, comme dit est, le duc de Bar et toute sa puissance, qui bien savoit leur venue, se départit de son siége, pour venir trouver et combattre ses ennemis, devant qu'ils vinssent jusques à lui, et laissa à sondit siége aucuns de ses gens pour garder que les assiégés ne se départissent; si chevauchèrent en très bonne ordonnance grand' espace; et pouvoit bien avoir six mille combattants; gens de grand parage, des mettes de Barrois et de Lorraine, et des Allemagnes. Auquel chemin faisant, les coureurs que ledit maréchal et sesdits capitaines avoient mis vers leurs ennemis, ruèrent jus et prirent aucuns de la partie dudit duc, parquoi ils furent avertis de la poursuite d'icelui. Si le noncèrent en bref à iceux capitaines, lesquels en grand' diligence se préparèrent, et mirent en grand' ordonnance de bataille, la plus grand' partie par le conseil du dessusdit chevalier anglois.

Si furent mis les archers en front en une partie sur les ailes, et fichèrent leurs pieux devant eux.

si vouloient être les hommes d'armes de Bourgogne à cheval; mais les Picards et Anglois ne le vouloient pas souffrir, et enfin d'un commun accord fut ordonné que tout homme, de quelque état qu'il fût, descendroit à pied, et qui autrement le feroit, il seroit mis à mort. Et furent les chevaux avec les chars et charrettes mis par très bon arroi derrière la bataille, afin que de leursdits ennemis ne pussent être rompus ou envahis par derrière. Et entre temps que ce se faisoit, le duc de Bar et les siens approchèrent très fort, tant qu'ils furent à un petit demi-quart de lieu près des dessusdits. Si leur envoya par aucuns de ses hérauts et trompettes, noncer qu'ils l'attendissent, et qu'il les combattroit. Auxquels fut faite réponse par les capitaines devant dits, qu'ils étoient prêts, et qu'ils ne désiroient que sa venue. Si s'en retournèrent devers ledit duc, dire leur réponse. Lequel s'approcha de ses ennemis à un trait d'arbalêtre près ou environ, jà-soit-ce que le seigneur de Barbazan lui conseilla par plusieurs fois, qu'il ne combattît mie sesdits ennemis à jour nommé; mais les affamât et contraignît de partir de ses pays par autres manières; et lui mettoit au-devant plusieurs besognes et raisons, lesquelles il ne voulut point croire, mais se fioit au grand nombre de gens qu'il avoit avec lui, desquels la plus grand' partie n'étoient point accoutumés ni usités en fait de guerre, ainsi qu'étoient les Bourguignons, Picards et Anglois, leurs adversaires et ennemis.

Néanmoins icelui duc fit moult noblement ordonner ses batailles, en partie par le conseil dudit seigneur de Barbazan, et avoit grand désir d'assembler avec ses ennemis. Si étoient en sa compagnie très peu de gens de trait. Après lesquelles ordonnances furent faits plusieurs nouveaux chevaliers d'icelle partie. Et d'autre part, le maréchal de Bourgogne, le comte de Vaudemont, et ceux qui étoient avecque eux, firent par-devant leur bataille dresser sur le fonds deux queues de vin, qu'ils avoient amené, et mirent avant pain et autres vivres, qui furent délivrés et abandonnés à leurs gens. Si burent et mangèrent chacun en droit soi de ce qu'ils purent avoir, et firent paix et union entre aucuns, qui avoient haine l'un à l'autre. Et après firent asseoir aucuns canons et coulevrines sur les deux bouts et au milieu de leurs batailles, et en cette manière furent l'un devant l'autre deux heures.

Auquel temps, comme je fus informé, vint devant leursdites batailles, et assez près de leurdite bataille, un cerf, lequel, en soi arrêtant tout quoi, frappa par trois fois du pied de devant contre la terre, avisa tout au long icelle bataille, et puis retourna et s'en alla férir tout au travers de la bataille de Barrois. Si fut lors après ledit cerf faite une très grand' huée. Et adonc de la partie des Bourguignons et des Picards furent faits nouveaux chevaliers, Matthieu de Humières, Gérard de Marigny et son fils, avecque aucuns autres. Durant lequel temps ledit comte de Vaudemont chevaucha sur un petit cheval tout au long de la bataille, en remontrant amiablement à tous ceux là étant qu'ils se combattissent sûrement et de bon courage, disant qu'il prenoit sur sa damnation que sa querelle étoit bonne et juste, et que le duc de Bar le vouloit sans cause déshériter; et si avoit toujours tenu le parti des ducs Jean et Philippe de Bourgogne. Pour laquelle remontrance généralement tous les Bourguignons et Picards eurent au cœur très grand' liesse.

Si fut conclu de cette partie, qu'ils attendroient leurs adversaires et ennemis au lieu où ils étoient, et ne iroient point assaillir. Et d'autre part, le dessusdit duc de Bar et ses capitaines, qui déjà avoient ordonné leurs batailles, la plus grand' partie à pied, voyant que leurs ennemis ne se bougeoient de leur place, conclurent qu'ils les iroient assaillir, et commencèrent à marcher avant; et leurs adversaires et ennemis se tenoient tout cois sans mot dire. Et quand ce vint, que les Barrois furent bien près d'eux comme à douze ou seize diestres, ils boutèrent le feu tout à une fois dedans leurs canons et coulevrines dessusdites, et avec ce élevèrent un très grand cri; pour la doute desquels canons, grand' partie d'iceux Barrois se plongèrent contre terre, et furent fort effrayés Et adonc en assez bref terme commencèrent à assembler en bataille de toutes parts, et pouvoit déjà bien être onze heures de jour. Si tiroient les archers picards, par moult fière et très merveilleuse vigueur contre leurs adversaires et ennemis; duquel trait, ils en occirent et navrèrent moult grand nombre.

Si dura cette dite mêlée très cruelle environ le temps et espace d'un quart d'heure, et les deux parties combattirent l'un contre l'autre en plusieurs et divers lieux; mais tantôt après, ceux de la partie du duc de Bar se commencèrent à eux desroyer et enfuir en plusieurs et divers lieux vers leurs marches : et leurs ennemis, ce voyant, se férirent en eux de grand courage, et par espécial les archers picards; si les séparèrent, occirent, et navrèrent terriblement, et en briève conclusion les tournèrent à grand' déconfiture, et les mirent à grand meschef. Auquel desroi fut pris icelui duc de Bar, par un nommé Martin Foujars, qui étoit au comte de Conversan, seigneur d'Enghien, et en eut l'honneur et profit, jà-soit que aucuns dirent qu'il ne le prit pas de sa main. Avec lequel duc furent pris l'évêque de Metz, Jean de Rodemacque, messire Evrard de Salebéry, le vicomte de Arcy, le seigneur de Rodemaque, messire Collard de Saussy, messire Villim de la Tour, et plusieurs autres, jusques au nombre de deux cents ou environ; et si en demeura morts sur la place, et en la chasse qui dura bien deux lieues, de vingt-cinq cents à trois mille. Desquels furent les principaux, les comtes de Saumes et de Salmène, de Limage, Allemands; le seigneur de Barbazan, messire Thibault de Barbey, les deux frères de l'évêque de Metz, George de Banastre et ses deux frères, Jean de Héraumont et autres, jusques au nombre dessusdit, dont la plus grand' partie étoient gentilshommes.

Après laquelle déconfiture, qui dura bien de deux à trois heures, devant qu'ils retournassent de ladite chasse, les seigneurs de la partie de Bourgogne, avec le dessusdit comte de Vaudemont et ses gens, se rassemblèrent ensemble et regracièrent humblement leur créateur de leur bonne victoire. Et n'avoient perdu morts, sur la place, qu'environ quarante hommes, dont messire Gérard de Marigny fut le principal; et demeurèrent celle nuit sur le champ, et fut, ledit maréchal de Bourgogne, un peu navré au visage, et aussi étoit le duc de Bar, dessus le nez. Et le lendemain se départirent, et prirent leur chemin pour aller en Bourgogne, menant avecque eux leurs prisonniers.

CHAPITRE CIX.

Comment le jeune roi Henri d'Angleterre vint à Paris en grand' compagnie pour être consacré à roi de France.

Environ l'issue du mois de novembre, vint le jeune roi Henri, de Pontoise à Saint-Denis, en France, sur intention d'aller à Paris, pour lui faire enoindre, sacrer et couronner roi du royaume de France. Si étoient avecque lui, de la nation d'Angleterre, son oncle le cardinal de Vincestre, et le cardinal d'Yorck son oncle, le duc de Bedfort et le riche duc d'Yorck, les comtes de Warwick, de Salsebery, de Suffolk, et aucuns autres notables chevaliers et écuyers de la nation de France; y étoient les évêques de Thérouenne, nommé messire Louis de Luxembourg; de Beauvais, maître Pierre Cochon; de Noyon, maître Jean de Mailly; de Paris et d'Évreux, messire Jean, bâtard de Saint-Pol, messire Guy le Bouteillier; le seigneur de Courcelles, messire Gilles de Clamecy, messire Jacques Painel, messire Jean de Pressi, le seigneur de Passy, le bâtard de Thian, et aucuns autres. Si pouvoit avoir ledit roi Henri, tant en sa compagnie comme au pays assez près à l'environ, de deux à trois mille combattants, pour la sûreté de sa personne, et se partit de Saint-Denis pour aller à Paris, environ neuf heures du matin. Et vinrent à l'encontre de lui jusques à la Chapelle, d'entre Paris et Saint-Denis, messire Simon Morier, prévôt de Paris, pour lui faire révérence et honneur, et plusieurs autres, tous vêtus de satin vermeil et chaperons de bleu, avec lesquels étoient grand nombre des plus notables bourgeois de la ville de Paris, vêtus et affublés de vermeil. Et après qu'ils eurent fait la révérence, vinrent au-devant dudit roi les neuf preux à cheval, chacun armé des armes à lui appartenant.

En après, vinrent le chevalier du guet, le prévôt des marchands, avecque eux les officiers de la cour, tous vêtus de pers et chaperons vermeils. Et un petit après ensuivant, vint maître Philippe de Morvillier, premier président, en habit royal, et tous les seigneurs de parlement, vêtus de longs habits de vermeil.

Et après suivoient les seigneurs de la chambre des comptes, les gens des finances, les maîtres des requêtes et les secrétaires, et avoient robes vermeilles. Et ainsi, comme ils venoient l'un après l'autre, chacun selon son état, ils faisoient au roi la révérence, et aux seigneurs étant avecque lui; et quant est du commun, il y en avoit sans nombre.

Et quand le roi vint à l'entrée de la porte St.-Denis, les armes de la ville y étoient si grandes, qu'en la nef d'icelles armes y avoit six hommes, l'un en guise d'un évêque; le second, l'université; le tiers, les bourgeois; et les trois autres étoient comme sergents; lesquels, à l'entrée de ladite porte, présentèrent au roi trois cœurs vermeils, dont au premier avoit deux coulombs, et au second de petits oiselets, qu'ils laissèrent voler par-dessus le chef du roi; et le tiers cœur étoit plein de violettes et autres fleurs qu'ils jetèrent sur les seigneurs. Et là, tantôt le prévôt des marchands et lesdits échevins apportèrent un ciel d'azur semé de fleurs de lys d'or, et le mirent et portèrent tout parmi la ville, par-dessus le roi. Si avoit au poncelet St.-Denis un échafaud, sur lequel étoit comme une manière de bois, où étoient trois hommes sauvages et une femme, qui ne cessèrent de combattre l'un contre l'autre, tant que le roi et les seigneurs fussent passés. Et avoit dessous ledit échafaud une fontaine jetant hypocras, et trois seraines dedans, et étoit ledit hypocras abandonné à chacun. Et depuis le poncelet, en tirant vers la seconde porte de la rue Saint-Denis, avoit personnages, sans parler de la nativité Notre-Dame, de son mariage et de l'adoration des trois Rois, des Innocents et du bon homme qui semoit son blé; et furent ces personnages très bien joués. Et sur la porte St.-Denis, fut jouée la légende Saint-Denis, qui fut volontiers vue des Anglois.

En outre, devant les Innocents avoit une manière de forêt en la rue, dedans laquelle avoit un cerf vif. Et quand le roi passa devant, on fit courre ledit cerf et des chiens et veneurs; après fut grand'pièce chassée à force, et se vint rendre emprès les pieds du cheval du roi, lequel roi lui fit sauver la vie.

Et à l'entrée de la porte du Châtelet avoit encore un échafaud, sur lequel avoit en personnage un petit enfant, en semblance du roi, vêtu de fleurs de lis, deux couronnes sur son chef; et à côté dextre, étoit en son personnage le duc de Bourgogne, et le comte de Nevers, qui lui présentoient l'écu de France, et au côté sénestre, le duc de Bedfort, son oncle, et les comtes de Warwick et de Salsebery, qui lui présentoient l'écu d'Angleterre. Et étoient tous vêtus, par personnages, des cottes d'armes des dessusdits Seigneurs. Et de là s'en alla au Palais, où lui furent montrées les Saintes Reliques, et à ceux qui étoient avecque lui, et puis fut mené en l'hôtel des Tournelles pour prendre son repas. Et quand il eut dîné, il alla voir la reine, sa grand'-mère, à l'hôtel de Saint-Pol. Et le lendemain fut mené au bois de Vincennes, où il fut jusques au quinzième jour du mois de décembre, qu'il retourna au Palais. Et le dix-septième jour d'icelui mois se partit de là atout grand' seigneurie, tant de gens d'église comme séculiers, et s'en vint en l'église Notre-Dame de Paris, pour être sacré. Auquel lieu de Notre-Dame de Paris, avoit en la nef un grand échafaud de bois de quatre-vingts pieds de long, et haut jusques au crucifix. Si montoit-on dedans icelui par la nef, et descendoit-on par autre lieu par le chœur. Et fut ledit roi sacré par le cardinal de Vincestre, qui chanta la messe, dont l'évêque de Paris ne fut point bien content, et dit qu'à lui appartenoit à faire icelui office.

Et quand ce vint à l'offertoire, ledit roi offrit vin et pain, ainsi qu'il est accoutumé de faire en tel cas, lequel vin étoit en un grand pot d'argent doré : lequel pot fut repris et ôté de ladite église des officiers du roi, dont grandement déplut aux chanoines d'icelle église, pour tant qu'ils disoient ce à eux appartenir de droit. Si en firent grand' poursuite envers icelui roi et son conseil, et en conclusion, après ce qu'il leur eut beaucoup coûté à faire ladite poursuite, leur fut rendu. Et furent faites en celui jour toutes les besognes appartenant audit sacre, et plus ensuivant les coutumes d'Angleterre que de France; et toujours les seigneurs ci-dessus nommés étoient au plus près du roi en ladite église, chacun servant de son office. Et après que la messe fut finée, le roi retourna au Palais, et se sit, et dîna à la table de marbre, environ le milieu d'icelle. Et, au côté de la chambre de parlement, à cette table, ledit cardinal de Vincestre; et maître Pierre Cauchon, évêque de Beauvais, et maître Jean de Mailly, évêque de Noyon, comme pairs de France, étoient ensuivants. Et, à l'autre côté, les comtes d'Estanfort, de Mortains et de Salsebery. Si étoit grand maître d'hôtel, messire Jean, bâtard de Saint-Pol; et avecque lui étoient, devant la viande, messire Guy le Bouteiller, messire Gilles de Clamegy, et messire Jean de Pressy. Le seigneur de Courcelles fut, pour ce jour, grand échanson, et messire Jacques Painel fut, pour ce jour, grand panetier; et un chevalier anglois, nommé messire Watier de Hongrefort, trancha devant le roi.

Auquel dîner furent présentés quatre entremets devant la table, c'est à savoir le premier d'une image de Notre-Dame, et un petit roi couronné emprès; le second fut une fleur de lys, couronnée d'or, tenue de deux anges; le tiers, une dame et un paon; et le quart, une dame et un cygne.

Et quant est à parler des divers mets de vins et de viandes dont on y fut servi, ils seroient trop longs à raconter, car il en y eut sans nombre. Et pareillement, y fut joué de plusieurs instruments de musique. Et le lendemain ensuivant, furent faites de moult belles joûtes en l'hôtel de Saint-Pol ; desquelles joûtes emportèrent le cri, et eurent la voix des dames, le comte d'Arondel, et messire Jean, bâtard de Saint-Pol, comme les mieux joûtants. Et après, le dessusdit roi séjourna en ladite ville de Paris aucuns jours ; et puis, peu de temps après, s'en retourna en la ville de Rouen.

CHAPITRE CX.

Comment ceux que le duc de Bar avoit laissés devant Vaudemont se départirent après la bataille dessusdite.

Après ce que la bataille du duc de Bar fut du tout tournée à déconfiture, ainsi, et par la manière que plus à plein a été déclaré, les François qui étoient demeurés devant la ville de Vaudemont, furent assez bref avertis par les suivants qui étoient échappés d'icelle journée, de la perte et male aventure que leurs gens avoient eue ; et pour ce, tout soudainement eurent si grand doute et paour (peur) de leurs ennemis, que brièvement se départirent sans ordonnance, en fuyant la plus grand' partie vers leurs pays, ou là où ils purent le mieux, pour sauver leurs vies ; et laissèrent audit siége tous leurs vivres et habillements de guerre, qu'ils y avoient en garde, dont il y en avoit sans nombre. Pour laquelle émeute et département, lesdits assiégés, ce voyant, furent assez avertis que la journée avoit été contre iceux Barrois; et pour tant, très hâtivement saillirent de pied et de cheval après eux, si en prirent et occirent très grand nombre; et avecque ce gagnèrent infinis biens, desquels ils furent très grandement enrichis.

Si fut tôt après publié parmi le pays de Barrois et de Lorraine, la perte que avoit fait leur seigneur, le duc de Bar, dont ils furent en grand doute, et eurent au cœur très grand' tristesse. Et fut, de ce jour en avant, icelle bataille, nommée la bataille de Villeman. Si étoit le lieu où elle fut faite entre Barrois et Lorraine; et le comte de Vaudemont remercia le maréchal de Bourgogne et les seigneurs et gentilshommes qui étoient avecque lui, du service qu'ils lui avoient fait, et puis retourna en sadite comté. Et ledit maréchal, avecque tous les Bourguignons et Picards dessusdits, s'en alla en Bourgogne, et mena le dessusdit duc de Bar à Dijon, où il fut mis en bonne et sûre garde.

CHAPITRE CXI.

Comment messire Jean de Luxembourg assembla gens et s'en alla en Champagne contre les François, où il conquit plusieurs forteresses, et autres matières.

Au mois de juillet, en l'an dessusdit, messire Jean de Luxembourg, comte de Ligny, assembla jusques à mille combattants ou environ, par l'ordonnance du roi Henri et du duc de Bourgogne; lesquels il conduisoit, et mena au pays de Champagne, et vers les Rhetelois, pour combattre et subjuguer aucunes forteresses que tenoient les gens du roi Charles, en iceux pays et à l'environ, et qui moult oppressoient ledit pays. Avec lequel de Luxembourg, se mit le seigneur de Ternant, qui lors étoit accompagné de Rhetelois. Et de première venue, fit loger ses gens autour d'une forteresse, nommée Guétron, en laquelle étoient de soixante à quatre-vingts combattants tenant le parti du roi Charles; lesquels, en assez bref terme, quand ils aperçurent la force de leurs ennemis, furent moult ébahis et effrayés; et, sans grand' défense, laissèrent prendre leur basse-cour; et, assez bref ensuivant, commencèrent à parlementer, offrant de rendre ladite forteresse, et eux en aller, saufs leurs corps et leurs biens. A laquelle offre, ils ne purent être reçus, et leur fut dit qu'ils se rendissent à volonté. Et en conclusion, le capitaine fit traiter avec les commis dudit de Luxembourg, par telle condition, que lui quatrième ou sixième demeureroit à volonté. Après lequel traité conclu, et que les promesses d'icelui entretenir furent faites, le capitaine retourna dedans son fort, mais il ne dit pas à ses compagnons la vérité dudit traité; ains leur donna à entendre qu'ils s'en iroient tous saufs leurs vies.

Et quand ce vint à livrer ladite forteresse, tous ceux là étant furent mis prisonniers; et le lendemain, par la sentence et commandement de messire Jean de Luxembourg, furent tous pendus et étranglés à plusieurs arbres, réservés les quatre ou six dessusdits. Et fut le bourrel pour eux exécuter l'un de leurs compagnons. Si advint à l'un d'iceux une aventure qui bien fait à ramentevoir; car, depuis qu'il fut bouté jus de l'échelle, la corde qui étoit attachée à l'arbre se férit contre le menton d'icelui, par quoi il ne se pouvoit en hâte étrangler; et entretemps le bourrel en pendoit aucuns autres; durant lequel temps icelui dessusdit fut avisé d'aucuns gentilshommes là étant, auxquels il en prit grand' pitié, et en y eut un qui coupa la corde d'une gisarme, et chut à terre, et fut assez bref revenu en sa bonne santé et mémoire; et depuis, par iceux gentilshommes, fut faite requête audit de Luxembourg, que pour Dieu et pour pitié il pût avoir la vie sauvée; lequel enfin l'accorda, et par ainsi il s'en alla franchement.

Et en outre, après que ledit messire Jean de Luxembourg eut fait l'exécution dessusdite, il se partit de là atout son armée; mais premier fit démolir ladite forteresse de Guétron, et s'en alla devant le fort de Tours, en Parcien, où il fut par aucuns jours; durant lesquels ceux de dedans traitèrent, par condition qu'ils rendroient ledit fort, et s'en iroient, sauve leur vie, sans emporter nul de leurs biens, réservé les canoniers, et ceux qui autrefois avoient fait serment pour la partie du roi Henri; et en y eut d'aucuns pendus, et ladite forteresse fut démolie de fond en comble. Et de là ledit messire Jean de Luxembourg s'en alla devant Balhin, où étoit un capitaine nommé Barete, lequel, en assez bref terme, traita avec ledit messire Jean de Luxembourg par tel si, qu'en lui rendant ladite ville, lui et les siens s'en iroient, sauf leurs vies, corps et biens, et par ainsi se partirent. Si vint en ce temps devers messire Jean de Luxembourg, pour lui faire aide, s'il en avoit besoin, l'enfant de Warwick, anglois, et messire Gilles de Clamegy, atout quatre cents combattants; mais, pourtant que les François n'étoient point au pays de Champagne, ni à l'environ, à puissance pour résister contre ledit de Luxembourg, les deux dessusdits s'en retournèrent, en assez bref terme, à Meaux, en Brie, et ès garnisons dont ils étoient venus. Et adoncque de ce même voyage furent mises en obéissance de par le dessusdit messire Jean de Luxembourg, plusieurs villes et forteresses qui tenoient le parti du roi Charles avec celles dessus, nommées, les unes par traité, et les autres par force.

En ce temps, le seigneur de l'Ile-Adam, qui portoit l'ordre du duc de Bourgogne, fut reconstitué maréchal de France, de par le roi Henri d'Angleterre, et ceux de son conseil. Si assembla jusques au nombre de six cents combattants, dont il y avoit une partie Anglois, et avec lui étoient messire Jean, bâtard de Saint-Pol, et un sien frère, lesquels il conduisoit, et les mena jusque auprès de Lagny-sur-Marne, que tenoient les gens du roi Charles; laquelle il cuida prendre par soudain assaut, mais elle lui fut bien défendue par ceux qui étoient dedans.

CHAPITRE CXII.

Comment le duc d'Alençon prit prisonnier le chancelier de Bretagne.

En cet an, le duc d'Alençon prit le chancelier du duc de Bretagne, son oncle, parce que son oncle avoit voulu aider de finance à son plaisir pour sa prise de la bataille de Verneuil-au-Perche, laquelle finance il vouloit avoir, et recouvrer dudit chancelier. Si le mena en sa ville de Poussai, mais assez bref ensuivant, ledit duc de Bretagne, de ce non content, assembla aucuns de ses barons et grand' puissance de gens d'armes, et avecque lui aucuns capitaines anglois. Si alla assiéger ladite ville de Poussay tont à l'environ; de laquelle ville le duc d'Alençon s'étoit parti pour la doute de ses ennemis, et y avoit laissé la duchesse sa femme, fille au duc d'Orléans, prisonnier en Angleterre. Lequel temps durant, ladite duchesse gisoit d'enfant, moult ennuyée en cœur de voir telles tribulations.

Si y fut ledit siége par certain espace de temps, au bout duquel icelui duc d'Alençon, tant pour sadite femme comme sa ville et sujets ôter des dangers dessusdits, s'apaisa avecque sondit oncle, et lui rendit son chancelier et autres prisonniers qu'il avoit, et par ainsi se départit ledit siége. Ledit chancelier de Bretagne fut pris en une maison de plaisance qu'il avoit emprès Nantes ; et la cause de la prise fut, pource que le duc d'Alençon entendoit par ce moyen être payé de certaine somme d'argent que lui devoit le dessusdit duc de Bretagne, son oncle.

CHAPITRE CXIII.

Comment les François cuidèrent prendre le château de Rouen.

Le troisième jour de février en cet an, par l'entreprise du maréchal de Boussac, s'assemblèrent le seigneur de Fontaines, messire Jean Foulquet, le seigneur de Moui et plusieurs autres, jusques au nombre de six cents combattants ou environ, en la cité de Beauvais, et s'en allèrent jusques à une lieue près de Rouen, et là se mirent en embûche dedans le bois, et envoya ledit maréchal, secrètement, un gentilhomme nommé Richarville, avec lui de cent à six vingts combattants, tous de pied, excepté quatre ou cinq, qui étoient sur petits chevaux, jusques au châtel de Rouen, dedans lequel icelui maréchal, par avant avoit fait moyens certains d'un saquement nommé Pierre Audebeuf Biernois, qui tenoit le parti des Anglois; mais par moyens avoit fait traité et accord avec lui de livrer ledit châtel, laquelle chose il fit, et entretint sa promesse, quant à ce; car le dessusdit Richarville, et ceux qui étoient avecque lui, les trouvèrent tous prêts, et de fait entrèrent tous dedans, reservé deux ou trois qui gardèrent les chevaux. Si conquirent et gagnèrent tantôt la plus grand' partie dudit châtel, et par espécial la grosse tour, qui étoit moult bien garnie.

Dedans lequel châtel étoit couché le comte d'Arondel, et plusieurs Anglois, lesquels, ou la plus grand' partie dudit châtel, se sauvèrent au mieux qu'ils purent par-dessus la muraille, sinon aucuns qui se retrahirent vers la ville, et là se tinrent, et si en y eut aucuns morts et navrés par lesdits François.

Et après que les besognes furent ainsi avancées, le dessusdit Richarville remonta assez tôt à cheval et retourna moult hâtivement où il avoit laissé le maréchal et ses gens, auquel il raconta tout l'état et gouvernement de l'entreprise dessusdite, en leur disant qu'ils chevauchassent soigneusement et bien en hâte, pour secourir leurs gens, et que sans doute en bref temps seroit le châtel tantôt parconquis. Mais, à bref dire, pour chose qu'il sut remontrer, oncques ne put tant faire, qu'ils se voulsissent conclure ni mettre en voie pour y aller, jà-soit chose que le dessusdit maréchal et grand' partie des plus notables de ceux qui étoient avecque lui, leur eussent promis de leur foi à leur département, qu'ils les secourroient sans point de doute, s'il advenoit que ladite entreprise vînt bien. Néanmoins ils n'en vouloient rien faire, car quand ils furent ainsi qu'à une lieue près de Rouen atout toutes gens, ils se commencèrent à débattre l'un contre l'autre, pour avoir la plus grand' part du butin, lequel point n'étoit encore gagné. Et à cause de ce retournèrent sans aller plus avant, et laissèrent leurs gens en ce danger. Pourquoi quand le dessusdit Richarville, qui vaillamment avoit achevé son entreprise, fut retourné, leur dit plusieurs grands injures et reproches, lesquels ils souffrirent assez patiemment, et se départirent de là hâtivement. Si s'en retournèrent à Beauvais et ès autres lieux dont ils étoient venus; lequel retour déplut moult grandement à icelui de Richarville, pour tant qu'il avoit été meneur des dessusdits entrepreneurs; et aussi fit-il à aucuns autres qui y avoient de leurs prochains amis, pour tant ne demeurèrent-ils mie, qu'ils ne s'en retournassent audit lieu de Beauvais comme les autres. Et entre temps, les dessusdits, qui étoient en icelui châtel, contendoient de tout leur pouvoir à débouter les Anglois leurs ennemis, hors de la porte dudit château qu'ils tenoient vers les champs.

Et quand ce vint vers le jour qu'ils n'oyoient point de nouvelles de leurs gens, ils aperçurent bien qu'ils ne auroient point de secours, et qu'ils étoient fraudés de la promesse qui leur avoit été faite, si en furent moult émerveillés et ébahis. Et d'autre part, les Anglois s'assemblèrent de tous côtés en grand' diligence, qui les assaillirent moult âprement et durement. Si vinrent avecque grand nombre de combattants de Rouen, pour doute qu'ils ne fussent suspicionnés d'iceux Anglois, qu'ils fussent favorisables à iceux François; lesquels François, voyant que bonnement n'étoient point assez puissants pour garder tout ce qu'ils avoient conquis, tout d'un commun accord se retirèrent vers ladite tour, atout ce qu'ils pouvoient avoir de vivres, eux veuillant mettre là dedans, et la tenir jusques à la mort, laquelle chose ils firent; mais assez bref ensuivant ils furent de toutes parts environnés, et très fort combattus de plusieurs gros engins, que lesdits Anglois firent asseoir contre la grosse tour, et tant en ce continuèrent, qu'elle fut moult endommagée en plusieurs lieux, et avec ce ceux de dedans avoient assez petitement vivres et autres choses à eux nécessaires; pour lesquelles affaires, et aussi qu'ils n'avoient nulle espérance d'avoir secours, furent contraints d'eux rendre en la volonté du roi Henri et de son conseil, en la fin de douze jours après la prise dessusdite. Toutefois, avant qu'ils fussent conquis, ils firent de grands dommages aux Anglois, par les engins et artilleries qu'ils avoient attraits en ladite tour. Si furent tous pris prisonniers et mis en bonne garde, et depuis bref ensuivant, en y eut cent cinquante qui eurent les têtes coupées dedans la ville de Rouen, et le dessusdit Pierre Audebeuf Biernois fut écartelé, et mis en lieux accoutumés.

En ces jours, le duc de Bourgogne se partit de son pays d'Artois, atout (avec) mille combattants ou environ, qu'il mena en son pays de Bourgogne, et là séjourna l'espace de trois jours ou environ, pour visiter le pays, qui moult étoit oppressé de ses ennemis. Si vinrent là devers lui, l'archevêque de Reims et autres notables ambassadeurs, envoyés de par le roi Charles, pour traiter de paix entre icelles parties; mais enfin ne purent en rien concorder, et s'en retournèrent devers ledit roi Charles, et après que ledit duc eut ordonné gouvernement en la marche de Bourgogne, il s'en retourna en Artois, Flandre et Brabant.

CHAPITRE CXIV.

Comment les François prirent le châtel de Dommart, en Ponthieu, et menèrent le seigneur prisonnier.

Au mois de février, les gens du roi Charles, au nombre de quatre-vingts combattants ou environ, lesquels conduisoit un noble chevalier, nommé messire Regnaut de Verseilles, et les avoit pris à Beauvais, à Breteuil, et autres lieux à l'environ, allèrent passer l'eau de Somme en un petit batel, assez près de Péquigny, et de là furent conduits et menés jusques au châtel de Dommart, en Ponthieu, lequel, sans qu'ils fussent du guet aperçus, ils prirent échelles et entrèrent dedans. Si commencèrent tantôt à crier forteresse gagnée! et abattre huis et fenêtres en plusieurs lieux. Auquel cri et noise s'éveillèrent ceux de léans; et par espécial Jacques de Craon, seigneur d'icelui lieu, qui étoit couché en sa chambre emprès sa femme, se leva soudainement, cuidant mettre aucun remède à son fait, mais ce rien ne lui valut, car ses ennemis étoient trop forts, et ses gens, dont il n'avoit mie grandement, ne se pouvoient mettre ensemble. Si fut tantôt pris prisonnier et aucuns des siens avec lui, et les autres au mieux qu'ils purent se sauvèrent par-dessus la muraille.

Après ladite prise, les dessusdits François assemblèrent tous les biens portatifs qu'ils purent trouver dedans icelui châtel, comme vaisselle, or et argent, pennes, draps, linges et autres besognes, lesquels quand ils furent en hâte un peu repus, troussèrent et chargèrent tout, et se mirent à voie atout leurs prisonniers, pour retourner au passage par où ils étoient venus, délaissant ledit châtel tout entier, ainsi qu'ils l'avoient trouvé.

Et entre temps, ceux de la ville de Dommart, oyant cet effroi et cette noise, s'assemblèrent et envoyèrent hâtivement à Péquigny et en aucuns autres lieux, signifier cette besogne. Si ne demeura point grandement que les dessusdits ne se trouvassent en nombre de deux cents ou environ, de toute manière de gens, lesquels suivirent bien roidement et en grand' hâte iceux François, et les acconsuivirent au passage de l'eau, où déjà étoient passés ledit messire Regnaut et aucuns autres de ses gens avecque lui, et le dessusdit Jacques de Craon, prisonnier; si les assaillirent et déconfirent présentement, et y en eut une partie prisonniers et les autres morts, et aucuns qui se noyèrent à saillir la rivière de Somme. Et icelui messire Regnaut, atout son prisonnier s'en alla franchement à Beauvais, sans trouver aucun détourbier ni empêchement; et depuis, ledit prisonnier retourna, en payant très grande somme de pécune.

CHAPITRE CXV.

Comment messire Thomas Kiriel, anglois, fut comme capitaine du châtel de Clermont en Beauvoisis.

En cet an, par la subtilité et pourchas de messire Jean de Luxembourg, le fort châtel de Clermont en Beauvoisis fut mis et transporté en la main et gouvernement de messire Thomas Kiriel, anglois; lequel châtel avoit long-temps tenu, et encore tenoit, de par le duc de Bourgogne, le seigneur de Crèvecœur. Et consentit ledit duc icelui transport, par tel si, que ledit messire Thomas lui promit, et audit Jean de Luxembourg, et de ce lui bailla son scel, à rendre à certain temps, quand il en seroit requis. Si assembla ledit messire Thomas bref ensuivant grand' compagnie d'Anglois, lesquels bouta dedans icelui châtel, et commença à faire très forte guerre aux François qui étoient sur les frontières auprès de lui: comme Creil, Beauvais, Compiégne et autres lieux. Et pareillement firent grands dommages ès châtellenies de Mont-Didier, et autres marches de l'obéissance d'icelui duc de Bourgogne.

Et pour vérité, durant les tribulations dessusdites, prirent plusieurs prisonniers, et emmenèrent plusieurs femmes, tant de noble lignée comme d'autres, lesquelles ils tenoient détroitement enfermées, en prenant d'elles grand' finance, comme on a accoutumé de faire aux hommes ; desquelles les plus qui étoient enceintes d'enfants, très piteusement et très inhumainement s'en accouchoient, dont le dessusdit duc de Bourgogne, de tant que toucher lui pouvoit pour ceux de sadite obéissance, en fut très mal content ; mais il ne pouvoit avoir autre chose ; car quand ce vint qu'il fit requerre ledit messire Thomas qu'il remît ledit châtel en sa main, ainsi que promis lui avoit, il fut de ce délayant et refusant par très long-temps, en alléguant aucunes raisons de sa partie, telles que bien le savent faire gens de guerre, qui souvent en aucuns lieux usent de volonté plus que de raison. Finablement, après plusieurs délais, le duc de Bedfort, pour et en faveur de son beau-frère le duc de Bourgogne, fit rendre par ledit messire Thomas icelui châtel de Clermont, en la main du seigneur d'Auffremont.

CHAPITRE CXVI.

Comment les habitants de Chauny-sur-Oise détruisirent et désolèrent le châtel de leur ville.

CE même temps, messire Collard de Mailly, qui lors étoit bailli de Vermandois, de par le roi Henri d'Angleterre, et avecque lui messire Ferry de Mailly, tous deux demeurant au châtel de Chauny-sur-Oise, appartenant héritablement à Charles duc d'Orléans, qui alors étoit prisonnier en Angleterre, pour aucunes paroles non amiables qui avoient été dites par ledit messire Ferry à l'encontre des habitants de la ville, iceux habitants, doutant que par la porte derrière ledit châtel, les deux dessusdits ne missent garnison d'Anglois, ou d'autres gens de guerre dedans leur ville, plus fort qu'il ne leur plairoit, par quoi ils fussent contraints et mis en subjection, conclurent tout secrètement ensemble aucuns desdits habitants, desquels furent les principaux, Jean de Longueval, Matthieu son frère, Pierre Piat, lesquels firent serment l'un à l'autre, de à certain jour, quand les dessusdits messire Collard et messire Ferry de Mailly seroient en la ville, de prendre icelle forteresse et la démolir.

Après lesquelles conclusions et serments par eux faits, un certain jour mirent secrètement aucuns compagnons aventuriers en petit nombre emprès la porte dudit châtel, tous instruits et avisés de ce qu'ils avoient à faire; lesquels, quand ils virent les deux chevaliers, et aucuns de leurs gens issus dudit châtel, ainsi qu'ils avoient accoutumé, pour aller jouer en la ville, saillirent hors du lieu où ils étoient, et entrèrent dedans le châtel, parce qu'on ne se gardoit point d'eux. Si levèrent tantôt le pont contre la ville et se mirent dedans. Laquelle prise venue à la connoissance desdits frères, leur fut très déplaisant; mais ils n'en purent avoir autre chose; car tout incontinent ceux qui étoient du serment dessusdit firent sonner la cloche du commun, et s'assemblèrent en très grand nombre, armés et embâtonnés, et s'en allèrent devant icelui fort, qui tantôt leur fut ouvert.

Et adonc aucuns des plus notables de la ville allèrent devant les dessusdits chevaliers, auxquels ils dirent qu'ils ne fussent en aucune doute de leurs personnes et aussi de leur chevance, et qu'on ne leur méferoit rien, disant que ce qui se faisoit étoit pour le bien et santé de ladite ville; lesquels, non puissants de à ce remédier, répondirent que puisque autrement ne pouvoit être, qu'ils fissent ce que bon leur sembleroit. Et adonc, tout troublés de voir les manières dessusdites, se retrahirent en un hôtel en la ville, et avecque eux tous leurs familiers. Si leur furent délivrés tous leurs biens, et brief ensuivant, tous les habitants, d'un commun accord, commencèrent à désoler et abattre ladite forteresse, et tant en ce continuèrent, et par plusieurs jours, qu'elle fut du tout rasée et démolie de fond en comble. Et aucuns brefs jours ensuivants, le dessusdit bailli de Vermandois et son frère, à tout leurs gens, se départirent de ladite ville de Chauny. Auquel lieu desquels leur fut envoyé pour eux gouverner, de par messire Jean de Luxembourg, messire Hector de Flavi, et depuis Walleran de Moreul, lesquels, pour l'entreprise dessusdite, les trouvèrent plus rigoureux et désobéissants qu'ils n'avoient accoutumé devant la désolation dudit châtel.

CHAPITRE CXVII.

Comment la cité de Chartres fut prise par les gens du roi Charles.

LE vingtième jour d'avril de cet an, fut prise la noble cité de Chartres, par la force des gens du roi Charles. Laquelle cité avoit tenu le parti des ducs Jean et Philippe de Bourgogne, depuis l'an mil quatre cents et dix-sept, qu'elle avoit fait obéissance au dessusdit duc Jean, et pareillement avoit tenu la querelle des Anglois. S^t furent cause d'icelle prise, deux habitants d'icelle ville, dont l'un étoit nommé Jean Conseil, et l'autre le Petit Guillemin, lesquels autrefois avoient été prisonniers aux François, lesquels les avoient eus en gouvernement par longue espace, et par sauf-conduit.

avoient été à Blois et Orléans, et autres lieux de l'obéissance d'iceux François, mener plusieurs marchandises et ramener autres audit lieu de Chartres. Si les avoient lesdits François tellement instruits, qu'ils s'étoient tournés à leur volonté, et avoient avec eux dedans ladite ville de Chartres, de leur accord et alliance, un jacobin, docteur en théologie, nommé frère Jean Sarrazin, lequel étoit principal conducteur de toute la machination dessusdite, et avoient les autres du tout leur retour à lui. Et quand ce vint au jour qu'ils avoient conclu de achever leur emprise, les François s'étoient assemblés de plusieurs parties, jusques au nombre de quatre mille combattants, desquels étoient les principaux, le bâtard d'Orléans, le seigneur de Gaucourt, Blanchet d'Estouteville, messire Florent de Lers, La Hire, Girard de Felins, et aucuns autres chefs de moyen état. Si se mirent en chemin pour venir devers la ville de Chartres, et se embuschèrent la plus grand' partie en un quart de lieue près. Et aucuns autres, jusques à quarante ou cinquante furent mis plus près; et les deux dessusdits nommés, qui conduisoient la besogne, amenoient chars et charrettes de vins, et autres choses, et avec ce y avoit une quantité d'alozes. Si étoient pour conduire les chars, charrettes et autres, en guise de charretons, aucuns experts saquements, armés à la couverte, lesquels assez tôt après que la porte vers Blois fut ouverte, vinrent atout leur charroi pour entrer dedans; et alloient devant, Jean Conseil et le Petit

Guillemin dessusdits. Auxquels les portiers, qui bien les connoissoient, demandèrent des nouvelles, et ils répondirent qu'ils ne savoient que bien, et alors les portiers leur dirent qu'ils fussent les bien venus.

Et adonc, pour le mieux abuser, l'un des deux dessusdits prit une paire desdites alozes, et les bailla à iceux portiers, en leur disant : « Voilà » pour votre dîner, prenez en gré : nous vous » faisons souvent des peines beaucoup de attarger » à la porte pour nous attendre, et autres pour » ouvrir les barrières. »

Entre lesquelles paroles et abusements que iceux faisoient, les dessusdits charretons toutefois s'assemblèrent à coup, et commencèrent à férir sur lesdits portiers ; si en occirent une partie, et gagnèrent prestement la porte et l'entrée d'icelle. Auquel lieu vinrent soudainement, à certain signe que les dessusdits leur firent, la première embûche, et derechef la seconde ; si se mirent à entrer en icelle ville par bonne et ordonnée ordonnance, tous à pied, armés de pleines armes, leurs bannières et étendards déployés avec eux. Et adonc, par aucuns des dessusdits portiers, qui étoient échappés et entrés en la ville, et aussi par aucuns autres habitants qui aperçurent cette besogne, fut tantôt en plusieurs et divers lieux crié à l'arme. Auquel cri prestement toute la bourgeoisie et communauté s'émut ; mais, qui pis étoit pour eux, le jacobin dessusdit à aucuns prêchements qu'il avoit faits par avant en lieu public, les avoit très amiablement instruits et admonestés, qu'il leur plût à être ce propre jour au matin à un sien prêchement, qu'il devoit faire moult solennel et authentique, et qui moult profiteroit, comme il disoit, pour le sauvement de leurs ames, s'ils le vouloient ouïr et retenir. Mais le dessusdit jacobin avoit, à certain propos, élu lieu pour assembler ledit commun à son prêchement, tout à l'autre bout de ladite cité, le plus loin qu'il avoit pu de la devant dite porte par où elle fut prise. Et à celle même heure que le douloureux cri fut ouï parmi la ville, étoient à l'environ d'icelui jacobin la plus grande partie de la communauté et bourgeoisie dessusdite, lesquels, sans délai, tous effrayés, se prirent à fuir vers leurs habitations. Si en y eut très grand nombre qui se armèrent et embâtonnèrent, et se trahirent devers leur évêque et leurs gouverneurs de ladite ville, qui les menèrent au plus tôt qu'ils purent devers où ils savoient lesdits François, tendant iceux rebouter hors de ladite ville; mais à bref comprendre, ils ne purent ce faire, pource que lesdits François étoient en très grand nombre, bien armés, et usités en fait de guerre ; et déjà étoient bien avant en ladite ville quand ceux de dedans vinrent à eux : et derechef, pour les mieux abuser, commencèrent iceux François à crier à haute voix : *la paix! la paix!* et marchèrent par bonne ordonnance et en tirant vers eux ; et y eut trait tant d'un côté comme d'autre ; mais ce dura assez petit : car avecque toutes ces males aventures, un nommé Guillaume de Villeneuve, qui étoit capitaine de la garnison, lequel les devoit conduire et mener, quand il aperçut la besogne être si avancée, il monta à cheval, et avec lui environ cent combattants de ses gens ; si se partit sans délai par une autre porte, et avec lui grand' multitude de peuple ; et par ainsi tout le surplus fut tantôt mis en déroi, sans ce qu'ils fissent quelque résistance. Pourquoi les François, ce voyant, s'avancèrent de plus en plus, et allèrent jusques au marché.

Et quand ils virent que nul n'arrêteroit devant eux pour eux gréver, une partie des chefs se tinrent ensemble, et envoyèrent une partie de leurs gens par les rues voir s'ils trouveroient qui leur contredisît ; mais tout fuyoit devant eux, et se sauvoient où ils pouvoient le mieux.

Durant laquelle tribulation furent morts de ceux de la ville environ soixante ou quatre-vingts, desquels fut le principal, maître Jean de Festigny, natif de Bourgogne, leur évêque ; et si en furent pris prisonniers de cinq à six cents, dont maître Gilles de l'Aube-Epine, qui gouvernoit pour les Anglois, fut le principal. Et à bref comprendre, tant de gens d'église comme bourgeois, et autres habitants qui purent être pris et atteints, furent mis à finance, et avec ce, généralement tous les biens qu'ils purent trouver, à qui qu'ils fussent, puisqu'on en pouvoit faire argent, tout fut pris et ravi.

Quant est à parler de ravissements, violations et

autres besognes extraordinaires, il en fut fait, selon les coutumes de la guerre, comme en ville conquise. Et le lendemain furent coupées les têtes à aucuns de ceux qui paravant avoient gouverné pour les Anglois; et furent, de par le roi de France, dedans icelle cité reconstitués tous nouveaux capitaines de gens d'armes et gouverneurs. Si y demeura très puissante garnison pour les frontières des Anglois, desquels fut le principal chef sur tous les autres, le dessusdit bâtard d'Orléans.

CHAPITRE CXVIII.

Comment le cardinal de Sainte-Croix vint en France, de par le Saint Père, pour apaiser la guerre des parties dessusdites.

En ce temps fut envoyé par notre Saint Père le pape, ès parties de France, le cardinal de Sainte-Croix, pour apaiser le discord qui étoit entre le roi de France, d'une part, et le roi Henri d'Angleterre et le duc de Bourgogne ensemble, d'autre part. Pour lequel traité ledit cardinal fit de grands diligences entre les parties, mais enfin ne pouvoit rien accorder à paix. Par son travail et moyen furent accordée unes trèves, à durer l'espace de six ans, entre le dessusdit roi Charles et le duc de Bourgogne, et baillèrent chacun d'eux, pour la sûreté et entretennement desdites trèves, lettres scellées de leurs sceaux, devisées par la meilleure forme et manière que faire se pouvoit. Par le moyen desquelles, en aucuns lieux sur les frontières, le peuple eut grand' consolation, espérant que ce se dût entretenir : et à l'occasion d'icelle se commencèrent aucuns des pays sur lesdites frontières, à remplir de laboureurs, bétail et autres choses. Mais cette liesse ne leur dura point grandement ; car en dedans le premier demi-an, les parties furent si obstinées et entretouillées, qu'ils commencèrent comme devant à demener très forte guerre l'un contre l'autre. Si fut la principale cause de celle émeute, pource que les François prenoient aucuns tenant le parti de Bourgogne, comme Anglois ; et pareillement lesdits Bourguignons : c'est à savoir les pauvres saquements (pillards), voulant vivre de la guerre, se boutoient avecque lesdits Anglois, et, en portant la croix rouge, prenoient les François, et leur faisoient guerre. Par lequel moyen icelles trèves devantdites furent en bref du tout mises à néant. Si n'étoit lors en nulle des trois parties justice ni raison entretenue : ains régnoit contre le peuple et gens d'église très innumérables et tyranniques pilleries. Et combien que pour vivre en paix, au-dessous de ceux qui faisoient la guerre, ils donnassent et promissent du leur très largement, en prenant d'iceux ou de leurs capitaines, sauf-conduits, lettres de gardes ou scellés d'apactiz, néanmoins, peu ou néant leur étoit entretenu, et par ainsi n'avoient-ils autre recours, sinon de crier misérablement vengeance à Dieu.

CHAPITRE CXIX.

Comment le boulevert de Lagny-sur-Marne fut pris des Anglois.

Environ le mois de mars de cet an, furent ordonnés par le duc de Bedfort et le conseil du roi Henri, étant à Paris, certain nombre de gens d'armes pour aller mettre en l'obéissance dudit roi aucunes forteresses que tenoient les François, ses ennemis, sur les marches de l'Ile-de-France, comme Mongay, Gournai et autres; et avecque ce rompre et démolir le pont de Lagny, qui vient de la ville, par-dessus l'eau, vers l'Ile-de-France : de laquelle armée furent chefs et conducteurs le comte d'Arondel, l'enfant de Warwick, le seigneur de l'Ile-Adam, maréchal de France pour le roi Henri; messire Jean, bâtard de Saint-Pol, le Galois d'Aunay, chevalier, seigneur d'Orville, et aucuns autres, lesquels, tous ensemble, partant de Paris, atout douze cents combattants ou environ, et foison de chars et charrettes, canons, artilleries et autres instruments de guerre, vinrent par aucuns jours dedans lesdites forteresses. Lesquelles en assez brefs jours, par contrainte d'iceux Anglois, furent mises en l'obéissance d'eux, et se départirent aucuns desdits François, sauve leur vie et partie de leurs biens, et les autres demeurèrent à volonté. Si en y eut aussi aucuns exécutés par justice, et les autres mis à finance.

Après lesquelles redditions, les dessusdits Anglois prirent leur chemin vers Lagny-sur-Marne, et se logèrent devant. Si fit le comte d'Arondel asseoir une grosse bombarde contre l'arche du pont-levis de la ville, laquelle, du premier coup qu'elle jeta, rompit ladite arche par telle manière, que ceux de dedans ne pouvoient bonnement venir à leur boulevert, qui étoit à l'autre bout du pont, qui passe par-dessus l'eau. Et adonc, ledit comte d'Arondel et les autres capitaines, avecque leurs gens, assaillirent hâtivement icelui boulevert, et le prirent sans délai, nonobstant que ceux de dedans, qui étoient en bien petit nombre, le défendoient puissamment et vaillamment. Auquel assaut fut mort Jean de Luxembourg, un des bâtards de Saint-Pol, et aucuns autres, avecque plusieurs navrés. Et enfin, les dessusdits Anglois rompirent le pont en plusieurs lieux, et après ardirent ledit boulevert, puis se retrahirent en leurs logis. Si conclurent, dedans brefs jours ensuivants, d'assaillir la ville en plusieurs lieux, laquelle chose ils firent.

Si demeura ledit comte d'Arondel, atout certain nombre de gens, sans aller audit assaut, et quand ce vint que le maréchal et les capitaines se départirent pour aller audit assaut, ledit messire Jean de Luxembourg, bâtard de Saint-Pol, qui portoit en sa devise et en son étendard un soleil, dit tout haut, oyant plusieurs, qu'il faisoit vœu à Dieu, que si le soleil entroit en la ville, qu'il y entreroit aussi. Laquelle parole fut de plusieurs entendue par divers propos. Néanmoins, ils allèrent à l'assaut, et s'y portèrent assez vaillamment : mais par la diligence de Huçon Queue, Écossois, messire Jean Foucaut et autres capitaines de la ville, ils furent bien et vaillamment reçus, et en y eut plusieurs des dessusdits assaillants morts et grièvement navrés ; et avecque ce perdirent quatre ou cinq de leurs étendards et canons, qui furent tirés à force de bras dedans la ville, par les deux bouts, desquels furent la bannière de l'Ile-Adam, maréchal, et l'étendard et enseigne du soleil, appartenant audit messire Jean, bâtard de St.-Pol, qui avoit voué d'entrer en icelle ville. Si convint qu'ils se retrahissent à grand' honte et confusion en leur logis ; et au bout de trois jours ensuivants, s'assemblèrent et s'en allèrent secrètement, grand' partie d'iceux compagnons de guerre, sans le congé de leurs capitaines, voyant qu'ils perdoient leur temps de là plus séjourner ; car ils y pouvoient plus perdre que gagner. Si retournèrent à Paris devers le duc de Bedfort ; et avant qu'iceux Anglois et Bourguignons fissent icelui assaut, avoient bien été huit jours logés devant la ville, et y assis grosses bombardes, dont ils avoient fait battre et travailler la muraille d'icelle.

CHAPITRE CXX.

Comment Philebert de Vaudray, gouverneur de Tonnerre, et le seigneur d'Amont, allèrent servir le duc de Bedfort.

Il est vérité qu'en ces jours, Philibert de Vaudray et le seigneur d'Amont se départirent du pays de Bourgogne, atout cinq cents combattants ou environ, par l'ordonnance de leur seigneur, le duc de Bourgogne, servir son beau-frère le duc de Bedfort. Si prirent leur chemin parmi le pays de Champagne, pour aller en Picardie, auquel pays s'assemblèrent les François, de sept à huit cents combattants, pour combattre et ruer jus les dessusdits. Desquels étoient les principaux, Yvon du Pays, le bâtard de Dampierre, le Borgne de Remon, et aucuns autres qui se mirent en bataille contre leurs ennemis, qui s'étoient tous mis à pied pour eux défendre. Mais, à bref dire, quand ce vint qu'ils dûrent commencer à férir l'un dedans l'autre, les dessusdits François, qui étoient la plus grand' partie à cheval, se départirent hâtivement en grand' confusion. Si en y eut aucuns morts et pris en petit nombre. Et après, iceux Bourguignons, par plusieurs journées, chevauchèrent atout leurs gens en Picardie, où ils séjournèrent certaine espace de temps, en pillant et mangeant le pays, et de là s'en allèrent à Paris, devers le duc de Bedfort.

En ce temps, le roi de Chypre, par longue maladie qu'il avoit eue depuis son retour de la prison des Sarrazins, après qu'il eut reçu moult dévotement tous les sacrements de sainte Église, il trépassa de ce siècle. Au lieu duquel fut couronné et sacré, en la maîtresse église de Nicosie, Jean de Lusignan, seul fils du dessusdit roi et de la reine Charlotte de Bourbon, par le consentement de tous les trois états d'icelui royaume.

CHAPITRE CXXI.

Comment le duc de Bedfort vint à grand' puissance devant la ville de Lagny-sur-Marne, pour aider et conforter les Anglois et Bourguignons, qui l'avoient assiégé, lesquels enfin s'en partirent sans nul conquêt.

Au commencement de cet an, le duc de Bedfort, qui se disoit régent de France, convoqua plusieurs parties de son obéissance, jusques au nombre de six mille combattants ou environ, lesquels il conduit et mena devant la ville de Lagny-sur-Marne, que tenoient les gens du roi Charles; et pouvoient être dedans ladite ville, de huit cents à mille combattants, droit gens d'armes d'élite, accoutumés de guerre. Desquels étoient les principaux capitaines, le capitaine écossois, messire Ambroise de Loreil, et messire Jean Foucault, qui, vaillamment, se maintinrent, et gouvernèrent ceux qui étoient sous leurs bannières. Avecque le duc de Bedfort étoient, de la langue françoise, le seigneur de l'Ile-Adam, maréchal; messire Jean, bâtard de Saint-Pol, le bâtard d'Aunay, chevalier, seigneur d'Orville; Philebert de Vaudray, le seigneur d'Amont, et plusieurs autres de bon et notable état, qui, très longue espace de temps, continuèrent le siége devant ladite ville de Lagny, pour icelle réduire en l'obéissance du roi Henri. Si furent assis plusieurs engins, grands et petits, contre les portes et murailles d'icelle ville, qui, en divers lieux, les cravantirent et abattirent, dont les dessusdits assiégés, tant pour lesdits engins comme pource qu'ils avoient vivres à grand danger, furent moult contraints, et eurent de grands tribulations et meschefs. Néanmoins que par le dessusdit duc de Bedfort fussent, par plusieurs fois, sommés d'eux rendre, ne se voulurent-ils à ce consentir, pource que toujours avoient espérance d'être secourus et aidés par ceux de leur parti, comme ils furent depuis. Et avoient lesdits assiégés fait un pont de bateaux sur la rivière de Marne, pour passer à leur aise, de l'un des côtés à l'autre. Et, à chacun des bouts dudit pont, avoient fait bouleverts pour la garde d'icelui. Dedans lesquels étoient commis gens d'armes en certain nombre pour le garder.

Durant lequel temps, le roi Charles de France

fit assembler de six à huit cents combattants, lesquels, sous la conduite du maréchal de Boussac, du bâtard d'Orléans, du seigneur de Gaucourt, de Rodigue de Villandras, du seigneur de Sainte-Treille, et plusieurs autres capitaines, gens de grand' façon, et vaillants hommes de guerre, il envoya devers Orléans pour bailler secours aux assiégés de sa ville de Lagny. Et tous ensemble, par plusieurs journées, se tirèrent à Melun où ils passèrent la rivière de Seine; et de là, parmi le pays de Brie, approchèrent de ladite ville de Lagny, et leur venoient de jour des garnisons, gens de leur parti. Et entre temps, ledit duc de Bedfort et ses gens avoient si fort destraint lesdits assiégés, qu'iceux, sur la venue des François, commençoient à traiter. Néanmoins ledit duc se prépara diligemment pour combattre les François qui venoient sur lui. Et, pour ce faire, manda encore gens de plusieurs lieux de son obéissance, puis envoya aucuns de ses officiers d'armes devers iceux François, pour eux signifier qu'il étoit prêt d'eux combattre avec tous leurs aidants, s'ils vouloient prendre jour et lieu de ce faire, à quoi ils ne firent nulle réponse, sinon à leur bel avantage, et quand bon leur sembleroit, au plaisir de Dieu, notre benoît Sauveur, ils mèneroient à fin leur entreprise. Et sur ce, approchèrent et vinrent les dessusdits François, en très bonne ordonnance de trois compagnies, jusques à une petite rivière, qui est environ à un quart de lieue de la ville. Et d'autre part, ledit duc de Bedfort avoit ordonné faire trois batailles, pour garder le passage d'icelle petite rivière. Et quand ce vint qu'ils furent approchés assez près l'un de l'autre, en plusieurs lieux se commencèrent de grands et dures escarmouches. Et par espécial, au côté où étoient l'enfant de Warwick et le seigneur de l'Ile-Adam, vinrent à grand' puissance Rodigue de Villandras, le seigneur de Sainte-Treille, et aucuns autres chefs de guerre, qui conduisoient les vivres pour ravitailler icelle ville. Et, de fait, par force et malgré tous leurs adversaires, se boutèrent avant, et y en passa certain nombre qui allèrent jusques à la porte, et boutèrent dedans de vingt à trente bœufs, et aucune quantité de sacs de farine, et si entrèrent dedans environ quatre vingt combattants; mais cette besogne ne fut pas faite sans grand' effusion de sang; car, de tous côtés, en y eut plusieurs morts et navrés. Entre lesquels, de la partie desdits François, fut mort le dessusdit de Sainte-Treille, frère aîné à Pothon. Et pareillement à l'autre côté, où étoient messire Jean, bâtard de Saint-Pol, messire Thomas Kyriel, le seigneur d'Amont, et Philebert de Vaudray, furent fort approchés, et y eut fait maints hauts faits d'armes et vaillantises. Si y furent morts et navrés plusieurs des deux côtés, desquels, de la partie des Anglois, y fut mort un gentilhomme Odart de Remy, et durèrent ces escarmouches jusques assez près de vêpres, et fut par un jour Saint-Laurent en août,

4

qu'il faisoit moult grand' chaleur de soleil, dont les deux parties furent moult travaillées et oppressées. Et lors les François, voyant que bonnement ne pouvoient autre chose faire, parce que principalement que les Anglois et Bourguignons étoient en très fort lieu, se retrahirent tous ensemble, et s'en allèrent loger à Crécy, en Brie, et de là se tirèrent vers Château-Thierry, et puis à Vitry, en France, où ils furent l'espace de quatre jours.

Et adonc ledit duc de Bedfort, sachant qu'iceux François se trayoient vers l'Ile-de-France, doutant qu'ils ne prissent aucunes bonnes villes, se délogea de devant ladite ville de Lagny, en assez petite ordonnance, car ses gens y laissèrent plusieurs biens. Si se tira vers Paris, et depuis rassembla gens, et alla vers où étoient lesdits François, pour derechef eux offrir la bataille; mais, comme devant, ils firent réponse qu'ils avoient fait ce pour quoi ils étoient venus. Et étoit avecque eux le seigneur de Gaucourt, qui bien servoit à la besogne, car moult étoit sage et prudent. Et tôt après se délogèrent dudit lieu de Vitry iceux François, et s'en retournèrent devers ladite ville de Lagny, où demeura ledit seigneur de Gaucourt; et les autres capitaines, atout leurs gens, s'en retournèrent ès pays, dont ils étoient venus.

Et quant aux assiégés, ils furent moult réjouis, et non point sans cause, quand en cette manière se virent délivrés de leurs ennemis, car moult avoient été oppressés, tant de famine comme d'autres mésaises; car le siége y avoit bien été par l'espace de quatre mois ou environ, qu'ils n'avoient pu avoir aucuns vivres pour eux rafraîchir.

En ce même temps fut pris le châtel de Monchaz, en Normandie, appartenant au comte d'Eu, prisonnier en Angleterre; lequel long-temps par avant tenoient les Anglois, et en étoit capitaine un nommé Brunelay, lequel, pour ce temps, se tenoit avec le duc de Bedfort au siége de Lagny-sur-Marne, et la prirent les prisonniers, qui étoient léans, de la partie du roi Charles. Si mandèrent tantôt, pour être leur capitaine, messire Regnault de Fontaines, qui se tenoit à Beauvais, lequel, sans délai, y alla atout quatre-vingts combattants ou environ. Et par le moyen d'icelle fut faite forte guerre ès marches de Vimeu et environ à ceux qui tenoient le parti du roi Henri et du duc de Bourgogne.

CHAPITRE CXXII.

Comment les Gantois s'émurent contre aucuns des gouverneurs de leur ville.

En ce temps, se rémurent en armes les communes gens de la ville de Gand, jusque à cinquante mille ou environ, contre les gouverneurs d'icelle, et, tous ensemble, environ dix heures devant midi, s'en allèrent sur le grand marché devant l'hôtel des Remontrances, où ceux de la loi étoient assemblés. Si convint qu'ils vinssent parler à eux incontinent, ou ils eussent en bref abattus huis et fenêtres pour y entrer; et quand ils furent venus à eux, de prime face occirent cruellement le grand doyen des menus métiers, nommé Jean Boëlle, et un échevin nommé Jean Daniel van Zenere, avec un homme de conseil, qui se nommoit Jason Habit. Pour la mort desquels, tous les autres gouverneurs là étant furent en grand doute de leurs vies pour la cruauté qu'ils véoient desdites communes; mais pour lors ils se tinrent à tant, et tous ensemble se partirent de là, et allèrent à l'abbaye Saint-Pierre abattre un petit bois, qui étoient emprès; et puis se mirent à chemin, et s'en allèrent à Saint-Banon, pour les aucuns être récompensés de plusieurs rentes héréditables, qu'ils devoient à l'église, lesquelles ils avoient par avant payées; mais par le sens et douces paroles de l'abbé dudit lieu, ils furent contentés et refrénés, et leur délivra prestement tout ce qu'ils demandèrent; et avec ce leur fit donner des vivres de l'église très abondamment. Si se partirent de là assez contents d'icelui abbé, et allèrent rompre trois ou quatre maisons de la ville, très notables, et dedans icelles prendre des biens largement, et les autres dépecer et ruer ès rues. En après allèrent aux prisons du prince, si les rompirent, et laissèrent aller tous les prisonniers, et entre les autres, délivrèrent un nommé George

Goscath, qui moult étoit de leur parti, contre les dessusdits gouverneurs.

Après lesquelles besognes icelles communes devant dites, au bout de deux jours ensuivants, par le moyen d'aucuns notables hommes, se retrahirent en leurs lieux, et furent rapaisés. Néanmoins, durant icelle cruauté, tous les officiers du prince se départirent de ladite ville de Gand, doutant que par icelles communes ne fussent mis à mort comme les autres. Toutefois le duc de Bourgogne, pour les grands affaires que pour lors avoit, ne fut point conseillé de les corriger, ne contraindre d'en faire amendises par sa puissance; mais traité fut fait avec eux par ceux de son conseil, qu'en lui requérant merci, et payant aucune finance, il leur pardonna; et par ainsi ils demeurèrent paisibles.

CHAPITRE CXXIII.

Comment messire Jean, bâtard de Saint-Pol, et le seigneur de Humières furent pris des François.

Durant le temps dessusdit se départirent du pays d'Artois messire Jean, bâtard de Saint-Pol, et le seigneur de Humières, avec eux soixante combattants ou environ, pour aller à Paris avec le duc de Bedfort. Si allèrent par Mont-Didier à l'Ile-Adam, et de là cuidant aller sûrement audit lieu de Paris, furent rencontrés de ceux de la garnison de Creil, qui de leur allée étoient tous avertis. Et de fait, nonobstant leur défense, furent tous deux pris prisonniers, et menés audit lieu de Creil avec grand' partie de leurs gens, et les aucuns se sauvèrent par force de bien fuir. Et depuis, les deux chevaliers dessusdits, parmi payant grand' finance à ceux qui les avoient pris, furent délivrés de la prison desdits François.

CHAPITRE CXXIV.

Comment plusieurs maléfices furent faits et perpétrés ès pays d'Amiénois, Santois et Vimeu.

Durant les tribulations dessusdites, Blanchefort, qui se tenoit au châtel de Breteuil, tenant le parti du roi Charles de France, fit moult de dommage ès pays de Santois, Amiénois, Vimeu, et autres lieux, par feu, pillages et par épée, par quoi iceux pays furent, ou la plus grand' partie, tous perdus et inhabités, sinon auprès des bonnes villes et forteresses. Et n'en pouvoient plus souffrir et payer les grands tributs qu'ils avoient accoutumé de livrer pour leurs appactis. Et d'autre part, furent réparées par ceux de ce même parti, aucunes forteresses au pays de Vimeu, c'est à savoir, à Rennes, Hornoy et autres, èsquelles se boutèrent plusieurs gens de guerre dont le pays fut moult oppressé, et pareillement de ceux qui tenoient le parti du roi Henri et du duc de Bourgogne. Si ne savoient les pauvres laboureurs où eux bouter, ni où aller à sauveté, et n'étoient aidés ni secourus d'aucun seigneur, de quelque parti qu'il fût; et qui pis fut pour eux, en la marche dessusdite, Philebert de Vaudrai, le seigneur d'Amont, qui étoient retournés des marches de France, de servir le duc de Bedfort, se boutèrent, à tout leurs gens, dedans l'île du Pont-Saint-Remi, et en déboutèrent les gens du seigneur de Saveuse, qui l'avoient en garde. Pour laquelle icelui seigneur de Saveuse fut très mal content, et pour iceux débouter hors de la dessusdite île, assembla grand' partie de ses parents et féables amis; mais enfin, pource que les dessusdits étoient trop forts dedans l'île dessusdite, il n'eut point conseil de les aller envahir, et pourtant demeurèrent là certain espace de temps, au grand dommage et préjudice de tout le pays.

CHAPITRE CXXV.

Comment le damoisel de Commercy prit la ville de Ligny en Barrois, appartenant à messire Jean de Luxembourg.

Au mois de septembre audit an, le damoisel de Commercy, qui, long-temps par avant, avoit grand' haine envers messire Jean de Luxembourg, tant pour sa forteresse de Montagu, qu'il lui détenoit, comme pour plusieurs autres dissensions qu'ils avoient eues l'un envers l'autre, assembla, de plusieurs lieux, de quatre à cinq cents combattants ou environ, lesquels il mena secrètement auprès de Ligny, en Barrois, et icelle, par faute de guet, prit, et entra dedans, et tous ceux qu'il avoit amenés, par échelles.

A laquelle prise, ceux de ladite ville furent tous émus soudainement, et il y en eut une grand' partie qui se retrahirent, hâtivement, dedans le châtel, qui ne fut point conquis; mais se défendirent bien et hardiment contre leurs ennemis, qui, par plusieurs fois, les sommèrent et admonestèrent d'eux rendre, à quoi ils ne voulurent nullement entendre; ains, sans délai, envoyèrent devers messire Jean de Luxembourg, lui raconter la besogne dessusdite, en lui requérant humblement qu'à ce besoin les voulsît secourir. Lequel de

Luxembourg, sachant ces nouvelles, mit incontinent clercs en œuvre, et en grand' diligence fit écrire à tous ses amis alliés et bienveillants, eux requérant très amoureusement, qu'ils lui vinssent aider à délivrer sa ville et ses gens du danger où ils étoient, sur tous les plaisirs que jamais lui désireroient à faire. Au mandement duquel, pour lui accompagner, se commencèrent à préparer diligemment plusieurs nobles hommes et autres gens de guerre, en grand nombre ; mais, entre temps, le dessusdit damoisel, voyant que bonnement ne pouvoit conquerre icelle forteresse de Ligny, doutant aussi le secours qui leur pouvoit venir de par messire Jean de Luxembourg, duquel il connoissoit assez la puissance et la volonté, si conclut, avec aucuns de ses plus féables, qu'ils s'en retourneroient ès lieux dont ils étoient venus.

Après laquelle conclusion, fit prendre et trousser tous les biens d'icelle ville, c'est à savoir qui se pouvoient porter ; puis fit bouter les feux, et embraser toutes les maisons d'icelle ville, dont les habitants eurent au cœur grand' tristesse ; et ledit damoiselle de Salebrusse s'en retourna à Commercy, en emmenant avec lui plusieurs prisonniers. Si furent, derechef, mandées ces nouvelles au dessusdit messire Jean de Luxembourg, lequel, étant de la destruction d'icelle moult dolent et marri, fit contremander ceux qui, de par lui, avoient été mandés, et délaissa son entreprise.

CHAPITRE CXXVI.

Comment la forteresse de la Boue, vers Laon, fut prise des Bourguignons, lesquels se contrefirent Anglois; et autres matières.

En ce même temps, les gens du seigneur de Ternant, qui se tenoient à Rethers, prirent la rouge croix des Anglois, feignant du tout retenir leur parti; et, un certain jour, en larcin, prirent la forteresse de la Boue, à deux lieues, près de Laon. Et étoit chef et conducteur desdits preneurs un homme d'armes, nommé Nicolas Chevalier. Par le moyen de laquelle prise, ceux de la ville de Laon et autres lieux, tenant le parti du roi Charles, eurent moult à souffrir. Si fut la cause de prendre la rouge croix dessusdite, pource que les trèves, dont par avant est faite mention, n'étoient point encore du tout rompues entre les dessusdits roi Charles et le duc de Bourgogne; car iceux avoient toujours tenu le parti du duc de Bourgogne, et se faisoient lors, entre les trois parties, plusieurs telles besognes, qui n'étoient point sans mal engin.

En ces propres jours, le comte de Vaudemont fit assembler de trois à quatre cents combattants, ou environ, ès pays et marches de Picardie, lesquels dessusdits combattants il fit mener et conduire en sa ville de Bezelise; et étoit l'un des chefs et capitaines qui les conduisoient le bâtard de Humières. Lesquels gens d'armes arrivés, commencèrent à mener forte guerre au pays et contrée de Barrois et de Lorraine, et y firent moult grand dommage, par feu, pillage, et par épée, dont le pauvre peuple d'iceux pays fut moult travaillé.

Au mois d'octobre, alla le duc de Bourgogne au pays de Hollande, et avec lui la duchesse sa femme. Si avoit, en sa compagnie, six cents combattants picards, ou environ, et demeura, pour visiter icelui pays, environ un mois. Auquel voyage fut traité, par les conseillers dudit duc et de la duchesse de Bavière, qu'icelui duc de Bourgogne auroit, de présent, le nom, jouissance et profits des pays de Hainaut, Hollande et Zélande, et de Frise, avec les appartenances, pour en user comme de son propre héritage, à toujours héritablement. Moyennant lequel accord, fut devisé que si le duc alloit de vie à trépas devant ladite duchesse, les pays dessusdits retourneroient à elle, comme vraie héritière; et avec ce, lui furent ordonnées plusieurs nobles seigneuries et profitables, dont elle devoit jouir avec la comté d'Ostrevant, de laquelle comté tant seulement elle se devoit écrire comtesse, en délaissant les titres des pays dessus nommés. Après lesquels traités passés et promis, de l'une partie à l'autre, ledit duc consentit à parconclure le mariage d'icelle duchesse sa cousine et de messire Francque de Vorselle, lequel, par avant, avoit été pourparlé secrètement entre icelles parties. Et, de ce jour en avant, s'écrivit le duc de Bourgogne, avec ses autres titres, qu'il avoit par avant, comte de Hainaut, de Hollande, de Zélande, et seigneur de Frise. Après lequel traité, il retourna en son pays de Flandre.

CHAPITRE CXXVII.

Comment frère Thomas alla à Rome, où il fut ars.

En cet an, icelui prêcheur dessusdit, de l'ordre des carmes, nommé frère Thomas Connecte, dont pieçà ci-devant ai parlé en ce livre, comme plus à plein est déclaré, avoit fait plusieurs prédications en la province de Reims; par lesquelles prédications furent plusieurs nobles femmes de haute lignée avoient ôté leurs atours. Après il vint en la ville de Rome, où lors se tenoit notre saint père le pape Eugène, et y arriva avec les ambassadeurs vénitiens. Si se logea à Saint-Pol, auquel lieu le dessusdit pape le manda à venir devers lui, non mie pour mal qu'il lui voulsît, mais pour le voir et ouïr parler, pour ce que les nouvelles avoient autrefois été rapportées jusques à lui. Si refusa pour deux fois à y aller, feignant qu'il fût mal disposé, et à la tierce fois, le pape y envoya son trésorier pour l'amener; et quand icelui trésorier vint à l'huis de sa chambre, ledit frère Thomas le voyant, saillit hors par une fenêtre pour soi sauver, mais il fut isnellement poursuivi et pris, et de là fut mené devers notre Saint Père le pape, en son palais; lequel chargea, pour l'examiner, les cardinaux de Rouen et de Navarre, lesquels enfin le trouvèrent hérèse et coupable de mort; et après que son procès fut fait, fut condamné à mort, et fut ars devant le peuple en la ville de Rome.

CHAPITRE CXXVIII.

Comment la duchesse de Bedfort mourut.

En ce temps, Anne, femme au duc de Bedfort, et sœur au duc de Bourgogne, accoucha malade en l'hôtel des Tournelles à Paris, et fut par très longue espace travaillée d'icelle maladie, et tant qu'enfin, nonobstant qu'elle eût été très diligemment visitée de plusieurs médecins, rendit son esprit, et fut enterrée aux Célestins, en la chapelle où jadis fut mis Louis duc d'Orléans, dernier trépassé. Pour la mort de laquelle le duc de Bedfort son mari eut au cœur très grand ennui et tristesse, et pareillement plusieurs autres de son parti, doutant que pour la mort dessusdite, l'amour et l'alliance qui s'étoit entretenue grande espace par le moyen d'icelle duchesse entre sondit mari et son frère le duc de Bourgogne, ne se refroidît aucunement. Et pour lors les ambassadeurs des trois parties, c'est à savoir du roi Charles, du roi Henri et du duc de Bourgogne furent ensemble en la cité d'Auxerre et à Melun, pour traiter de paix, mais enfin ne purent rien conclure, et par ainsi se départirent, retournant chacun devers leurs seigneurs.

CHAPITRE CXXIX.

Comment aucuns capitaines François passèrent la rivière de Somme pour courir en Artois.

Environ l'entrée du mois de décembre Blanchefort, le capitaine; messire Antoine de Chabannes, le seigneur de Longueval, messire Karados des Chesnes, et aucuns autres du parti du roi Charles s'assemblèrent, et avec eux, de huit cents à mille combattants d'entour Breteuil, et de là allèrent passer la rivière de Somme à Capy, et puis chevauchèrent toute nuit jusques emprès la ville de Dourlens, qu'ils avoient pourguettée par leurs espies, pour la prendre et écheler; mais le seigneur de Humières fut averti de cette chevauchée. Si envoya hâtivement certains messages au maire et aux jurés de Dourlens, eux signifier que les François étoient sur les champs, et avoient intention d'eux porter dommage, et qu'ils fussent sur leur garde. Lesquels oyant ces nouvelles, se préparèrent dili-

gemment pour eux défendre, et avec ce mirent
dehors leur ville un messager pour aller au châtel
de Beauval, dire à ceux qui le gardoient, les nouvelles dessusdites. Lequel messager rencontra à un
quart de lieue d'icelle ville, environ le point du
jour, les coureurs d'iceux François, desquels il fut
pris et examiné, si leur reconnut ce pour quoi il
alloit. Et adonc se retrahirent vers leurs gens qui
les suivoient d'assez près. Lesquels sachant, par les
moyens dessusdits, leur entreprise être rompue,
retournèrent tous ensemble en la ville de Beau-
quesne, et après qu'ils se furent repus et rafraîchis
longuement, courant aucune partie de leurs gens
parmi le pays, s'en rallèrent audit passage de la
rivière de Somme, et de là atout (avec) foison de
leurs prisonniers, chevaux et autres bagages, retournèrent en leurs garnisons.

CHAPITRE CXXX.

Comment un moine de l'ordre de saint Benoît voulut prendre le châtel
Saint-Ange, à Rome.

Durant ce temps, un nommé le Petit, moine,
qui avoit été moult aimé du pape Martin, et eut
grand gouvernement durant sa seigneurie, après
le trépas d'icelui se retrahit devers le pape Eugène,
et trouva manière d'être très bien de lui, tant qu'il

fût en sa grâce, comme pour en partie avoir gouvernement, comme il avoit eu au temps de son devancier. Durant lequel temps, par tentation diabolique, comme on peut supposer, il eut volonté de faire trahison contre icelui pape Eugène; et pour icelle mener à effet, et de tous points accomplir, avoit parlé au prince de Salerne ou à ses commis, pour le mettre à puissance de gens dedans le châtel de Saint-Ange, et de là, dedans Rome. Si étoit venu un certain jour devers ledit pape pour prendre congé de lui, disant qu'il s'en vouloit aller demeurer en Avignon aucune espace de temps. Et entre temps requit au châtelain de Saint-Ange, qu'il lui voulsît garder ses coffres où étoient ses biens, jusques à son retour, lequel lui accorda, non doutant que ce fût pour quelque mauvaiseté faire. Si fit, ledit Petit, moine, faire douze coffres dedans lesquels devoit avoir douze hommes, et à chacun coffre encore deux hommes pour les porter.

Et quand ce vint que toutes ces besognes furent toutes prêtes, pour mieux fournir son entreprise, il envoya un petit page, qui étoit son neveu, porter une lettre à un prisonnier dedans ledit châtel; lesquelles furent d'aventure trouvées au dessusdit châtelain; lequel, par le moyen d'icelles, sut et aperçut ladite trahison. Si les porta sans délai devers le pape, lequel fit incontinent, par la justice séculière, prendre icelui Petit, moine, lequel fut gehenné, et connut tout son fait; après laquelle connoissance il fut pendu à un gibet, et fut mis à mort dedans la cité de Rome ; lequel gibet y fut, pour ce fait, tout propice, et puis fut écartelé au marché. Et par ainsi, le dessusdit prince de Salerne faillit à son intention ; mais pour ce ne demeura mie qu'il ne fît forte guerre au dessusdit pape.

En ces jours, un saquement (pillard), nommé Thoumelaire, qui étoit prévôt de Laon, de par le roi Charles, prit le châtel de Passavant, par certains moyens qu'il avoit dedans la forteresse, laquelle prise déplut moult au duc, doutant que par ce moyen son pays ne fût en guerre. Si les fit tantôt assiéger par ses gens, et enfin furent les dessusdits preneurs, contraints par telle manière, qu'il leur convint rendre ladite forteresse. Et avec ce fut ledit Thoumelaire exécuté et mis à mort, et aucuns autres avec lui, et si fut icelle forteresse démolie.

CHAPITRE CXXXI.

Comment la paix fut traitée entre le duc de Bar d'une part, et le comte de Vaudemont.

En cet an, par le moyen du duc de Bourgogne, fut faite la paix et traité entre le duc de Bar d'une part, et le comte de Vaudemont d'autre part, par ainsi que les deux parties promirent de bonne foi rendre et restituer toutes les villes et forteresses qu'ils tenoient l'un de l'autre, et avec ce fut accordé que l'aîné fils dudit comte prendroit en mariage l'aînée fille au duc de Bar, et lui feroit avec elle chacun an six mille francs de rente, et certaine somme pour une fois. Lesquels traités conclus et scellés d'eux, et d'aucuns de leurs plus féables conseillers, pardonnèrent l'un à l'autre ce qu'ils se pouvoient être entremefaits. Et depuis fut ladite fille délivrée à icelui comte, entretenant les promesses dessusdites, dont les sujets de chacune partie eurent au cœur très grand' joie, espérant que par le traité dessusdit demeureroient paisibles, et seroient hors de la grande tribulation où ils avoient long-temps été par la guerre et discord des deux princes dessusdits.

CHAPITRE CXXXII.

Comment la duchesse de Bourgogne accoucha d'un fils en la ville de Gand.

En cet an, le quatorzième jour d'avril, la duchesse de Bourgogne accoucha d'un fils en la ville de Gand, lequel fut tenu sur les fonts de baptême par le cardinal de Vincestre, anglois, et les comtes de Saint-Pol et de Ligny frères, et la comtesse de Meaux fut marraine; et fut icelui fils, sur lesdits fonts, nommé Josse, jà-soit-ce que nul desdits parrains ni marraines eussent ainsi nom, mais ainsi l'avoient ordonné lesdits duc et duchesse. Si donnèrent chacun en droit soi, moult riches dons à icelui enfant. En celle même journée fut la monnoie renouvelée par ledit duc de Bourgogne en ses pays, par le consentement d'iceux. Si fut faite nouvelle monnoie d'or nommée riddes, lesquels valoient vingt-quatre sols en blanche monnoie, nommée virelans. Et furent toutes monnoyées, ayant cours en iceux pays condamnées et ramenaisées de la quarte ou cinquième partie moins qu'elles ne valoient. Durant lequel temps fut grande dissension entre la ville de Bruxelles d'une part, et de la ville de Malines d'autre, et menèrent très grande guerre les uns aux autres; et pareillement furent ceux de Gand en grand' dissension l'un contre l'autre, et en furent plusieurs officiers bannis de ladite ville.

CHAPITRE CXXXIII.

Comment la paix fut traitée entre le duc de Bar, d'une part, et les comtes de Saint-Pol et de Ligny, d'autre part.

Durant le temps dessusdit, fut fait le traité de paix entre le duc de Bar, d'une part, et les comtes de Saint-Pol et Ligny frères, d'autre part, à cause de la guerre et haine, qui par un temps avoit été entre eux. Par la fin de laquelle, toute la comté de Guise, jà pièça conquise par messire Jean de

Luxembourg, comte de Ligny, défendeur, laquelle appartenoit héréditablement au dessusdit duc de Bar, demeura par ledit traité à icelui messire Jean de Luxembourg. pour en jouir lui et ses hoirs à perpétuité. Et pour en avoir plus grand' sûreté, se dessaisit le dessusdit duc de Bar, dedans le châtel de Bohain, sans contrainte, présents plusieurs de ses hommes, qui avoient été mandés avec aucuns officiers d'icelle comté, et autres notaires impériaux et apostoliques qui pour ce y étoient; et avec ce fut protesté un autre appointement touchant à Jeanne de Bar, fille à messire Robert de Bar, comte de Marle; c'est à savoir, pour sa part et portion qu'elle tendoit à avoir, à cause de sondit feu père, sur la duché de Bar.

Et pareillement fut pourparlé entre icelles parties, du mariage d'une des filles maisnée dudit duc, et du second fils dudit comte de Saint-Pol. Si demeurèrent les deux articles dessusdits, à parconclure du tout jusques à une autre fois, qu'ils se devoient rassembler l'un avec l'autre.

Après lesquels traités, qui durèrent plusieurs jours, et que ledit duc eut, par les deux frères dessusdits, été grandement et honorablement reçu et festoyé dedans icelui châtel de Bohain, il se départit de là très bien content d'eux, comme il montroit semblant, et s'en retourna en sa duché de Bar.

CHAPITRE CXXXIV.

Comment la guerre s'émut entre messire Jean et messire Antoine de Vergy, d'une part, et le seigneur de Château-Vilain, d'autre part.

En cet an, s'émut grand discord entre messire Jean et messire Antoine de Vergy, chevaliers de Bourgogne, d'une part, et le seigneur de Château-Vilain, d'autre part, par le moyen duquel ils commencèrent à faire guerre ouverte l'un contre l'autre. Et adonc le seigneur de Château-Vilain, afin qu'il pût être plus fort pour grever les dessusdits, il se tourna du parti du roi Charles, avec lui messire Légier de Touteville, Jean de Verpelleurs, et aucuns autres gentilshommes, qui long-temps par avant étoient ses alliés et bienveillants, en enfreignant le serment qu'ils avoient au duc de Bourgogne, leur naturel seigneur, duquel par avant icelui seigneur de Château-Vilain avoit été moult familier, et avec ce renvoya au duc de Bedfort son ordre, qu'il avoit porté longue espace. Pour lequel renvoi icelui duc fut moult indigné vers lui, et le blâma grandement en la présence de celui qui ledit ordre rapporta, pource que ainsi avoit faussé son serment vers lui, et pareillement en fut ledit duc de Bourgogne très mal content, quand ce vint à sa connoissance. Si récrivit aux gouverneurs de ses pays de Bourgogne, que par tous les moyens que faire se pourroit ils missent peine de le grever et subjuguer, lesquels en obéissant audit duc, mirent son mandement à exécution.

Toutefois, à l'occasion de celle guerre, les pays de Bourgogne eurent grands affaires, parce que ledit seigneur de Château-Vilain avoit plusieurs forteresses, lesquelles il garnit de ses alliés, qui moult les grevèrent. Néanmoins, par la puissance dudit duc de Bourgogne et l'aide des dessusdits seigneurs de Vergy et autres nobles du pays, fut contraint par telle manière, que la plus grand' partie de ses forteresses furent conquises et démolies : c'est à savoir Gaussy, Flongy, Challancy, Villiers-le-Magnet, Nully, le châtel Saint-Urban, Blaise, Saint-Vorge, Esclaron, Varville, Cussay, Romay, Vaudemont et de la Boncourt.

Devant lequel château de Gaussy, le siége y fut trois mois ou environ, lequel tenoit messire Jean de Vergy, chef principal de cette querelle, et avecque lui messire Guillaume Beaufremont, Guillaume de Vienne et messire Charles de Vergy, avecque eux douze cents combattants. Auquel siége vint pour le lever ledit seigneur de Château-Vilain, le damoisel de Commercy et Robert de Vaudricourt, atout seize cents combattants, et y eut très grand' escarmouche, en laquelle fut mort un seul homme tant seulement : néanmoins, le dessusdit seigneur da Château-Vilain, voyant que bonnement ne pouvoit lever ledit siége sans grand péril, pour la bonne ordonnance et assistance que y mettoient ses ennemis, s'en retourna avecque les siens là dont il étoit venu, et bref ensuivant, messire Denis de Saint-Flour, qui tenoit icelui fort, fit traité avec les commis dudit seigneur de Vergy, par condition que, en lui rendant ledit châtel, lui et ses compagnons s'en iroient, sauvement tous leurs bagages; et ce conclu, retourna vers le roi, qui lui fit couper la tête pour aucunes raisons dont il fut accusé vers lui, et aussi pource qu'il avoit fait mourir sa femme.

En ce même temps, aucuns capitaines tenant le parti du duc de Bourgogne, prirent d'emblée, par échelles, la ville d'Épernay, appartenant héréditablement à Charles, duc d'Orléans, prisonnier en Angleterre, dedans laquelle furent faites très grandes dérisions, comme en ville conquise.

CHAPITRE CXXXV.

Comment la paix fut traitée entre le duc de Bourgogne et les Liégeois.

A L'ISSUE de cet an fut faite et confermée la paix entre le duc de Bourgogne et les Liégeois, pour laquelle plusieurs journées avoient été tenues entre les parties sans eux pouvoir concorder. Néanmoins, pour les dommages et intérêts que ledit duc avoit eus en sa comté de Namur par iceux Liégeois, s'accordèrent de payer audit duc, de ses forteresses qu'ils avoient abattues en son pays désolé, cent cinquante mille nobles, avecque amendes. Et avec ce, parmi le traité, promirent lesdits Liégeois de abattre et démolir de fond en comble la tour de Montorgueil, emprès Bouvines, laquelle ils tenoient ; par laquelle, en partie, le discord étoit mu entre icelles parties. Laquelle promesse ils entretinrent bref ensuivant, et la démolirent du tout. Et furent répondants pour iceux Liégeois, afin que mieux entretinssent ledit traité, Jean de Hinsberche, leur évêque, Jacques de Fosseux et aucuns autres nobles du pays de Liége. Après lequel traité, pour plus grand' sûreté, furent faites lettres, et baillées à chacune partie. Et par ainsi, les dessusdits Liégeois, qui par avant étoient en très grand doute et cremeur, eurent grand' joie et furent rapaisés, et en grand' sûreté demeurèrent en leur pays.

CHAPITRE CXXXVI.

Comment le duc de Bedfort, qui se disoit régent de France, épousa la fille du comte de Saint-Pol.

Au commencement de cet an, Jean de Lancastre, duc de Bedfort, épousa en la ville de Thérouanne, Jacqueline, fille aînée de Pierre de Luxembourg, comte de Saint-Pol, et nièce de

Louis de Luxembourg, évêque de Thérouanne, chancelier de France pour le roi Henri, et aussi de messire Jean de Luxembourg. Si avoit cetuy mariage été traité, certaine espace de temps par avant, par le moyen et sollicitude du dessusdit évêque, qui pour ce temps étoit un des principaux gouverneurs et conseillers dudit duc de Bedfort : duquel mariage, le duc de Bourgogne, quand il fut retourné de ses pays de Bourgogne, où il étoit pour lors, n'en fut point content dudit comte de Saint-Pol, pource que, sans son su et conseil, il avoit ainsi allié sadite fille. Et toutefois, les fêtes et les nôces furent faites solennellement en l'hôtel épiscopal de ladite ville de Thérouanne. Et pour la joie et plaisir qu'icelui duc de Bedfort eut et prit d'icelui mariage, car ladite fille étoit frisque, belle et grâcieuse, âgée de dix-sept ans ou environ, et afin que de lui il fût perpétuellement mémoire, il donna à l'église de Thérouanne deux cloches moult riches, notables et de grand' valeur, lesquelles il fit amener, à ses propres coûts et dépens, du pays d'Angleterre ; et aucuns jours après ladite fête finie, il s'en partit.

CHAPITRE CXXXVII.

Comment la ville de Saint-Valery, en Ponthieu, fut prise des François.

En ce temps, messire Louis de Vaucourt et messire Regnault de Verseilles, tenant le parti du roi Charles, accompagnés de trois cents combattants ou environ, prirent à un point du jour la ville de Saint-Valery, en Ponthieu, par échelles, laquelle ville, de par le duc de Bourgogne, étoit au gouvernement de Jean de Brimeu, et si y furent faits de grands maux par iceux François, selon les coutumes de la guerre, comme en ville conquise. Par le moyen de laquelle prise, furent les pays de là environ en très grand doute, et non point sans cause; car brefs jours ensuivants, iceux François se fortifièrent de gens puissamment, et commencèrent à courir et faire forte guerre aux pays qui se tenoient du parti des Anglois et des Bourguignons, lesquels pays, ou la greigneure partie, s'allièrent à eux, dont ils reçurent grands finances. En ce même temps, par la diligence de Perrinet Crasset, capitaine de la Charité, sur la rivière de Loire, lequel tenoit le parti du roi Henri, fut prise la ville et forteresse dessusdite, qui étoit assise en fort lieu, et n'avoit été prise ni conquêtée en toute la guerre.

CHAPITRE CXXXVIII.

Comment les ducs de Bedfort et de Bourgogne vinrent à Saint-Omer.

A L'ISSUE du mois de mai, vinrent à Saint-Omer les ducs de Bedfort et de Bourgogne, par certains moyens qui avoient été pourparlés entre icelles parties, afin d'eux réconcilier l'un avec l'autre d'aucunes paroles haineuses qui avoient été rapportées tant d'un côté comme d'autre. Avec lequel duc de Bedfort étoit son oncle le cardinal d'Angleterre, qui étoit moult désirant d'iceux deux ducs mettre en bonne concorde. Néanmoins, jà-soit-ce que pour ce faire fussent les dessusdits ducs venus audit lieu de Saint-Omer, et qu'il eût été ordonné qu'ils s'assembleroient l'un avec l'autre dedans un certain lieu, sans ce que l'un fût tenu d'aller devers l'autre, toutefois, quand ils furent à leur logis, ledit duc de Bedfort attendoit que le duc de Bourgogne allât devers lui, ce que point faire ne voulut. Si furent sur ce plusieurs seigneurs envoyés d'un et d'autre, tendant y remettre moyen; mais rien n'y valut. Et enfin le dessusdit cardinal vint devers le duc de Bourgogne, et parla à lui à part en sa chambre, en lui remontrant amiablement, en disant : « Comment, beau-neveu, laisserez-vous ainsi retourner un tel prince, qui est fils et frère de roi, qui pour vous voir s'est travaillé de venir en votre ville, sans parler à lui ni aussi l'aller voir?» Auquel cardinal le dessusdit duc de Bourgogne répondit qu'il étoit prêt d'aller au lieu où il étoit ordonné pour eux convenir ensemble; et finalement, après ces paroles et plusieurs autres, le cardinal dessusdit se départit et s'en retourna par-devers sondit neveu de Bedfort; et bref ensuivant se départirent dudit lieu de Saint-Omer, sans autre chose sur ce besogner iceux deux ducs, moins contents l'un de l'autre qu'ils n'étoient par avant.

CHAPITRE CXXXIX.

Comment en la cité de Tournai eut grand trouble et dissension pour l'évêché d'icelle, à cause de la mort de l'évêque dudit lieu, messire Jean de Torsy.

En cet an, mourut, en la ville de Lille, maître Jean de Torsy, moult ancien, évêque de Tournai, et chef du conseil du duc de Bourgogne. Au lieu duquel fut constitué évêque de ladite cité, par notre Saint-Père le pape, Jean de Harcourt, qui étoit évêque d'Amiens. Pour laquelle constitution le duc de Bourgogne ne fut pas bien content, pource que de celle évêché vouloit pourvoir un sien conseiller, nommé maître Jean Chevrot, archidiacre du Vulguessin, en l'église de Rouen. Et mêmement avoit autrefois parlé audit Harcourt, afin que si celui évêché étoit vacant, qu'il ne le voulût pas impétrer, lequel, comme disoit ledit duc, lui avoit accordé de le non prendre. Toutefois, après que le dessusdit de Harcourt en fut en possession, le dessusdit fit défendre par tous ses pays, tant en Flandre comme ailleurs, qu'on ne fît nulle obéissance au dessusdit de Harcourt, et avec tout ce, lui furent arrêtées toutes les rentes et revenus d'icelui évêché, qui, ou la plus grand partie, étoient ès pays dessusdits, et furent données au dessusdit duc, dont icelui de Harcourt eut grand deuil en son cœur. Néanmoins, espérant trouver ses moyens, demeura longue espace dedans la ville de Tournai, où il vécut à simple état, et y étoit obéi et très bien aimé des bourgeois et habitants d'icelle cité.

Durant lequel temps vaqua l'archevêché de Narbonne, laquelle, pour l'amour et faveur d'icelui duc de Bourgogne, fut donnée par notre Saint-Père le pape à Jean de Harcourt, et ledit évêché de Tournai fut octroyé audit maître Jean Chevrot; et fit le pape cette translation pour contenter les deux parties, et par espécial ledit duc, dont ledit de Harcourt ne fut bien content, et y mit plusieurs oppositions, disant que le pape lui faisoit tout ce pour le destituer dudit évêché de Tournai; et par ainsi icelui duc de Bourgogne, voyant qu'il ne vouloit obéir au mandement du Saint-Père, fut de lui et de ceux de Tournai plus mal content que devant. Si fit derechef défendre par tous ses pays, que nul ne portât vivres en icelle ville de Tournai, sur peine de confiscation de corps et de bien, et avec ce, que tout homme qui pourroit savoir sur les biens d'aucuns des habitants, les nonçassent aux officiers dudit duc, et ils seroient pris comme confisqués. Et furent, à l'occasion de cette tribulation, faits plusieurs maux bien par l'espace de quatre ou cinq ans, durant lesquels fut, de par le duc, le comte d'Étampes, accompagné de plusieurs chevaliers et écuyers, envoyé en ladite ville de Tournai, où étoit le dessusdit de Harcourt, pour prendre possession pour ledit maître Jean Chevrot. Si advint que, quand le dessusdit comte d'Étampes fut en la ville de Tournai, et qu'il eut ordonné à prendre possession à un nommé maître Etienne Vivien, une grande partie de ceux de la ville ne furent point de ce contents, et s'assemblèrent en grand nombre par manière de commotion.

Si allèrent à l'église, où étoit ledit Vivien assis en la chaire de l'évêque, faisant les cérémonies et appréhensions qui lui avoient été commises à faire au nom d'icelui Chevrot, en prenant la possession de l'évêché, et le tirèrent jus de ladite chaire très durement, en lui dérompant son surplis et autres habillements. Et en y eut plusieurs qui, en icelle fureur, le vouloient mettre à mort; mais, pour les apaiser, la justice de la ville le fit prendre et mettre prisonnier, en donnant à entendre à ces communes qu'il seroit puni par ladite justice, et qu'ils fussent contents. Et aussi ledit Jean de Harcourt, pour qui ladite commotion se faisoit, les refréna par douces paroles et amodérées, en eux remontrant amiablement qu'ils se retrahissent en leurs maisons, disant que tout se feroit bien, et qu'il garderoit son droit par justice. Après lesquelles besognes, et plusieurs autres, icelles communes se retrahirent, et se excusèrent les officiers, c'est à savoir ceux de la loi, et autres plus notables, envers le comte d'Etampes, de ladite commotion; car ils en doutoient grandement pis valoir au temps à venir.

Et après toutes ces besognes, ledit comte d'Étampes et ceux de son conseil, voyant que autre chose n'en pourroient faire, se départirent de là, et s'en retournerent à Arras, devers le duc de Bourgogne, auquel il raconta l'état et la manière de ce qui avoit été fait en ladite ville de Tournai, dont ledit duc, en persévérant de mal en pis, fut très mal content de ceux d'icelle cité. Et finalement, pour et à la cause de la division d'iceux deux évêchés, advinrent à plusieurs gens de divers états de grands tribulations et misères; et mêmement, après la paix faite à Arras entre le roi Charles et le duc de Bourgogne, fut le dessusdit roi très mal content des manières que tenoit icelui duc contre ceux de Tournai, voulant soutenir icelui de Harcourt. Lequel de Harcourt, sachant que ledit duc de Bourgogne étoit du tout conclu et obstiné de soutenir maître Jean Chevrot, et aussi voyant que par nul moyen il ne pouvoit jouir paisiblement des biens et fruits d'icelui évêché, et avec ce, que ses terres de Hainaut étoient arrêtées et mises en la main du dessusdit duc, il se départit de ladite ville de Tournai, et s'en alla à privée mesgnie devers le roi, qui lui fit grande réception, et de là s'en retrahit en son archevêché de Narbonne; et par ainsi icelui maître Jean Chevrot demeura paisible en son évêché de Tournai, et fit prendre la possession par un chanoine de Cambrai, nommé maître Robert d'Auclair, qui, pour le dessusdit, fut assez courtoisement reçu et obéi comme son procureur.

CHAPITRE CXL.

Comment les François firent plusieurs conquêtes sur les marches de Bourgogne.

En ce temps vinrent devers le duc de Bourgogne certains ambassadeurs, envoyés par les trois états de la duché et comté de Bourgogne, lesquels lui dirent et exposèrent les grands desrois et exercions (exactions) que les gens du roi Charles faisoient par feu et par épée en sesdits pays. Et par espécial ceux de son beau-frère le duc de Bourbon, disant que déjà avoient pris par force plusieurs bonnes villes et forteresses, et chacun jour s'efforçoient de conquerre plus avant; pourquoi le pays étoit en danger d'être détruit, si briève provision n'y étoit mise, lui requérant très humblement que de sa grâce il y voulsît remédier de sa puissance magnifique, et y aller personnellement atout ses gens d'armes. Lequel duc, cette requête ouïe, fit assembler son conseil, et avecque icelui conclut que bref ensuivant il feroit assembler tous les gens de guerre de ses pays de Brabant, de Flandre, d'Artois, de Hainaut, et autres marches à lui obéissants.

Et lors furent mis clercs en œuvre à écrire lettres adressants à tous les capitaines, et aussi aux chevaliers et écuyers, et autres gens de guerre, qui avoient accoutumé d'eux armer, contenant que sans délai se missent sus pour être prêts et appareillés à l'entrée du mois de mai, atout ce que chacun pourroit finer de gens d'armes, tant hommes d'armes comme archers, à aller en sa compagnie, là où il les vouloit conduire et mener; lesquels capitaines, ouï le mandement de leur prince et seigneur, firent leur assemblée, et se préparèrent diligemment. Et en y eut grand' partie, lesquels mirent leurs gens sur les champs, dont le pays de Picardie, d'Artois, Ponthieu, Tournésis, Ostrevant, Cambrésis, Vermandois, et les marches à l'environ, furent grandement travaillées, pourtant que le dessusdit duc de Bourgogne n'eut pas si en hâte et vitement apprêté ses besognes pour partir et faire son voyage; et demeurèrent iceux gens d'armes par l'espace d'un mois et plus, en mangeant toujours le pays dessusdit.

En la fin duquel mois, ledit duc de Bourgogne, qui de plusieurs parties de ses pays avoit fait grandes apprêtes et préparations de charriots, artilleries, et de toutes autres manières d'habillement de guerre, se partit de la ville d'Arras, le vingtième jour de juin, avecque lui plusieurs capitaines, et y fut sa femme la duchesse, qui avoit avecque elle tant de dames et demoiselles que autres femmes servants, tant qu'elles étoient bien jusques au nombre de quarante ou au-dessus, et vint au gîte jusques à Cambrai. En laquelle cité se retrahit vers lui messire Jean de Luxembourg, qui lui requit d'aller en son châtel de Bohain, lequel lui accorda. Et après le lendemain, incontinent qu'ils eurent ouïe messe dedans l'église Notre-Dame de Cambrai, lui et sa femme la duchesse, et qu'ils eurent pris leur réfection, ils s'en allèrent audit château de Bohain, où ils furent moult joyeusement et honorablement reçus du dessusdit messire Jean de Luxembourg, comte de Ligny, et de la comtesse sa femme. Si furent eux et leurs gens servis très abondamment de plusieurs vivres à eux nécessaires et convenables selon le temps; et demeurèrent en cetui lieu par deux jours, en prenant leurs ébattements en chasses et autres déduits.

Et entre temps, les capitaines et chevaliers, atout leurs gens d'armes, se retrahirent vers le pays de

Rethelois. En après, le duc de Bourgogne et la duchesse sa femme, partant dudit lieu de Bohain, s'en allèrent à Provins, et de là, parmi la Champagne, passèrent assez tôt près de la ville de Reims. Si avoit en la compagnie jusques à six mille combattants, tant hommes d'armes comme d'archers; desquels étoient les principaux conducteurs le seigneur de Croy, messire Jean de Croy son frère, messire Jean d'Hornes, sénéchal de Brabant; le seigneur de Créquy son frère, messire Jean, bâtard de Saint-Pol, et Louis son frère; le seigneur de Humières, messire Baudo de Noyelle, le seigneur de Crèvecœur, Robert de Neufville, Lancelot de Dours, Harpin de Richammes, et plusieurs autres moult nobles hommes, tant chevaliers comme écuyers; et alors ledit duc de Bourgogne chevaucha parmi le pays de Champagne; lequel avoit avant-garde, bataille et arrière-garde. Laquelle avant-garde conduisoit messire Jean de Croy, au-dessous de son frère, et avecque lui étoit le dessusdit Harpin de Richammes. Si étoit chacun jour mis le charroi entre l'avant-garde et la bataille. Et la duchesse, qui lors étoit bien enceinte d'enfant, alloit avecque ses femmes près de ladite bataille où étoit le duc; et cheminèrent tenant telle ordonnance jusques devant Troyes, qui tenoit le parti du roi Charles. Devant laquelle ville passa ledit duc, et de là prit son chemin vers Cappes, tirant vers Bourgogne, atout grand nombre de combattants.

Et adonc vinrent devers lui les seigneurs de
Bourgogne, atout grand nombre de combattants,
auxquels il fit joyeuse réception ; et bref ensuivant
prit conclusion avecque ceux de son conseil de ce
qu'ils avoient à faire. Si fut ordonné que la duchesse et sa compagnie s'en iroient à Châtillon-
sur-Seine séjourner, et ledit duc mena ses gens
devant Mussi-l'Evêque, que tenoient les François
ses adversaires, et mit le siége tout à l'environ. Si
furent des assiégeants faites grandes préparations
pour gréver leurs adversaires et ennemis, c'est à
savoir, firent asseoir devant les portes et murailles
plusieurs engins, pour iceux confondre et abattre.
Et d'autre part, les assiégés firent très grand' diligence d'eux défendre ; néanmoins, eux voyant la
puissance dudit duc de Bourgogne être si grande,
et aussi qu'ils n'avoient mie espérance d'avoir aucun secours, firent traité avecque lesdits commis
d'icelui duc dedans les huit jours, et après le siège
mis , par tel si, qu'ils s'en iroient sauf leurs vies,
corps et biens, en rendant ladite forteresse ; lequel
traité conclu, se départirent sous bon sauf-conduit,
et s'en allèrent à Saint-Florentin. Et après qu'icelui
duc eut de par lui commis capitaine en icelle ville,
il s'en alla à Châtillon, où étoit ladite duchesse sa
femme ; et ses gens d'armes se départirent sous bon
sauf-conduit, et s'en allèrent vers la comté de Tonnerre.

CHAPITRE CXLI.

Comment le duc de Bourgogne reconquit plusieurs forteresses que les François avoient conquises en son pays de Bourgogne.

En ce temps, après que le dessusdit duc de Bourgogne eut séjourné aucun peu de jours à Châtillon, il ordonna sa femme la duchesse à aller à Dijon, où elle fut joyeusement reçue de la ville et du pays, et il s'en alla après ses gens. Si fit assiéger Lussigines et Passy, que tenoient ses adversaires. Laquelle forteresse de Lussigines fut si rigoureusement contrainte, que ceux qui la tenoient la rendirent audit duc, par telle condition, qu'ils s'en iroient, sauve leur vie, en délaissant leurs biens. Et les dessusdits de Passy baillèrent ôtages de rendre leur fort le premier jour de septembre ensuivant, en cas que icelui duc, ou ses commis, ne seroient combattus par ceux de leur parti, au jour dessusdit. Et adonc plusieurs autres forteresses que tenoient lesdits François, doutant la grand' puissance qu'avoit ledit duc de Bourgogne au pays, se rendirent à lui, avecque celles dessusdites, c'est à savoir Danlermoinne, Herny, Coursain, Secalofloug, Malegny, Saint-Phalle, Sitry, Sabelly, et autres forteresses, jusques à vingt et quatre, et au-dessus. Après lesquelles redditions, ledit duc s'en alla à Dijon; et ses capitaines, atout leurs gens d'armes, se retrahirent vers leurs marches; desquels, durant ce voyage, fut le chef, messire Jean de Croy, atout les siéges qui se mirent en l'obéissance du dessusdit duc de Bourgogne.

CHAPITRE CXLII.

Comment Gilles de Postelles fut accusé de trahison, dont il fut décapité.

En cet an, fut accusé de trahison envers le duc de Bourgogne un gentilhomme du pays de Hainaut, nommé Gilles de Postelle, lequel avoit long-temps été nourri et serviteur en la maison de la comtesse de Hainaut, douagière, tante audit duc de Bourgogne. Et fut la cause de ladite accusation, pource qu'il avoit pourparlé, avecque aucuns autres nobles du pays, de mettre à mort le dessusdit duc, par trait, ou aucune autre manière, en allant avec lui au bois à la chasse. Si fut, pour cette cause, pris en l'hôtel de celle dame, au Quesnoy, par messire Guillaume de Lalain, bailli dudit pays de Hainaut. Et puis, après qu'il eut été diligemment questionné et examiné, il fut décapité et écartelé au marché de Mons, en Hainaut, et les quartiers mis au dehors de quatre bonnes villes du pays. Avecque lequel, fut ainsi décapité un sien serviteur, et Jean de Vendège, à qui icelui Gilles de Postelle s'en étoit découvert, se rendit fugitif du pays; et depuis, par divers moyens, quist plusieurs fois ses excusations devers ledit duc. Si fut, pour cette cause, mise aucune suspection contre ladite comtesse de Hainaut, douagière; mais, en conclusion, rien n'en vint à clarté.

CHAPITRE CXLIII.

Comment les François échelèrent la ville de Crespy en Valois; et plusieurs autres matières.

Durant ces tribulations, les gens du roi prirent, par échelles, à un point du jour, la ville de Crespy, en Valois, tenant le parti des Anglois; et en étoit capitaine le bâtard de Thien, lequel, avecque grand' partie de la garnison et de ses habitants, fut pris, et tous les biens pillés et ravis, avec plusieurs autres maux grands et innumérables qui furent faits, et par la manière qu'il est accoutumé de faire en ville conquise. La nuit de l'Ascension de cet an, se rémurent les Gantois contre les officiers du prince et les gouverneurs de la ville; mais le souverain échevin de la ville se mit sur le grand marché, atout (avec) la bannière du comte de Flandre, bien accompagné, avant que les mouvements fussent assemblés ; lesquels, voyant qu'ils ne pouvoient mener leur intention à fin, se rendirent fugitifs ; et les aucuns furent depuis pris et punis par les souverains gouverneurs de la ville de Gand. En ces jours, fut prise la ville de Bruyères, en Laonnois, sur les gens du roi Charles, par aucuns des gens de messire Jean de Luxembourg, comte de Ligny, desquels étoit l'un des meneurs Villemet de Hainaut, capitaine de Montagu ; pour laquelle prise ceux de la ville de Laon furent en grand effroi, doutant qu'en icelle ne fût, en bref temps, mise puissante garnison contre eux ; et pourtant se garnirent et fournirent de gens de guerre, au mieux que bonnement faire le purent pour y résister.

CHAPITRE CXLIV.

Comment le duc de Bourgogne tint la journée de Passy ; et comment il fit assiéger la ville et forteresse d'Avalon.

LE premier jour de septembre venu, le duc de Bourgogne, qui par avant avoit mandé, ès parties de Bourgogne, tous ceux qui l'avoient accoutumé de servir, tint la journée pour la reddition de Passy, dont dessus est faite mention. A laquelle journée, vinrent en son aide, le seigneur de l'Ile-Adam, maréchal de France, de par le roi

Henri, et messire Jean de Talbot, anglois, atout seize cents combattants ou environ, lesquels furent dudit duc reçus moult joyeusement, et fit très beaux dons à iceux seigneurs et leurs gens. Toutefois lesdits François ne comparurent pas à ladite journée, parquoi ceux de ladite forteresse de Passy, si comme promis l'avoient, la rendirent en la main du dessusdit duc de Bourgogne, et se départirent sur bon sauf-conduit. Et après, ledit duc envoya aucuns de ses capitaines mettre le siége entour Avalon, dedans laquelle étoit capitaine un nommé Forte-Epice, atout deux cents combattants, fleur de gens d'armes roides et bien instruits de la guerre, qui moult vaillamment se défendirent. Et étoient les principaux assiégeants, c'est à savoir, de Bourgogne, le seigneur de Charny, Philebert de Vaudray, et aucuns autres; et de Picardie, y étoient messire Jean, bâtard de Saint-Pol, le seigneur de Humières, et plusieurs autres nobles hommes, lesquels, en grand' hardiesse, approchèrent leurs ennemis, et se logèrent, grand' partie, au plus près des fossés. Si firent dresser plusieurs engins, dont la muraille d'icelle ville fut fort travaillée, et en moult de lieux abattue, et tant qu'iceux assiégeants, espérant icelle prendre de force, lui livrèrent un grand assaut, duquel ils furent, par force, reboutés et reculés; mais, finalement, lesdits assiégés, doutant qu'enfin ne fussent pris de force, et non ayant espérance de secours, s'effrayèrent si fort, que, par nuit, se départirent d'illecque, en desroi, par une poterne qui point n'étoit bien gardée. Mais, ains qu'ils fussent tous hors, furent aperçus de leurs ennemis, lesquels s'armèrent et vigoureusement se férirent en eux, si en prirent et occirent plusieurs; et le dessusdit Forte-Epice et aucuns des principaux se sauvèrent par fuite. Et adonc fut ladite ville soudainement assaillie et prise, sans trouver quelconque défense. Dedans laquelle fut prise la femme d'icelui Forte-Epice, et plusieurs de ses gens, avecque aucuns paysans, et tous les biens d'icelle pris et ravis.

CHAPITRE CXLV.

Comment Pierre de Luxembourg, comte de Saint-Pol, assiégea la ville de Saint-Valery, auquel voyage il mourut.

Au mois de juillet, Pierre de Luxembourg, comte de Saint-Pol, accompagné du seigneur de Villeby, anglois, et douze cents combattants de deux nations, il mit le siége tout à l'environ de la ville de Saint-Valery, dedans laquelle étoient, de par le roi Charles, messire Louis de Vaucourt, Philippe de la Tour et messire Regnault de Verseilles, atout trois cents combattants. Si firent derechef dresser contre les portes et murailles aucuns engins pour les grever. Et après que ledit siége eut duré par l'espace de trois semaines, les dessusdits chevaliers assiégés firent traité avecque Robert de Saveuse, à ce commis de par ledit comte de Saint-Pol, par tel si, qu'ils devoient avoir certaine somme de denier et emporter tous leurs biens, et aussi emmener tous leurs prisonniers, et avecque ce eurent jour de partir de ladite ville, en cas que lesdits assiégeants ne seroient combattus de ceux de leur parti. Auquel jour ne comparut homme tenant leur parti, et par ainsi se départirent de là, et s'en allèrent à Beauvais, sous bon sauf-conduit, et de là, bref ensuivant, les dessusdits messire Louis et messire Regnault furent rencontrés d'un nommé le Petit Rolant, tenant leur parti, lequel, pour aucune haine particulière, sur le chemin de Senlis, leur courut sus avecque ses gens qu'il avoit amenés à Chantilly, et en conclusion, les conquit et détroussa, et mêmement y fut pris ledit messire Regnault de Verseilles. Et après, le dessusdit comte de Saint-Pol refournit de ses gens ladite ville de Saint-Valery, et la bailla en garde à messire Robert de Saveuse, et de là, partant de sondit siége, s'en alla loger en un grand village nommé Blangy, en la comté d'Eu, en l'intention d'aller assiéger le châtel de Mouchas, que tenoit, pour parti du roi Charles, messire Regnault de Fontaines. Lequel messire Regnault, non voulant attendre ledit siége, fit traité avecque les gens et commis dudit comte par tel si, qu'il lui rendroit ladite forteresse le quinzième jour du mois d'octobre ensuivant, en cas qu'en ce jour les gens du roi Charles ne seroient puissants pour combattre ledit comte, audit jour, devant le châtel de Mouchas, où ès pays de Santois, emprès Villers-le-Carbonnel, à une lieu de Haplaincourt.

Et pour la sûreté de ce traité fait et confirmé par les parties, le vingt-sixième jour du mois d'août, furent baillés ôtages; et le dernier jour d'icelui même mois d'août, icelui comte étant en ses tentes, emprès ladite ville de Blangy, faisant les ordonnances pour aller assiéger le châtel de Rambures, lui prit la maladie de l'épidémie, de laquelle il mourut assez soudainement. Pour la mort duquel tous ses gens, et aussi les capitaines anglois, là étant, furent fort troublés et courroucés en cœur. Si s'en retournèrent assez bref chacun en leurs places et propres lieux dont ils étoient venus; et ceux de sa famille emportèrent son corps en la ville de Saint-Pol, et depuis il fut enterré devant le grand autel du moustier de Cler-Champ, l'abbaye de laquelle ses prédécesseurs étoient fondateurs. Et assez bref ensuivant, Louis de Luxembourg, fils aîné dudit comte, âgé de quinze ans ou environ, prit et appréhenda toutes les seigneuries qu'avoit tenues sondit feu père, et de là, en avant, se fit nommer comte de Saint-Pol.

CHAPITRE CXLVI.

Comment le seigneur de la Trimouille fut pris en l'hôtel du roi Charles, et rendit la vicomté de Thouars.

Durant le temps dessusdit, le roi Charles de France se tenoit moult souvent au châtel de Chinon, avecque lequel étoit le seigneur de la Trimouille, par qui toutes besognes se conduisoient quant à l'état du roi, dont n'étoient pas bien contents Charles d'Anjou et aucuns autres grands seigneurs qui l'avoient en haine, pour l'amour du seigneur d'Amboise, vicomte de Thouars, lequel il faisoit tenir prisonnier dès le temps que le seigneur de Lezay et Antoine de Vivonne avoient été décapités en la cité de Poitiers, par son pourchas; et aussi pource que par lui le connétable ne pouvoit retourner en la grâce du roi, comme iceux entendoient être vrai. Si advint un certain jour, qu'en comptant des choses dessusdites, entrèrent dedans icelui châtel de Chinon le seigneur de Beuil, messire Pierre de Verseil, Pregent de Coytizy, et aucuns autres grands barons, jusques au nombre de seize, lesquels allèrent jusques à la chambre d'icelui seigneur de la Trimouille, qui encore étoit en son lit. Si le prirent prisonnier et l'emmenèrent, et lui fut lors ôté tout le gouvernement du roi, et puis, par traité qu'il fit avecque les dessusdits et autres leurs alliés, rendit ledit seigneur d'Amboise, et avecque ce promit de n'en plus retourner devers le roi, et si rendit plusieurs forteresses qu'il tenoit.

Et assez brief ensuivant retourna ledit connétable devers le roi, lequel roi fût assez content de lui, jà-soit-ce qu'il lui déplût grandement du désappointement du dessusdit seigneur de la Trimouille : néanmoins lui furent baillés nouveaux gouverneurs. Au temps dessusdit, Philippe, le seigneur de Saveuse, se tenoit en la ville de Mont-Didier, atout certain nombre de combattants, pour défendre le pays et résister contre les François de Compiégne, Ressons-sur-la-Mer, Mortemer, Breteuil, et autres places, lesquels étoient allés courre vers le pays de Santois, environ eux cinquante combattants, lesquels furent tantôt envahis, et la plus grand' partie pris prisonniers, et les autres se sauvèrent par fuite. En cet an mourut le comte de Penthièvre, en sa ville d'Avesnes, en Hainaut; lequel par long-temps avoit été déchassé de Bretagne, comme en autres lieux est assez déclaré. Et alors régnoit sur la plus grand' partie des marches de France, grand' mortalité, tant en bonnes villes comme en plein pays. Et d'autre part étoient les seigneurs et nobles hommes fort divisés les uns contre les autres, et n'étoient Dieu, l'Église, ni justice obéis ni craints, et par ainsi le pauvre et simple peuple étoit en plusieurs manières offensé.

CHAPITRE CXLVII.

Comment Guillaume de Coroam rua jus Jean de Beaurain; et comment la forteresse de Haplaincourt fut reconquise par messire Jean de Luxembourg.

En icelui temps, Guillaume de Coroam, anglois, et avec lui Villemer de Hainaut, et aucuns autres des gens de messire Jean de Luxembourg, accompagné de trois à quatre cents combattants ou environ, ruèrent jus et détroussèrent entre Ardenne et Champagne, assez près de Ywis, de cinq à six cents combattants, lesquels avoient assemblés Jean de Beaurain et autres capitaines pour combattre et ruer jus les dessusdits, qui là étoient allés courir. Toutefois ledit Jean de Beaurain se sauva, et grand'partie de ses gens. Et après, au mois de septembre, fut pris le châtel de Haplaincourt, séant sur la rivière de Somme, à deux lieues de Péronne, par un tenant le parti du roi Charles, nommé Martin le Lombart et ses complices; dedans lequel étoient messire Pierre de Beausault, noble chevalier, moult ancien, et sa femme, mère de messire Karados de Quesnes.

Pour laquelle prise, le pays de Vermandois, et autres à l'environ, furent en grand effroi et souci, doutant que, par le moyen d'icelle prise, leurs adversaires et ennemis n'eussent grand' entrée en iceux pays. Et pour tant, sans délai, furent incontinent mandées ces nouvelles audit messire Jean de Luxembourg, lequel, dedans brefs jours ensuivant, assembla bien huit cents combattants picards, et avecque lui, le jeune comte de Saint-Pol son neveu, le seigneur de Saveuse, messire Simon de Lalain, et aucuns autres nobles capitaines, et s'en alla devant ledit châtel, devant lequel il fit dresser aucuns engins pour traire à l'encontre. Et tant firent, par lesdits engins avec les assauts qu'y firent ses gens, qu'ils contraignirent tellement ceux de dedans ledit châtel, qu'ils se rendirent du tout en la volonté dudit messire Jean de Luxembourg, dont les aucuns furent pendus et étranglés ; et ledit Martin, Jacotin, Clamas, furent depuis délivrés par finance ; et icelui châtel fut depuis remis en la main de Jean de Haplaincourt, et en furent du tout déboutés les dessusdits chevaliers et dames. Après lequel exploit, s'en retournèrent les dessusdits comte de Ligny et de Saint-Pol, avecque leurs gens, ès lieux et pays dont ils étoient venus.

CHAPITRE CXLVIII.

Comment les comtes de Saint-Pol et de Ligny tinrent la journée de Villers-le-Carbonnel, et depuis ruèrent jus les François de la garnison de Laon.

LE quinzième jour du mois d'octobre, le jeune comte de Saint-Pol et messire Jean de Luxembourg, comte de Ligny son oncle, avec de quatre à cinq mille combattants, que par avant ils avoient évoqués des pays de Picardie et de Hainaut, entre lesquels étoient messire Guillaume de Lalain, messire Simon son frère, le seigneur de Mailly, messire Allard de Mailly, le seigneur de Saveuse, Valleran de Moreul, Guy de Roye, et plusieurs autres hommes de guerre experts et renommés en armes; avecque ce aussi douze cents Anglois ou environ, que conduisoient le seigneur de Villeby, et messire Thomas Kiriel, tinrent la journée au pays de Santois, emprès Villers-le-Carbonnel, pour la composition du châtel de Mouchas en Normandie, faite par messire Regnault de Fontaines, avec le feu comte Pierre de Luxembourg, comme en autre lieu est à plein déclaré. A laquelle journée, messire Regnault, ni autres de la partie du roi Charles, ne vinrent, ni comparurent, ains laissèrent leurs ôtages en ce danger. Néanmoins les deux comtes dessusdits se tinrent en la bataille au lieu qui avoit été divisé entre icelles parties, grand' partie du jour.

En après, eux voyant qu'ils ne véoient nulle apparence de leurs adversaires, se logèrent atout leurs gens cette nuit en aucuns villages près de ladite place, et le lendemain, s'en retournèrent ès lieux dont ils étoient venus par plusieurs journées. En outre, dedans brefs jours ensuivants, les dessusdits comtes étant à Guise, leur furent apportées nouvelles, que le seigneur de Pennesac, alors capitaine de Laon, avec lui quatre cents combattants ou environ, des garnisons de la marche de Laonnois, étoient venus courre vers Marle, et venoient de cuider prendre Vervins, appartenant héritablement à Jeanne de Bar, sa belle-fille, et déjà avoient bouté les feux ès fauxbourgs d'icelle ville de Marle. Pour lesquelles nouvelles, messire Jean de Luxembourg, tout troublé, monta à cheval, ledit comte de Saint-Pol en sa compagnie, messire Simon de Lalain, et les gens de son hôtel. Si manda hâtivement à toutes ses gens, qui étoient en ses forteresses assez près d'illec, qu'ils le suivissent sans délai; et avec ce, messire Simon manda ses gens qui étoient logés en un village assez près de là. Finablement, ledit comte de Ligny mit ensemble trois cents combattants de plusieurs terres, et chevaucha vigoureusement vers ses ennemis; si les trouvèrent qu'ils se retrayoient vers Laon, assez près de Daissy. Et jà-soit-ce qu'ils fussent en plus grand nombre que lui, toutefois, tantôt qu'il les aperçut, se férit des premiers dedans eux, sans plus attendre après ses gens, et, pour vrai, il y fit de grandes merveilles et faits d'armes de sa personne. Et finablement, les François se mirent en fuite en la vue de leur capitaine dessusdit et les autres furent déconfits et mis à mort, jusques au nombre de huit vingts, dont étoient les principaux, Gaillard de Lille, Antoine de Belle-Garde, de Moui, le Borgne de Vy, Henri Quenof, du pays de Brabant, et autres, jusques au nombre dessusdit; et en y eut de pris de soixante à quatre-vingt; desquels, la plus grand' partie, furent le lendemain pendus. Desquels en fut un nommé Rousselet, prévôt de Laon. Et si fut pris en la bataille, un gentilhomme d'armes nommé l'Archenciel, qui s'étoit rendu à messire Simon de Lalain, dessus nommé; lequel l'Archenciel lui avoit autrefois sauvé la vie à Saint Vincent, comme dit est ailleurs. Et pareillement lui vouloit ledit messire Simon sauver la vie, ce que faire ne put; car messire Jean de Luxembourg le fit occire, dont ledit messire Simon fut moult courroucé; mais autre chose n'en put avoir.

En après, les François furent chassés jusques assez près de la ville de Laon; si en y eut en ladite chasse plusieurs morts et pris. Si fut ce jour, le jeune comte de Saint-Pol, mis en voie de guerre; car le comte de Ligny, son oncle, lui en fit occire aucuns, lequel y prenoit grand plaisir. Après laquelle détrousse, s'en retournèrent très joyeux en ladite ville de Guise, pour la victoire qu'ils avoient obtenue.

CHAPITRE CXLIX.

Comment La Hire et plusieurs autres François coururent en Artois et en Cambrésis; mais ce fut devant l'aventure dessusdite.

Au mois de septembre, la Hire, accompagné de plusieurs capitaines du roi Charles, c'est à savoir Antoine de Chabannes, Blanchefort, Charles de Flavi, Regnault de Longueval, et aucuns autres, avecque bien quinze cents combattants ou environ, qu'ils avoient assemblés ès marches de Beauvais, passèrent l'eau de Somme à Cappy, au pays d'Artois; si prirent icelui à fourrer, et de première venue, prirent grand nombre de paysans, qui de ce ne se donnoient garde; lesquels ils emmenèrent en la ville de Beauvais, en Cambrésis, où ils se logèrent tous ensemble. Et derechef, comme ils avoient fait ailleurs, prirent la plus grand' partie des hommes d'icelle, lesquels ils composèrent à grand' finance. Et le lendemain se mirent aux champs tous ensemble, en une compagnie; et après qu'ils eurent chevauché un petit en cet état, ils se départirent pour aller en deux lieux; c'est à savoir, Antoine de Chabannes et Blanchefort, atout leurs gens, s'en allèrent passer devant Cambrai, et prirent leur chemin droit à Hâpre, où la franche fête avoit été le jour devant la tour d'Ywis; et pource que ceux de dedans ne se voulurent composer à leur plaisir, ardirent la plus grand' partie de la ville du Moulin. Et après s'en allèrent devers ladite ville de Hâpre, où il y avoit très grand nombre de peuple, et de biens abondamment. Si se férirent dedans, sans ce que ceux de Hâpre en fussent de rien avertis, si en prirent plusieurs; mais les autres se retrahirent en une forte tour avecque les moines, où ils furent par iceux François longuement assaillis.

Et pource qu'ils ne les purent avoir, après ce qu'ils eurent pris et ravi des biens d'icelle ville tout à leur plaisir, boutèrent le feu en plusieurs maisons, et aussi en l'église Saint-Akaire et en l'abbaye, et y firent dommage incomparable. Et après ce se remirent aux champs atout leurs bagages, et traversèrent le pays de Cambrésis; si prirent plusieurs hommes prisonniers, et ardirent plusieurs maisons, et puis s'en allèrent loger au mont Saint-Martin avecque la Hire, qui là les attendit. Et en ce même jour ledit la Hire avoit fait ardoir et embraser la ville de Beau-Revoir, le moulin, et aussi une très belle maison de plaisance nommée la Mothe, séant assez près d'icelle ville, laquelle étoit à la comtesse de Ligny. Si coururent lors en plusieurs parties, par petites compagnies, en faisant grands maux et innumérables dommages sur le pays, sans être occupés de leurs ennemis;

car messire Jean de Luxembourg étoit encore avec le jeune comte de Saint-Pol, son neveu, pour les affaires qui lui étoient survenues à cause de la mort du comte Pierre son frère.

Et pour cette cause, les dessusdits François ne trouvèrent quelque détourbier, ni résistance partout où ils allèrent durant cette entreprise. Et en après, du mont Saint-Martin prirent leur chemin vers Laon, et en accueillant grandes proies de bétail, et menant grand' multitude de prisonniers, s'en allèrent loger à Cressi-sur-Serre, et de là, sans perte de leurs gens, s'en retournèrent à Laon, où ils partirent leur butin, et puis s'en allèrent en leurs garnisons, chacun dont ils étoient venus. Environ le temps dessusdit, retournèrent des pays de Bourgogne les seigneurs de Croy et de Humières, atout deux mille chevaux, lesquels, par long espace, avoient été avec le duc Philippe de Bourgogne, pour faire plusieurs conquêtes audit pays sur les François. Auquel temps la duchesse de Bourgogne se délivra d'un fils en la ville de Dijon, lequel fut fait chevalier sur les fonts. Et furent les parrains, Charles, comte de Nevers, qui lui donna son nom, et ledit seigneur de Croy avec lui. Et avant son département, fut dès lors constitué de l'ordre de la confraternité de la Toison d'or, et avec ce, par le dessusdit duc de Bourgogne son père, lui fut donnée la comté de Charrolois.

CHAPITRE CL.

Comment le duc de Bourgogne tint la fête de la Toison d'or en la ville de Dijon; et comment il alla aux noces du fils du duc de Savoie.

En ce temps, le duc de Bourgogne tint sa fête de la Toison d'or en la ville de Dijon, en Bourgogne, et bref ensuivant vinrent devers lui les gens du duc de Savoie, lui requerre qu'il voulsît aller aux noces de son neveu le comte de Genève, lequel prenoit à femme la fille au roi de Chypre, et se devoit tenir la fête d'icelles noces à Chamberry, en Savoie. Lequel duc de Bourgogne accorda d'y aller; et après qu'il eut ordonné ses besognes, environ la Chandeleur, laissa sa femme la duchesse, à Châlons en Bourgogne, et son armée environ; et se partit atout deux cents chevaliers et écuyers, et chevaucha par plusieurs journées, tant qu'il vint en ladite ville de Chamberry, en Savoie, et là vinrent au-devant de lui le duc de Savoie et son cousin-germain le comte de Genève, lesquels les reçurent moult liement. Et le lendemain furent faites les noces moult solennelles et plantureuses, et se sirent à la grand' table, le cardinal de Chypre, oncle de l'épousée, la reine de Sicile, femme du roi Louis, fille dudit duc de Savoie; et puis ledit duc de Bourgogne, tous trois au droit lez, et au milieu fut assise l'épousée; et après le duc de Bar, le comte de Nevers, et le damoisel de Clèves. Et à la seconde table se sirent le duc de Savoie, le comte de Fribourg, le marquis de Fribourg, le prince d'Orange, le chancelier de Savoie, et autres seigneurs et dames. Aux autres tables furent assis plusieurs chevaliers et écuyers, dames et damoiselles de diverses contrées, moult richement habillés, lesquels, chacun selon son état; furent moult hautement et richement servis; et dura ladite fête par trois jours moult plantureuse. Durant laquelle furent faites moult de joyeusetés en danses et autres ébattements. Et après, ledit duc de Bourgogne donna à l'épousée un moult riche fermail de la valeur de trois mille francs. Et puis, les trois jours dessusdits passés, prit congé à toute la seigneurie qui là étoit, et s'en retourna en Bourgogne. Si fut à son département grandement remercié du duc de Savoie et de son fils.

CHAPITRE CLI.

Comment le concile de Bâle fut en cet an en grand état tenu.

Durant ce temps dessusdit, étoit le concile de Bâle en grand état tenu ; et y étoit venu l'empereur signifiant roi des Romains, et plusieurs autres seigneurs de diverses nations, tant ecclésiastiques que séculiers, lesquels entendoient diligemment à mettre ambassadeurs sus, pour apaiser les discords d'entre le roi de France d'une part, et le roi d'Angleterre et le duc de Bourgogne d'autre part. Et entre temps vinrent nouvelles audit concile, qui leur furent moult plaisants, c'est à savoir que les Pragois avoient été déconfits et morts de huit à dix mille personnes, par les nobles du pays de Béhaine, et par avec eux six cents hommes de guerre, que ceux dudit concile avoient envoyés en leur aide. Et bref ensuivant, furent occis deux prêtres qui étoient capitaines des errants, dont l'un étoit nommé Protestus du Tabouret, et l'autre Lupus, et avec eux six mille de leur secte. Si fut lors conquise la grand' cité de Prague, et nettoyée des mécréants, et grand' partie du pays. Si envoyèrent ceux de Béhaigne leur ambassade au concile, pour avoir absolution et confirmation de la foi catholique. Et adonc fut, par ledit concile, levé un demi-dixième sur le clergé. Et derechef vinrent les ambassadeurs du roi de Castille et des Espagnols, en très grand état, audit lieu de Bâle, et étoient bien quatre cents personnes et deux cent mulets, sans les chevaux. Et furent envoyés de par icelui concile, les cardinaux de Sainte-Croix et de Saint-Pierre, devers Philippe Maria, duc de Milan, pour ravoir la terre de l'Eglise qu'il tenoit, mais ce fut peine perdue.

CHAPITRE CLII.

Comment la ville et le châtel de Provins, en Brie, que tenoient les François, furent pris des Anglois et Bourguignons; et aussi comment la ville et forteresse de Saint-Valery fut reprise des François.

En ce temps furent pris d'échelles, la ville et châtel de Provins, en Brie, que tenoient les François, par les Anglois et les Bourguignons, desquels étoient les chefs, messire Jean Raillard, Mando de Lussach, Thomas Girard, capitaine de Montereau faut Yonne, Richard Huçon, et aucuns autres, lesquels pouvoient avoir environ quatre cents combattants; et fut des écheleurs un nommé Grosse-Tête, et fut pris par le châtel environ cinq heures après minuit. Et étoient dedans environ cinq cents hommes de guerre, dont le principal étoit le commandeur de Gueraines, qui, avec ses gens, très vaillamment se gouverna et défendit l'espace de huit heures ou environ, et tant que lesdits entrepreneurs en moururent largement, jusques au nombre de six vingts ou mieux, entre lesquels en fut l'un, un nommé Henri de Hougrefort, anglois, très vaillant homme d'armes. Néamoins, ladite ville et forteresse furent conquises, et du tout mises à saquement, et furent morts et pris grand' partie des dessusdits François défendeurs. Mais ledit commandeur, voyant que nul remède ne s'y pouvoit mettre, se sauva avec aucuns autres. Et depuis en demeura capitaine le seigneur de la Grange.

A l'entrée du mois de janvier, reprirent les gens du roi Charles, c'est à savoir, Charlot du Marêts, capitaine de Rambures, la ville et forteresse de Saint-Valery, par faute de guet; laquelle Robert de Saveuse avoit en sa garde, mais pour lors n'y étoit pas, et y avoit eu si grande mortalité, que peu de gens s'y osoient tenir. Néanmoins le bâtard de Fiennes son lieutenant, fut pris, et aucuns autres avec lui. Pour laquelle prise ceux de Ponthieu, et autres à l'environ, furent en moult grand doute. Philippe de la Tour fut principal chef à prendre cette ville de Saint-Valery, avec le dessusdit Charlot du Marêts.

CHAPITRE CLIII.

Comment le duc de Bourgogne retourna en ses pays de Bourgogne, en Flandre et en Artois, et amena avec lui Jean, fils du comte de Nevers; et autres matières.

Au commencement de cet an, Philippe, duc de Bourgogne, retourna en ses pays de Bourgogne, en Artois, en Flandre et en ses autres pays, six cents combattants avec lui ou environ, et laissa audit pays de Bourgogne la duchesse sa femme et son petit fils, et avec ses forteresses garnies de ses gens d'armes. Auquel retour amena avec lui Jean, fils au comte de Nevers, son cousin-germain, et fils à sa femme précédente. Si visita ses pays et bonnes villes, et prépara pour avoir gens et argent, pour retourner audit pays de Bourgogne. Et entre temps, les gens de messire Jean de Luxembourg, tenant les frontières de Laonnois, prirent le fort de l'abbaye Saint-Vincent-lez-Laon, que tenoient les gens du roi Charles; dedans lequel fort fut pris un notable gentilhomme, nommé Antoine de Cramailles, auquel le dessusdit duc de Luxembourg fit couper le chef, et son corps écartelé à Ripelmonde; et demeurèrent morts à la prise dudit fort de Saint-Vincent, Jamet de Pennesac et Eustache Vaude. Et après, ledit messire Jean de Luxembourg garnit icelui fort de ses gens d'armes; pourquoi ceux de la ville de Laon furent en très grand doute, et, pour mieux y résister, garnirent leur ville de droites gens d'armes; et par ainsi les parties chacun jour livroient l'un contre l'autre de grands escarmouches, auxquelles souvent advenoit qu'il y en avoit de chacune partie des morts et de navrés, et entre les autres, de la partie dudit messire Jean de Luxembourg, y fut mort un vaillant chevalier, nommé Colart de Forges, par un trait dont il fut féru auxdites escarmouches, au travers de la jambe.

CHAPITRE CLIV.

Comment ledit Jean de Nevers fut ordonné à mettre le siége devant Moreul, et lui fut donné la comté d'Étampes.

APRÈS ce que le duc de Luxembourg eut ramené ès pays de Picardie Jean, fils du comte de Nevers, comme dit est dessus, lui fut, par ledit duc de Bourgogne, donnée la comté d'Etampes, et en porta le nom de ce jour en avant grand espace de temps, et avec ce, fut ordonné capitaine de Picardie, pour avoir la charge des frontières. Si assembla gens d'armes pour aller assiéger le château de Moreul, que tenoient les François. Avec lequel se mit le seigneur d'Antoin, messire Jean de Croy, le vidame d'Amiens, Valeran de Moreul, le seigneur de Humières, le Seigneur de Saveuse et le seigneur de Neuville, messire Baudo de Noyelle, gouverneur de Péronne, Mont-Didier et Roye; et plusieurs autres nobles hommes et gens de guerre, jusques à mille combattants, qui, par ledit comte d'Étampes et capitaines dessusdits, furent menés et conduits jusques audit lieu de Moreul; et là se logèrent devant la forteresse, où étoient environ cent combattants, qui dedans le terme de huit jours furent par les assiégeants contraints d'eux rendre, leurs vies sauves tant seulement, en délaissant tous leurs biens en la volonté dudit comte d'Étampes et de ses commis. Après lequel traité fini, et qu'iceux François se furent départis sous bon sauf-conduit, ladite forteresse fut remise en la main du dessusdit Valeran de Moreul; et le dessusdit comte d'Étampes mena ses gens devant le châtel de Mortemer, emprès Ressons-sur-Mer, lequel châtel, dedans brefs jours ensuivants, lui fut rendu, et fut tout démoli; et brefs jours après, s'en retourna ledit comte, atout ses gens, ès pays dessusdits.

CHAPITRE CLXV.

Comment le pape Eugène fut en discord contré les Romains, qui le voulurent tenir à Rome outre son gré.

En ce temps, notre Saint-Père le pape Eugène, qui se tenoit à Rome, eut volonté d'aller demeurer à Florence; et quand ce vint à la connoissance des Romains, ils en furent moult troublés, et allèrent en grand' multitude devers ledit pape, et lui firent dire que point ne se partiroit de là, et que mieux ne pouvoit être qu'en icelle ville de Rome, qui étoit la fontaine de la chrétienté. Et lors ledit pape et ses cardinaux, voyant la rudesse et folie d'iceux Romains, montrèrent semblant de non vouloir partir; néanmoins iceux Romains firent diligemment garder leurs portes afin qu'ils ne sussent partir sans leur su. Toutefois, par le moyen de la belle reine de Sicile, qui envoya au Saint-Père aucuns navires garnis de gens d'armes, se départit ledit pape de Rome secrètement, et s'en alla demeurer à Florence. Pour lequel partement les Romains dessusdits furent fort troublés; et incontinent, tout ce que le pape avoit laissé en leur ville avec aucuns de ses gens, ils arrêtèrent, desquels en étoit l'un le cardinal de Venise, son neveu, et fit son département en guise de moine, et ainsi habillé, s'en alla.

CHAPITRE CLXVI.

Comment le fort de Saint-Vincent, emprès Laon, fut démoli ; et comment plusieurs forteresses furent conquises par les Bourguignons.

En icelui même temps, le duc de Bourgogne se partit de ses pays de Picardie, atout deux mille combattants, pour retourner en ses pays de Bourgogne. Avec lequel s'assemblèrent messire Simon de Lalain et Robert de Saveuse. Si prit son chemin vers Cambrésis, et de là à Crecy-sur-Serre, et à Provins ; et lors les François étoient en grand nombre à Laon, venus en intention d'assiéger le fort de Saint-Vincent, où étoient les gens de messire Jean de Luxembourg, comme dit est dessus. Lequel comte, de ce averti, envoya ses messagers à Vervins devers ledit duc, requérant qu'il voulût retourner atout ses gens d'armes audit lieu de Crécy, et illec séjourner deux ou trois jours, afin que les dessusdits François étant à Laon se partissent. Laquelle requête lui accorda, et revint loger audit lieu de Crécy ; et entre temps, traités se commencèrent à faire entre ledit de Ligny et ceux de la ville de Laon ; lesquels enfin furent conclus, par condition que ceux qui étoient dedans ledit fort de Saint-Vincent départiroient saufs leurs vies et leurs biens, et le dessusdit fort seroit démoli. Lesquelles besognes faites et accordées, ledit duc s'en alla, parmi la Champagne, en son pays de Bourgogne, et rassembla derechef, avec ceux qu'il avoit amenés, grand nombre de Bourguignons et Picards là étant. Si les envoya assiéger la ville et forteresse de Chaumont en Charrolois, que tenoient les François; lesquels, en assez bref temps ensuivant, furent par lesdits assiégeants si fort travaillés et contraints, qu'ils se rendirent en la volonté d'icelui duc de Bourgogne, lequel en fit pendre cent et au-dessus; et étoit lors le chef pour les Picards, en l'absence dudit duc, messire Jean, bâtard de Saint-Pol. Et est à savoir que de ceux qui furent pendus, étoit l'un le fils de Rodrigue de Villandras; et après se rendirent au capitaine d'icelui duc ceux dudit fort, et furent pendus comme les autres. Après assiégèrent Benam; si se rendirent ceux de dedans sauves leurs vies, eux départant le bâton au poing; et de là, tant par siéges comme par assauts, mirent en leur obéissance plusieurs villes et forteresses que tenoient les François.

CHAPITRE CLVII.

Comment le seigneur de Talbot vint en France, où il conquit plusieurs villes et forteresses.

Au même an, messire Jean de Talbot retourna du pays d'Angleterre en France, et amena avec lui huit cents combattants anglois, lesquels il mena à Rouen; et de là, prenant son chemin vers Paris, prit et mit en son obéissance le fort de Join, séant entre Beauvais et Gisors, et furent pendus les François qui étoient dedans. En après, icelui messire Jean de Talbot s'en alla atout ses gens audit lieu de Paris, où il fut conclu par le conseil du roi Henri, là étant, que lui, le seigneur de l'Ile-Adam, maréchal de France, et le Gallois d'Aunay, chevalier, seigneur d'Arville, avec eux l'évêque de Thérouanne, chancelier de France pour le roi Henri, atout leurs gens, iroient assiéger le châtel de Beaumont-sur-Oise, lequel avoit réparé Amadour de Vignolles, frère de La Hire. Si se mirent sus atout bien seize cents combattants, gens de bonne étoffe, les trois chevaliers dessusdits, et allèrent devant le châtel dessusdit, lequel ils trouvèrent tout vide; car déjà par avant leur venue, ledit Amadour de Vignolles et ses gens l'avoient abandonné, et s'étoient tous retraits à Creil atout leurs biens.

Auquel lieu tantôt le suivirent les dessusdits, après que du tout ils eurent désolé ledit châtel de Beaumont : si se logèrent autour de la ville, tant d'un côté comme d'autre, et y livrèrent plusieurs grands escarmouches, auxquelles lesdits assiégés se défendirent vigoureusement; mais à l'une d'icelles, ledit Amadour fut frappé d'un trait dont il mourut, si en furent ceux de dedans moult marris, car ils le tenoient de grand' conduite et vaillant homme de guerre. Durant lequel siége, vint avec lesdits assiégeants le dessusdit évêque de Thérouanne, chancelier de France, après laquelle venue, au bout de six semaines que ledit siége avoit été mis, se rendirent lesdits assiégés, par condition qu'ils s'en iroient, saufs leurs corps et leurs biens. Et après que lesdits Anglois eurent regarni ladite ville et châtel de Creil de leurs gens, ils s'en allèrent assiéger le pont Saint-Maxence, que tenoit Guillon de Ferrières, neveu de Sainte-Treille, lequel en assez brefs jours leur rendit, et s'en alla, lui et les siens, saufs leur corps et leurs bagues.

En après se rendirent à iceux Anglois la Neuville, en Esmoy, et la Rouge-Maison, et puis s'en allèrent à Crespi en Valois, qui fut prise d'assaut, et y avoit bien trente François, desquels Pothon le Bourguignon étoit le chef; et de là retournèrent à Clermont en Beauvoisis, qui se rendit à eux, et le tenoit le bourg de Vignolles, puis s'en allèrent devant Beauvais; mais ils ne virent point qu'ils y pussent profiter aucune chose, et pour ce s'en retournèrent à Paris, et les autres en leurs garnisons dont ils étoient venus.

CHAPITRE CLVIII.

Comment le Comte d'Etampes reconquit la ville de Saint-Valery.

En ce même temps, le comte d'Étampes, accompagné du seigneur d'Antoing, du vidame d'Amiens, de messire Jean de Croy et plusieurs autres seigneurs, qui paravant avoient été avecque lui devant Moreul, alla assiéger la ville et forteresse de Saint-Valery, devant lesquelles ils furent environ un mois, au bout duquel Charles de Marêts, et Philippe de la Tour, capitaine, lequel avoit été principal chef à prendre icelle ville de Saint-Valery, et avoit icelui Philippe, dessous lui la plus grand' partie des gens d'armes étant en ladite ville, tenant le parti du roi Charles, si firent traité avecque les commis dudit comte, par tel si, qu'eux et les leurs s'en iroient sauvement avecque leurs biens, et avecque ce auroient une certaine somme d'argent au jour qu'ils se partiroient de ladite ville. Et prirent terme d'eux partir au bout de huit jours, en cas que les François ne seroient là puissants assez pour combattre ledit comte d'Étampes. Auquel jour ne vinrent ni comparurent lesdits François; ains, au jour qui leur étoit ordonné de partir, vint pour secourir icelui comte d'Étampes, si besoin lui en eût été, le dessusdit Louis de Luxembourg, évêque de Thérouanne, chancelier de France pour le roi Henri d'Angleterre, atout cinq cents Anglois, que conduisoient le seigneur de Villeby, messire Guy le Bouteiller et Brunelay, capitaine d'Eu. Lequel chancelier et les dessusdits furent joyeusement reçus dudit comte d'Étampes, et les seigneurs étant avecque lui. Si se partirent ce même jour lesdits François avecque Charles de Marêts, leur capitaine, qui les mena à Rambures : durant lequel partement arriva au hâvre dudit lieu Saint-Valery une barge qui étoit chargée de vins, laquelle venoit de Saint-Malo pour la provision desdits François, laquelle fut prestement prise par les assiégeants. Et en après, ledit chancelier et ses Anglois retournèrent au gîte, à Eu, et le comte d'Étampes se logea celle nuit en ladite ville de Saint-Valery ; et le lendemain, après qu'il eut commis Jean de Brimeu capitaine d'iceux ville et châtel, il se départit et retourna en Artois atout ses gens, lesquels il congédia.

En outre, de la ville d'Eu, le chancelier dessusdit, atout iceux Anglois, alla mettre le siége devant le châtel de Mouchas, lequel dedans brefs jours lui fut rendu, moyennant certaine somme d'argent qu'en reçut messire Regnault de Fontaines, qui en étoit capitaine ; et fut icelui châtel du tout désolé et abattu, jà-soit-ce que ce fût la plus belle forteresse de toute la comté d'Eu. Durant lequel temps, le comte d'Arondel se tenoit souvent à Mantes et au pays devers Chartres. Si prit et gagna pour cet an plusieurs forteresses sur les François, tant au pays de Chartrain comme au pays de Perche. Et lors, ledit duc de Bedfort retourna d'Angleterre à Rouen, et de là à Paris, où il se tint longue espace de temps.

CHAPITRE CLIX.

Comment les François prirent la ville de Ham-sur-Somme, en Vermandois.

Environ le mois d'août, prirent les gens du roi Charles la ville de Ham-sur-Somme, que tenoient les gens de messire de Luxembourg, comte de Ligny, et la rendirent les habitants, pource que leur garnison, sachant la venue d'iceux François, s'étoient partis d'eux et les laissèrent en danger. En laquelle ville vinrent le comte de Richemont, connétable de France, le bâtard d'Orléans, La Hire et plusieurs autres capitaines, et avecque eux grand nombre de combattants. Pour laquelle prise, le pays de Vermandois, Artois, Cambrésis et plusieurs autres marches d'environ furent en très grand doute, voyant iceux leurs ennemis être logés en fort lieu sur le passage de l'eau, et aussi sachant leur prince être hors du pays.

Néanmoins, les comtes de Saint-Pol, d'Étampes et de Ligny firent grand' diligence d'assembler gens, pour résister aux entreprises desdits François; mais, entre temps qu'icelles assemblées se faisoient, se commencèrent aucuns traités entre les parties, lesquels en conclusion vinrent à bonne fin, et moyennant certaine somme d'argent, montant à quarante mille écus, qu'eurent les François, rendirent icelle ville de Ham en la main de messire Jean de Luxembourg, à qui elle étoit. Et la cause pourquoi lesdits traités furent conduits en douceur, si fut sur l'espérance de venir à paix finale entre le roi Charles de France et le duc de Bourgogne, car déjà en avoit plusieurs moyens encommencés entre les parties. Avecque laquelle ville de Ham rendirent le fort de Breteuil en la main dudit comte d'Étampes, que Blanchefort avoit tenu long-temps. Et en ce même temps, le duc de Bourgogne fit mettre siége devant Coulogne-lez-Vigneuses, par messire Guillaume de Rochefort et Philebert de Vaudray, atout huit cents combattants ou environ, lesquels se logèrent en une bastille. Et au bout de trois mois se rendirent ceux de dedans, par condition qu'ils s'en iroient, saufs leur corps et leurs biens.

CHAPITRE CLX.

Comment la ville et forteresse de Château-Vilain furent mises en l'obéissance du duc de Bourgogne.

Après ce que le duc de Bourgogne fut retourné en son pays de Bourgogne, comme dit est, il alla devant Grantsy, lequel long-temps par avant avoit été assiégée par messire Jean de Vergy et ses alliés. Et lors, ceux qui dedans étoient, non ayant nulle espérance d'avoir aucun secours, firent traité de rendre et mettre icelui fort en l'obéissance d'icelui duc. Lequel fort, sans être désolé, fut mis en la main du seigneur de Thy, frère au seigneur de Château-Vilain. Après laquelle reddition, furent par ledit duc envoyés messire Jean de Vergy, et plusieurs autres capitaines, tant du pays de Bourgogne comme de Picardie, courre devant la cité de Langres, et iceux sommèrent qu'ils se rendissent en son obéissance. Laquelle chose ils ne voulurent point faire, ains retinrent le héraut qui, de par iceux capitaines, leur avoit fait ce message, lequel étoit nommé Germole. Et pourtant les dessusdits capitaines, voyant que rien ne pouvoient exploiter, s'en retournèrent devers ledit duc, en dégâtant le pays.

CHAPITRE CLXI.

Comment, à l'occasion de la guerre, grands tailles furent faites et cueillies sur le pays d'Artois et autres à l'environ.

En ces propres jours, par tous les pays d'Artois, Vermandois, Ponthieu, Amiénois et autres à l'environ, furent levées grands tailles pour payer la composition dernièrement faite pour la ville de Ham, au connétable de France, dont le pauvre peuple fut grandement émerveillé. Si commencèrent à murmurer et être mal contents des gouverneurs et conseillers que le duc de Bourgogne avoit laissés en iceux pays ; mais ce rien ne leur valut ; car ceux qui furent refusants de payer, on les contraignit par voie de fait, sans tenir nuls termes de justice, en prenant leurs corps et leurs biens, jusques à l'accomplissement du paiement dessusdit. Durant lequel temps, le seigneur de Saveuse, qui à ce avoit été commis par le comte d'Étampes, fit démolir et abattre la ville et forteresse de Breteuil en Beauvoisis, laquelle lui avoit été délivrée par Blanchefort qui en étoit capitaine, ainsi que promis l'avoit au dessusdit de Ham. Et avoit pour ce faire, grand nombre de manouvriers d'Amiens, de Corbie et d'autres lieux ; lesquels en icelle œuvre tant continuèrent, que du tout fut mis au bas réservé une forte porte qui étoit audit châtel, laquelle étoit fortifiée. Et en après que le dessusdit de Saveuse l'eut garnie de vivres et d'artillerie, il y laissa vingt ou trente de ses gens pour la garder, et pareillement fit démolir la tour de Vendeuil et aucunes autres méchantes places ès pays à l'environ.

CHAPITRE CLXII.

Comment les capitaines du duc de Bourgogne vinrent devant Ville-Franche, où étoit le duc de Bourbon; et comment après ils assiégèrent Belleville, laquelle se rendit.

Environ le temps dessusdit, le duc de Bourgogne envoya grand' partie de ses capitaines bourguignons, atout foison de gens d'armes, courre devant Villefranche, où lors se tenoit Charles, duc de Bourbon; entre lesquels coureurs étoit le seigneur de Charny, messire Simon de Lalain, messire Baudo de Noyelle, le seigneur d'Auxi, Robert de Saveuse, Lancelot de Dours, Harpin de Richammes, et aucuns autres, accompagnés de seize cents combattants, gens d'élite, qui tous ensemble, en bonne ordonnance, chevauchèrent en train de tire vers les parties où ils tendoient à aller; et sur la brune rencontrèrent en leur chemin, de cinq à six cents combattants de leurs ennemis, qui tantôt se mirent à fuite en retournant vers leur seigneur le duc de Bourbon, et en y eut de pris aucuns des pis montés, par lesdits Bourguignons et Picards, lesquels, comme dessus, chevauchèrent tant qu'ils vinrent et arrivèrent devant Villefranche, et là se mirent en bataille, et puis, par un poursuivant, envoyèrent signifier leur venue au dessusdit duc de Bourbon, et qu'il les viensît combattre. Lequel, non sachant quelle puissance ils pouvoient avoir, n'eut point conseil de ce faire, mais il fit dire à celui qui lui avoit apporté le message et les nouvelles, que puisque le duc de Bourgogne n'y étoit en sa personne, qu'il ne les combattroit point. Si fit saillir hors de sa ville, plusieurs de ses gens à pied et à cheval; et mêmement, le duc de Bourbon saillit hors, monté sur un bon et excellent coursier, sans armures, vêtu d'une longue robe, un bâton en son poing, pour faire traire ses gens, et tenir ordonnance auprès des barrières. Durant lequel temps y eut moult grand' escarmouche, non mie à grand' perte et dommage de nulle des parties. Et après que les Bourguignons et Picards eurent là été en bataille par l'espace de quatre heures ou environ, voyant que rien ne pouvoient profiter, se mirent à chemin, par bonne ordonnance, laissant de leurs meilleurs gens derrière eux, par manière d'arrière-garde, et s'en retournèrent par où ils étoient venus, devers leur seigneur le duc de Bourgogne; lequel duc, bref ensuivant, fit par iceux et autres de ses gens, assiéger Belleville, dedans laquelle étoient, de par icelui duc de Bourbon, messire Jacques de Chabannes et le bailli de Beauvais, à tout trois cents combattants, lesquels en grand' diligence se mirent à défense. Néanmoins, par les engins que avoient lesdits assiégeants, et aussi par les approches qui faites y furent, furent tellement contraints et pressés, qu'au bout d'un mois ou environ, ils se rendirent, sauve leur vie tant seulement, en délaissant tous leurs biens, et se départirent tous de pied, le bâton au poing, et retournèrent devers le dessusdit duc, leur seigneur, lequel en eut au cœur grand déplaisance, mais pour lors, ils n'en purent avoir autre chose.

Après lequel département, le duc de Bourgogne fit demeurer en garnison plusieurs de ses capitaines picards, en ladite ville, lesquels, en continuant et persévérant la guerre, firent maux et dommages inestimables au pays de Bourbonnois, et autres à l'environ. Et d'autre côté, ledit duc de Bourgogne envoya une autre armée de ses pays, en Dombes, en tirant vers Lyon sur le Rhône, lesquels prirent au pays moult de forteresses, et dégâtèrent icelui pays, par feu et par épée, et après en ramenèrent très grand' proie et très grand butin; et furent conducteurs et meneurs d'icelle armée, le comte de Fribourg, le bâtard de Saint-Pol, le seigneur de Vaurin, et aucuns autres.

CHAPITRE CLXIII.

Comment le seigneur de Villeby et Mathagou, anglois, mirent siége devant Saint-Sellerin; et comment, premiers les François, et depuis iceux Anglois, furent rués jus et déconfits.

Au même an mil quatre cent trente-quatre, le seigneur de Villeby, accompagné de Mathagou, et aucuns autres capitaines, qui tous ensemble pouvoient avoir de huit cents à mille combattants, mirent le siége devant une forte place, nommée Saint-Sellerin, au pays du Maine, à deux lieues près d'Alençon, dedans laquelle place étoient les François. Et avoient à capitaine un gentil chevalier nommé messire Antoine de Loreil, lequel, de prime venue, à l'aide de ses gens, se défendit moult vigoureusement contre ses ennemis et adversaires; mais, nonobstant ce, les Anglois dessusdits les environnèrent puissamment tout autour, et furent là environ six semaines. Durant lequel temps, le seigneur de Beuil, messire Guillaume Blesset, le seigneur de la Varenne, et aucuns autres capitaines françois s'assemblèrent, et vinrent environ quatorze cents combattants, sur espérance de bailler secours et aide à leurs gens; et se tinrent par plusieurs jours à Beaumont-le-Vicomte, et là se logèrent une partie, et l'autre partie se logea en une autre ville nommée Vivien, à quatre lieues de leurs ennemis. Et quand ils furent logés audit Beaumont, si s'assemblèrent tous les capitaines, et autres des plus experts de leur compagnie, pour avoir conseil et avis sur ce qu'ils avoient à faire. Si fut conclu et délibéré, après plusieurs débats et noises, qu'ils n'étoient point forts et puissants assez pour combattre iceux Anglois, attendu le lieu et la place où ils étoient ; mais conclurent et délibérèrent d'aller par derrière tirer hors leurs gens qui étoient assiégés.

Après laquelle conclusion, lesdits capitaines s'en retournèrent à leurs logis, et ordonnèrent et établirent leur guet pour la nuit, tant de cheval comme de pied. Et étoit ledit seigneur de Beuil, en cette besogne, lieutenant de messire Charles d'Anjou, et avoit la charge de son étendard. Et en cette même nuit les Anglois, qui bien savoient la venue de leurs ennemis et adversaires, se mirent aux champs grand' partie, et se tirèrent tout coiment de nuit jusques assez près dudit logis de Vivien, et, pour épier et guetter lesdits François, envoyèrent aucuns de leurs gens par deux fois jusques dedans leurs logis, pour voir et connoître leur manière, lesquels ils trouvèrent assez bien en point. Et ce fait, se retrahirent arrière vers leurs gens, lesquels derechef tous ensemble les allèrent assaillir au point du jour, et à petite perte les ruèrent jus et déconfirent, et en prirent plusieurs, et si en y eut aucuns morts et occis ; entre lesquels le fut un très vaillant homme d'Amiens, nommé Jean de Belley, qui étoit d'Auvergne. Après laquelle détrousse, se mirent aux champs iceux Anglois atout lesdits prisonniers. Et lors, lesdits seigneurs de Beuil et de la Varenne, qui étoient audit lieu de Beaumont, comme dit est, sachant les nouvelles dessusdites par aucuns de leurs gens, qui étoient échappés et fuis au logis, se mirent aux champs, et incontinent, tous ensemble, tirèrent vers où étoient leurs ennemis et adversaires, lesquels, quand ils les virent et aperçurent venir, furent moult grandement joyeux, espérant de les ruer jus, comme ils avoient fait les autres; et se férirent ces deux compagnies, de grand' volonté l'un dedans l'autre; et y eut fait de moult belles et excellentes prouesses, entre les deux parties; mais finablement les Anglois furent tournés à déconfiture, en partie par l'aide des prisonniers qu'ils avoient, et y furent morts de leur partie un vaillant chevalier nommé Artus, et Mathagou fut pris, mais le bâtard de Salsebery s'enfuit. Et y furent que morts que pris, quatre cents Anglois ou plus; et demeurèrent les dessusdits François, maîtres et victorieux, lesquels furent très grandement joyeux de leur victoire; et quand ceux qui étoient demeurés au siége devant Saint-Sellerin, surent la perte de leurs compagnons, se levèrent du siége et se retrahirent en leurs garnisons.

CHAPITRE CLXIV.

Comment La Hire prit malicieusement le seigneur d'Auffemont.

Durant ces tribulations, La Hire, accompagné d'Antoine de Chabannes, du Bourg de Vignolles son frère, et autres, jusques à deux cents combattants ou environ, passa par-devant le châtel de Clermont en Beauvoisis, où étoit le seigneur d'Auffemont, qui en étoit capitaine, lequel ne s'effrayoit en rien, ou bien peu des dessusdits. Et pour ce, sachant leur venue, pour eux complaire, et faire le bien-venant, fit tirer du vin et le porter dehors la poterne de la tour, et vinrent iceux boire; et là contre eux issit le seigneur d'Auffemont, avecque lui trois ou quatre de ses gens tant seulement, et commencèrent à parler à La Hire et aux autres, en eux faisant courtoisie et réception, pensant qu'ils ne lui voulsissent que bien; mais il étoit de ce véhémentement abusé, car leur malicieuse volonté étoit bien autre, comment ils montrèrent prestement; car en parlant audit seigneur d'Auffemont, La Hire le prit prestement, et de fait le contraignit incontinent de lui rendre ledit châtel, et avec ce le fit mettre en fers, et avaler en la fosse. Si le tint un mois en prison moult durement et en grand travail, tant qu'il eut le corps et les membres moult travaillés, et fut plein de poux et de vermine, et enfin paya pour sa rançon quatorze mille saluts d'or, un cheval de vingt queues de vin ou autre tel prix et estimation. Et nonobstant que le roi Charles écrivît par plusieurs fois à La Hire dessusdit, qu'il le délivrât sans en prendre finance, et qu'il étoit bien content de son service, il n'en voulut rien faire pour lui.

CHAPITRE CLXV.

Comment les communes de Normandie s'élevèrent contre les Anglois et leurs garnisons.

En cet an, les communes gens du pays de Normandie, et, par espécial, ceux du pays de Caux, s'assemblèrent, et étoient bien environ deux mille en une compagnie, pour combattre et eux défendre contre les Anglois étant au pays; lesquels, en allant contre les défenses et édits royaux, avoient été piller et fourrager les biens d'iceux communes, jà-soit-ce que, par avant, les dessusdits avoient été contraints et pressés, par les baillis et officiers du pays, d'être armés et embâtonnés, chacun selon son état, pour résister contre les pillards et autres qui leursdits biens vouloient prendre de force. A l'occasion duquel commandement, ils s'assemblèrent, comme dit est, et de fait reboutèrent les dessusdites garnisons hors de leurs villes, et en prirent et occirent aucuns, dont les capitaines d'iceux ne furent point bien contents. Néanmoins, ils montrèrent semblant de les vouloir rapaiser; et, par certains moyens, furent les traités faits entre icelles parties, et se commencèrent lesdites communes à retraire assez follement, sans ordonnance, non doutant la malice d'iceux Anglois, lesquels, secrètement, les poursuivirent jusques assez près de Saint-Pierre-sur-Dive, emprès Tancarville, et leur coururent sus; et, sans y trouver grand' défense, en occirent bien de mille à douze cents, et les autres se sauvèrent par les bois, où ils purent le mieux. Pour laquelle offense fut faite grand' plainte à Rouen, qui, pour cette cause, firent bannir plusieurs de ceux qui avoient fait cette emprise : mais, assez bref en suivant, fut la besogne apaisée pour les grands affaires qui étoient au pays.

CHAPITRE CLXVI.

Comment La Hire prit le fort de Breteuil, en Beauvoisis, par force d'assaut.

Après ce que La Hire eut repris le châtel de Clermont, comme dit est, il assembla cinq cents combattants des garnisons de Beauvoisis, lesquels ils mena devant la porte du châtel de Breteuil, que tenoient les gens de Saveuse, lesquels il fit assaillir très âprement par ses gens; et ceux de dedans se défendirent moult vigoureusement. Si occirent et navrèrent plusieurs des assaillants. Toutefois l'assaut fut tant continué, que ceux de dedans, voyant partie de leurs gens être morts et navrés, et leur fortification tout dérompue, se rendirent en la volonté de La Hire, lequel en fit aucuns pendre, et les autres fit prisonniers au châtel de Clermont, et puis regarnit ledit fort de ses gens, lesquels, derechef, firent de grands maux et innumérables ès pays de Santerre, et vers Amiens, Corbie, Mont-Didier, et ailleurs à l'environ.

CHAPITRE CLXVII.

Comment les ducs de Bourgogne et de Bourbon convinrent ensemble, en la cité de Nevers, sur traité et convention de paix.

Après ce que la guerre eut long-temps duré moult cruelle et merveilleuse, entre le duc de Bourgogne d'une part, et son beau-frère le duc de Bourbon d'autre part, y eut aucuns moyens ouverts secrètement entre icelles deux parties, sur espérance de les apaiser. Et, pour le premier commencement, furent envoyés aucuns ambassadeurs, d'un côté et d'autre, sous bon sauf-conduit, en la ville de Mâcon, et là furent par plusieurs journées. Si y eut entre eux, de première venue, aucuns différends, pour savoir lequel d'iceux deux ducs auroit la prérogative et honneur d'être nommé devant; et enfin, considérées plusieurs raisons qui furent alléguées d'icelles parties, fut conclu que ledit duc de Bourgogne seroit premier nommé, et auroit la prévention de toutes honneurs devant le duc de Bourbon. Et, ce finé, pourparlèrent, par diverses manières, de les apaiser; et, de fait, firent aucuns approches et avis sur ce; et, avec ce, prirent autre jour pour eux assembler au lieu où devoient convenir ensemble les deux ducs dessusdits en leurs personnes, c'est à savoir en la ville de Douzi, ou en la cité de Nevers; et prirent jour d'eux assembler au mois de janvier. Si se départirent de là, et s'en retournèrent chacun desdits ambassadeurs devers leur prince et seigneur; et lors ledit duc de Bourgogne solennisa la fête de Noël et des Rois en sa ville de Dijon, et tint moult puissant et noble état.

Et après ces jours passés, lui, très grandement accompagné du comte de Nevers, du marquis de Rothelin, de son neveu de Clèves, et de plusieurs autres notables chevaliers et écuyers, avec grand nombre de gens de guerre, se tira à Douzi, et de là à Nevers, et se logea en l'hôtel de l'évêque, attendant aucuns jours le dessusdit duc de Bourbon; et sa sœur la duchesse, et deux de ses fils, très honorablement accompagnés de chevaliers et d'écuyers, de dames et de damoiselles, vint trouver, audit lieu de Nevers, son frère le duc de Bourgogne, lequel alla au-devant d'elle hors de son hôtel, et la reçut et conjouit très joyeusement et amoureusement, car pièça ne l'avoit vue; et pareillement fit-il ses deux neveux, jà-soit-ce qu'ils fussent de bien jeune âge. Si descendit ladite duchesse de dedans son charriot, et le duc son frère la mena, par la main, jusques à son hôtel, où il prit congé d'elle, et la laissa reposer pour celle nuit; et, le lendemain, ladite duchesse vint à l'hôtel du duc son frère, où elle fut moult honorablement reçue, à très grand' joie, et y eut de beaux ébattements. Si y fit-on les danses, par longue espace, et y eut moult grand' foison de mommeurs de la partie du duc de Bourgogne.

Et ce fait, après qu'on eut pris vin et épices, chacun se retrahit à son hôtel, jusqu'au lendemain, qu'on tint conseil, où il fut ordonné et institué qu'on manderoit Artus de Bretagne, connétable de France, et l'archevêque de Reims. Et assez brefs jours ensuivants, vint le duc de Bourbon, accompagné de messire Christophe de Harcourt, du seigneur de la Fayette, maréchal de France et de plusieurs autres notables, et vaillants chevaliers et écuyers. Au-devant et à l'encontre duquel, le dessusdit duc de Bourgogne envoya aux champs les seigneurs de son hôtel, et quand il approcha, ledit duc de Bourgogne alla, moult hâtivement, à l'encontre de lui, au dehors de la ville; et là s'entre rencontrèrent les deux ducs, et firent, l'un à l'autre, très grand honneur et révérence, en montrant semblant d'avoir, l'un envers l'autre, très fraternelle et très grand' amour ensemble. Et lors, un chevalier de Bourgogne, qui étoit là, dit haut et clair : « Entre nous autres,
» sommes bien mal conseillés de nous aventurer,
» et mettre en péril et danger de corps et d'âme,
» pour les singulières volontés des princes et grands
» seigneurs, lesquels, quand il leur plaît, se re-
» consillent l'un avecque l'autre, et souvente-
» fois advient, que nous en demeurons pauvres et
» détruits. »

Si fut cette parole bien notée et entendue de plusieurs là étant, de toutes les deux parties, et bien y avoit raison ; car très souvent en advient ainsi. Néanmoins après cette reconnoissance ledit duc de Bourgogne convoya son beau-frère jusques à son hôtel, et de là se trahit au sien. Et après, ledit duc de Bourbon, lui et sa femme vinrent voir le duc de Bourgogne en son hôtel, et là derechef furent faites plusieurs grandes joyeusetés les uns avecque les autres. Et le lendemain les deux ducs et la duchesse tous trois ouïrent messe en un oratoire, et après dîner se tint un grand conseil en l'hôtel du comte de Nevers, auquel la paix fut du tout conclue entre iceux deux seigneurs, c'est à savoir le duc de Bourgogne et le duc de Bourbon ; lequel traité fut si bien conclu, qu'à tous les deux fut très agréable, et pour tant incontinent de mieux en mieux fut par eux, et toutes leurs gens généralement, faite plus grand' joie et semblant de grand amour les uns avec les autres que par avant n'avoit été fait, et en faisant toutes ces fêtes et ébattements, la plus grand' partie furent aux dépens du duc de Bourgogne, car bien le vouloit ainsi être fait.

Et outre, durant les besognes dessusdites, vinrent audit lieu de Nevers le comte de Richemont, connétable de France, qui aussi avoit épousé la sœur au duc de Bourgogne ; et avecque lui vint Regnault de Chartres, archevêque et duc de Reims, grand chancelier de France, accompagné de plusieurs notables gens de conseil, et de plusieurs chevaliers et écuyers, au-devant desquels allèrent les deux ducs, et grand' compagnie de leurs gens. Et quand ils s'entre assemblèrent, ils firent l'un à l'autre très grand' révérence et honneur, et tous ensemble allèrent moult cordialement jusques en la ville, où ils furent logés chacun à son état, au mieux que faire se put. Et briefs jours ensuivants, furent tenus plusieurs étroits conseils sur la paix, et réconciliation d'entre le roi de France et le duc de Bourgogne; et mêmement, par ses ambassadeurs dessusdits, furent faites plusieurs offres au duc de Bourgogne pour l'intérêt de la mort Jean son père; lesquelles offres lui furent assez agréables, et tellement fut traité en ce même lieu de Nevers, qu'il fut content de prendre et accepter la journée de convention, qui depuis se tint à Arras, sur intention de paracomplir le surplus.

Et ces besognes ainsi achevées, les parties se départirent très amoureusement, et le fit-on savoir en plusieurs lieux et divers royaumes et contrées, et mêmement à notre Saint-Père le pape, et au concile de Bâle, afin qu'un chacun d'eux envoyât ses ambassadeurs pour le bien et entretennement de la besogne. Et depuis cette journée de Nevers, et que ledit duc de Bourgogne fut retourné à Dijon, se prépara de tous points de retourner en son pays d'Artois, afin de apprêter ses besognes pour être à la dessusdite convention d'Arras. Et ainsi, de ce jour en avant, les frontières des marches de Bourgogne commencèrent à être assez paisiblement l'un contre l'autre, plus que par avant n'avoient été.

En ce temps, le damoisel de Richemont, atout sept

ou huit cents Anglois et Picards, que messire Jean de Luxembourg lui avoit envoyés, alla au pays d'Ardenne, aroir et courre plusieurs villes du damoisel Éverard de la Marche, et icelles du tout mettre à saquement; et après que audit pays eurent fait moult de dommages par feu et par épée, ils s'en retournèrent sans perte atout (avec) grands proies.

Item, en cet an, René, duc de Bar, fit assiéger la ville et forteresse de Commercy au pays de Barrois, sur intention de subjuguer icelle pour aucune obéissance que ledit duc disoit lui devoir être faite par ledit seigneur de Commercy; mais en la fin, par le moyen du connétable de France, qui pour lors étoit en la marche d'environ, fut l'accord fait entre les parties, par tel si que ledit de Commercy promit faire toute obéissance à icelui duc de Bar, et par ainsi fit départir ses gens dudit siége. Durant lequel temps, le dessusdit connétable mit en son obéissance, au pays de Champagne, plusieurs forteresses, tant par le siége et composition, comme par soudain assaut.

CHAPITRE CLXVIII.

Comment Amé, duc de Savoie, se rendit hermite en un manoir nommé Ripaille.

En cet an, Amé, duc de Savoie, qui étoit âgé de cinquante-six ans ou environ, s'en alla rendre ermite en un sien manoir nommé Ripaille, séant à demi-lieue près de Thonon, où, par coutume, par avant son département, il tenoit son état. Lequel manoir de Ripaille ledit duc avoit fait édifier grandement, et y avoit une abbaye et prieuré de l'ordre Saint-Maurice, fondée de très long-temps par les prédécesseurs d'icelui duc. Si avoit bien dix ans par avant en volonté de là se rendre et devenir ermite par la manière qu'il fit. Et pour y être accompagné avoit demandé à deux nobles hommes de ses plus féables et principaux gouverneurs s'ils lui vouloient tenir compagnie, à y être avec lui quand à son plaisir seroit d'y entrer. Lesquels, ayant considération que cette volonté lui pourroit muer, lui accordèrent d'y entrer; et étoit messire Claude de Sexte, et l'autre un vaillant écuyer nommé Henri de Coulombières. Et lors icelui duc, qui déjà avoit fait édifier, comme dit est, sa maison, et encommencer celles de ceux qui vouloient être en sa compagnie, se partit par nuit de son hôtel de

Thonon à privée mesgnie, et alla à icelle place de Ripaille, où il prit habit de ermite selon l'ordre de Saint-Maurice, c'est à savoir, grise robe, long mantel et chaperon gris, et courte cornette d'un pied ou environ, et un bonnet vermeil par-dessous son chaperon, et par-dessus ladite robe ceinture dorée, et par-dessus le mantel une croix d'or, assez pareille ainsi que les portent les empereurs d'Allemagne.

Et brefs jours ensuivants, vinrent devers lui les deux nobles hommes dessusdits, lesquels lui remontrèrent aucunement la manière de son partement, qui n'étoit point bien licite, ni convenable, comme il leur sembloit, en lui disant qu'il pourroit être désagréable aux trois états de son pays, pour ce que par-avant ne les avoit mandés, et eux signifier son intention. Et il leur répondit qu'il n'étoit point loin ni amoindri de son sens, ni de sa puissance; et que bien pourvoiroit à tout, et qu'ils advisassent et regardassent eux-mêmes de lui entretenir ce que promis lui avoient, c'est à savoir, de demeurer avecque lui. Lesquels, voyant que bonnement autrement ne se pouvoit faire, en furent contents. Si les fit prestement vêtir de tous pareils habillements que lui; et après, manda les trois états de son pays avecque son fils, qui étoit comte de Genève, lequel il fit prince de Piémont, et lui bailla, présents les dessusdits, le gouvernement et administration de ses pays, en retenant pleine puissance de lui ôter et de le remettre à son plaisir, si mal se gouvernoit; et son second fils, fit comte de Genève. Nonobstant que ledit duc de Savoie eût pris l'habit dessusdit, et baillé le gouvernement de ses pays à ses enfants, comme dit est, toutefois ne se passoit rien en ses pays de grosses besognes, que ce ne fût de son su et licence. Et quant au gouvernement de sa personne, il retint environ vingt de ses serviteurs pour lui servir; et les autres qui se mirent prestement avecque lui, en firent depuis pareillement, chacun selon son état, et se faisoient, lui et ses gens servir, au lieu de racines et d'eau de fontaine, du meilleur vin et des meilleures viandes qu'on pouvoit rencontrer.

CHAPITRE CLXIX.

Comment les communes de Normandie se rassemblèrent en grand nombre, et allèrent devant la ville de Caen.

Après, les communes de Normandie, qui n'étoient point bien encore rapaisées du tort et mal engin que les Anglois leur avoient fait, se mirent ensemble derechef, par l'exhortation du seigneur de Mermille, et d'aucuns autres gentilshommes qui les entreprirent à conduire. Et, de fait, se trouvèrent bien douze mille au pays de Bessin, vers Bayeux. Si les menèrent devant la ville de Caen, laquelle ils cuidèrent prendre d'assaut; mais elle leur fut bien défendue par les garnisons et communes de ladite ville. Et pour tant iceux, voyant qu'ils ne pouvoient rien besogner, se départirent de là en faisant plusieurs dérisions sur le pays, et s'en allèrent devant Avranches, où ils furent huit jours, espérant que le duc d'Alençon vînt à eux atout grand' puissance de gens de guerre, ce que point ne fit.

Et, entre temps, les Anglois s'assemblèrent en grand nombre pour iceux combattre; laquelle assemblée, venue à la connoissance des capitaines des dessusdites communes, se départirent, et s'en allèrent vers Bretagne et à Fougères, et, bref ensuivant, se départirent l'un de l'autre par plusieurs parties sans rien faire. Pour laquelle assemblée, les dessusdits capitaines, perdirent toutes leurs terres et seigneuries, et, avecque ce, furent bannis du pays avecque tous leurs complices. Mais depuis y eut abolition, par aucuns des dessusdites communes.

Auquel temps, Guillaume Coroan, anglois, capitaine de Meure, alla courre devant Ywis, en la comté de Ligny, et n'avoit avec lui que trois cents combattants ou environ. Si vint pour le combattre Jean de Beaurain, atout une grosse compagnie, c'est à savoir atout six cents combattants; mais il fut rué jus, et la plus grand' partie de ses gens morts et pris, déconfits, et mis à grand meschef. Et, en ce même temps, La Hire prit d'emblée la vieille fermeté d'Amiens, et y fut environ de huit à dix jours, et, après qu'il eût pillé les biens qui étoient dedans, s'en retourna à Breteuil dont il étoit parti.

CHAPITRE CLXX.

Comment le duc Philippe de Bourgogne, avec la duchesse sa femme, retourna des pays de Bourgogne en Flandre et en Artois.

Au commencement de cet an, après que le duc de Bourgogne eut délivré ses pays de ses ennemis à grand labeur, et aussi, que le duc de Bourbon, son beau-frère, fut pacifié avec lui, et que la journée du grand parlement d'Arras fut entreprise et assignée avec les ambassadeurs du roi Charles, il fit préparer son état, et celui de la duchesse sa femme, et de leur petit-fils, pour s'en retourner en ses pays de Flandre et d'Artois. Lequel parlement fut assigné à être tenu en la ville d'Arras, le deuxième jour du mois de juillet ensuivant. Si se départit atout son armée, de sa ville de Dijon, laissant pour gouverner icelui pays de Bourgogne, messire Jean de Vergy, et s'en vint jusques vers Euchoire. Auquel lieu, ou assez près, il trouva mille combattants ou environ, Picards, lesquels, par avant, il avoit mandés pour lui compagner à son retour; et les conduisoient messire Jean de Croy, bailli de Hainaut, le seigneur de Saveuse, messire Jacques de Brimeu, Jean de Brimeu, et aucuns autres seigneurs. Et de là ledit duc prit son chemin vers Paris, passa la rivière de Seine, à Montereau faut Yonne, et puis vint à ladite ville de Paris, où il fut des Parisiens très joyeusement reçu; et furent, à lui et à la duchesse sa femme, faits de moult beaux présents. Et, quand il eut séjourné en ladite ville aucuns peu de jours, chevaucha par plusieurs journées jusques à sa ville d'Arras, dessus nommée; et lors donna congé à toutes ses gens d'armes, tantôt qu'il eut passé l'eau de Somme. Si alla, assez bref ensuivant, visiter ses pays de Flandre et de Brabant, où il délibéra avecque son conseil de convoquer par tous ses pays les nobles et gens d'état, pour être et venir à ladite journée d'Arras. Et avec ce, envoya une ambassade en Angleterre devers le roi et son grand conseil, eux signifier la dessusdite journée, et laquelle étoit entreprise en intention de traiter paix générale entre les deux royaumes de France et d'Angleterre. Et furent les principaux à faire ladite ambassade, messire Hue de Launay, le seigneur de Crèvecœur, et maître Quentin Mainart, prévôt de Saint-Omer. Auxquels, par le roi d'Angleterre et ceux de son conseil, fut faite grand' réception. Et en conclusion, leur fut dit que par le roi, à ladite journée solennellement seroit envoyée ambassade. Après laquelle réponse s'en retournèrent vers ledit duc de Bourgogne.

CHAPITRE CLXXI.

Comment les François prirent la ville de Rue sur les Anglois.

A L'ENTRÉE du mois de mai, assemblèrent messire Jean de Bressay, lieutenant du maréchal de Rieux, Bertrand Martel, Guillaume Braquemont, le seigneur de Longueval, Charles de Marêts, et aucuns autres tenant le parti du roi Charles de France, jusques au nombre de trois cents combattants, droites gens d'armes et vaillants gens d'élite, lesquels allèrent passer l'eau de Somme par nuit à la Blanche-Tache, et de là vinrent à la ville de Rue, et entrèrent dedans sécrètement par échelles; et de fait, avant qu'ils s'en aperçussent, prirent ladite ville, sans y trouver quelque défense.

Et adonc, quand l'effroi se commença, se retrahirent sept ou huit Anglois en un boulevert, auquel il se défendirent aucune espace ; mais, en conclusion, ils furent contraints d'eux rendre en la volonté des François, par force d'assaut. Si en y eut partie prestement mis à mort, et les autres depuis furent envoyés parmi ce qu'ils payèrent grand finance. Si furent aussi pris grand nombre de ceux de la ville, et les autres se sauvèrent par-dessus la muraille. Après laquelle prise, la greigneure partie des habitants furent pris, pillés et robbés ; et pour la prise d'icelle ville, furent les pays de Ponthieu, Marquinenterre, Artois, Boulenois, et aucunes autres terres à l'environ, en grand doute, sachant leurs ennemis être logés près d'eux, et bien garnis de vivres. Et point n'étoit sans cause, se iceux paysans avoient doute et peur, car bref ensuivant ils commencèrent à courre en plusieurs et divers lieux, et à faire forte guerre en portant grands dommages, par feu et par épée, aux pays dessus-dits, et multiplièrent de gens en grand nombre, et, comme dit est, firent moult de maux; et mêmement un certain jour allèrent à grande puissance, en tirant vers Boulogne, jusques assez près de Saumer-au-Bois, où ils prirent plusieurs prisonniers et foison de chevaux, et autre bestial; et à leur retour ardirent la ville et le port d'Estaples, où il y avoit grand nombre de belles maisons et édifices. Et depuis que ils furent retournés audit lieu de Rue, atout grands proies, rallèrent par plusieurs fois courre le pays, où ils firent innumérables maux et dommages, par feu et par épée; mais en aucunes d'icelles courses, assez près de Montreul, fut pris messire Jean de Bressay, de Harpin de Richammes, et en un autre lieu fut pareillement pris le Petit Blanchefort, d'un des bâtards de Reuly: si étoit à cette cause ledit pays malement travaillé.

CHAPITRE CLXXII.

Comment La Hire, Pothon, Philippe de la Tour, et le seigneur de Fontaines déconfirent le comte d'Arondel, anglois, devant le châtel de Gerberoy.

Durant le temps dessusdit, le duc de Bedfort étant à Rouen, sachant la prise de ladite ville de Rue, laquelle, comme il lui fut remontré, pouvoit porter grand préjudice au pays de là environ tenant leur parti, et par espécial à la ville et forteresse du Crotoy, afin d'y pourvoir, écrivit devers le comte d'Arondel, qui lors se tenoit à Mantes et en la marche de là autour, et lui manda détroitement, qu'atout ses gens il se tirât à Gournai, en Normandie, et de là au Neuf-Châtel d'Azincourt, et puis à Abbeville en Ponthieu, pour bref ensuivant assiéger la dessusdite ville de Rue. Lequel comte d'Arondel, obéissant au mandement du dessusdit duc, se partit de là où il étoit, atout huit cents combattants de ses gens, et vint audit lieu de Gournai, en intention de faire le voyage dessusdit; mais il mua propos, pource que nouvelles lui vinrent que les François réparoient une grand' vieille forteresse, nommé Gerberoy, entre Beauvais et Gournai, laquelle, comme on lui dit, seroit moult dommageable pour le parti des Anglois, si ainsi étoit que on leur laissât fortifier, et n'y pourroit-on mieux pourvoir que d'y aller chaudement. Et pour tant icelui comte d'Arondel, par l'enhortement de ceux de Gournai, de Gisors, et d'autres lieux de leur obéissance près desdits lieux, se conclut d'aller audit lieu de Gerberoy, et assaillir et prendre tous ceux qu'il y pourroit trouver, si prendre les pouvoit de force. Si fit audit lieu de Gournai charger vivres et viandes, artilleries et autres plusieurs instruments de guerre, atout lesquels il se mit à chemin, et aucuns autres de la garnison, et se partit de là tantôt après minuit, et vint environ huit heures du matin devant ledit châtel de Gerberoy, atout partie de ses gens, et les autres le suivoient atout leur charroi. Et pour vrai il ne cuidoit pas que dedans y eût tant de gens comme il y avoit, ni tels capitaines. Si se logea en un clos de haies, et fit mettre cent ou six vingt de ses gens assez près de la barrière dudit châtel, pour garder qu'ils ne saillissent sur eux.

Et entre temps qu'ils se logèrent, Pothon, La Hire, messire Regnault de Fontaines, Philippe de la Tour, et aucuns autres vaillants hommes de guerre, qui étoient là venus la nuit devant, et avoient avec eux de cinq à six cents combattants, sachant la venue de leurs adversaires, prirent conseil ensemble pour savoir qu'ils avoient à faire sur ce, et s'ils les attendroient ou non. Si fut la chose moult durement combattue d'aucuns, lesquels mettoient avant qu'ils étoient mal pourvus de vivres et habillement de guerre, pourquoi, s'ils se laissoient enfermer, ils se bouteroient en très grand danger ; les autres disoient qu'ils n'attendroient point le siége, mais conseilloient qu'à leur venue on les combattît à leur avantage. Et finablement ils se conclurent tous à une même volonté, et promirent l'un à l'autre de les combattre. Et adonc ordonnèrent que les trois capitaines dessusdits seroient à cheval, c'est à savoir, Pothon, La Hire et Regnault de Fontaines, atout soixante fûts de lance, tous les mieux montés et les plus experts, et les autres hommes d'armes, archers et guisarmiers seroient de pied, et aucuns en petit nombre des moindres demeureroient dedans le fort pour le garder. Ordonnèrent pareillement, qu'à la venue de leurs ennemis, se montreroient peu, afin qu'ils n'aperçussent que léans y eût foison ni planté de gens. Lesquelles ordonnances furent par eux sagement entretenues, s'armèrent et mirent leurs besognes en point. Et lors après que le dessusdit comte d'Arondel fut, comme dit est dessus, venu devant eux atout seize vingts combattants ou environ, et qu'il eut assis son guet contre la saillie de ses adversaires, ses gens commencèrent à faire leurs logis, en attendant leurs gens qui venoient derrière.

Durant ce temps, le guet que les François avoient en leur châtel, vit venir une grand' compagnie d'Anglois, plus grande et plus épaisse que la première venue, et encore plus loin suivoient les autres gens avecque le charroi; si en avertirent lesdits François, lesquels, voyant qu'il étoit droit heure de besogner, avant que leursdits adversaires fussent assemblés, firent saillir hors leurs gens de pied le plus coiment que faire se put, desquels leurs adversaires furent vigoureusement assaillis, quand ils les virent devant eux. Et furent iceux Anglois ainsi comme demi surpris, et en bref déconfits, et la plus grand' partie mis à mort et tourné à grand meschef. Et adonc ceux de cheval, qui étoient saillis pour garder que icelui comte d'Arondel ne secourût ses gens, virent venir et approcher moult fort la seconde compagnie, dont dessus est faite mention, qui déjà étoient assez près, et ne se donnoient garde de leurs ennemis, pource que leur chef étoit devant. Si furent par les dessusdits incontinent envahis, et par force tréperçés et dérompus par plusieurs fois, par quoi ils ne se purent rassembler ; mais en y eut grand' partie qui se prirent à retourner et à fuir vers Gournai, et les autres si furent assez tôt morts, pris et tournés à grand meschef.

Et adonc La Hire, atout une grand' partie de ses gens, chassa les fuyants bien deux lieues ; en laquelle chasse plusieurs des Anglois furent morts et pris. Et, d'autre part, les gens de pied avoient fort approché le comte d'Arondel, lequel, atout ses gens, s'étoit retiré au coin d'un clos, où il s'étoit logé : si étoit adossé de haies, et par devant fortifié de poinssons, par quoi iceux gens de pied ne pouvoient bonnement entrer pour ladite fortification. Si firent apporter une coulevrine qu'ils avoient en leur fort, laquelle, au second coup qu'ils la firent jeter, férit ledit comte parmi la jambe, vers la cheville du pied, dont il fut durement blessé, et à grand'peine se pouvoit soutenir. Et après, La Hire retourna de ladite chasse où il étoit allé, amenant avecque lui plusieurs prisonniers ; mais, quand il aperçut la compagnie du comte d'Arondel être encore entière, il rassembla sa force et ses gens, et alla derechef combattre les dessusdits comte et ses gens, qui, en assez bref terme, comme les autres, furent tournés à déconfiture, et furent tous morts et pris sans nul remède. Entre lesquels furent pris des gens de renom, premier, ledit comte d'Arondel, messire Richard de Doudeville, Mondot de Montferrant, Restandif, et autres, jusques à six-vingts hommes, ou mieux, qui tous furent prisonniers ès mains des François ; et en y eut de morts largement jusqu'à douze-vingts, et le remanant se sauva par bien fuir là où ils purent le mieux.

Après laquelle détrousse et déconfiture les capitaines de France rassemblèrent leurs gens, et trouvèrent qu'ils n'avoient point perdu vingt hommes de leur compagnie. Si furent moult joyeux de cette victoire et noble aventure, et en regracièrent dévotement leur créateur, et puis s'en retournèrent en leur place. Et de là le comte d'Arondel fut mené à Beauvais, où il mourut de sa blessure. Si fut enterré aux Cordeliers, et les autres prisonniers anglois furent depuis délivrés par finance. Et par ainsi les François qui étoient à Rue, demeurèrent sûrement et paisiblement quant alors, et se commencèrent de plus en plus à eux garnir et fortifier.

CHAPITRE CLXXIII.

Comment le duc de Bourgogne fut mal content et indigné sur ceux de la ville d'Anvers.

En ce temps, Philippe, duc de Bourgogne, étant en sa duché de Brabant, fit assembler très grand nombre de gens d'armes du pays de Picardie et autres contrées sous son obéissance, lesquels il avoit en propos de bouter en la ville d'Anvers, par certains moyens qu'il avoit en icelle, afin de punir aucuns des gouverneurs et habitants d'icelle ville, qui étoient en son indignation, pour tant que long-temps par avant ils avoient pris ou souffert prendre de force, par leurs sujets, un grand navire qui étoit au duc de Bourgogne, garni de ses gens, lequel il avoit fait mettre à l'embouchure de l'entrée du hâvre par où les marchands de plusieurs pays venoient par mer audit lieu d'Anvers : et là, les gens dudit duc, étant dans icelui navire, cueilloient sur les marchands passants plusieurs tributs, qui grandement étoient au préjudice de ladite ville, comme ils disoient, et aussi contre le serment que leur avoient fait passer à long-temps les ducs de Brabant défunts à l'entrée de leurs seigneuries, et mêmement icelui duc présent. Par quoi, comme dit est dessus, sans faire sommation à leur prince ni officiers, furent tous contents de ce prendre : c'est à savoir icelui navire, et amener dedans leur ville et mettre prisonniers ceux de dedans. A l'occasion de laquelle besogne, le duc dessusdit, de ce non content, avoit fait l'assemblée dessus déclarée pour entrer dedans icelle ville secrètement, et les punir; mais entre temps son intention fut sue et découverte par aucuns sachant sa volonté, et furent ceux d'Anvers avertis de ce qu'on leur vouloit faire, dont grandement furent émerveillés.

Et lors, sans délai, ils se mirent en armes, en grand nombre, pour eux défendre, si aucunement on les vouloit assaillir, et de fait allèrent à l'abbaye de Saint-Michel, séant dedans leur ville, où se logeoit ledit duc de Bourgogne quand il venoit en leurdite ville. Et pource qu'ils avoient l'abbé dudit lieu en suspection, cherchèrent par tous les lieux de léans, haut et bas, pour savoir s'ils y trouveroient nuls de leurs adversaires; et après qu'ils virent qu'il n'y avoit homme qui mal leur voulût, rompirent les murs de ladite abbaye en plusieurs lieux, afin que de la ville on pût garder et passer pour faire leurs défenses aux murs qui étoient à l'encontre de ladite abbaye. Après laquelle besogne se retrahirent de là, et firent grands préparations pour eux bien garder. Si fut ledit duc bref en suivant bien acertené qu'ils savoient son entreprise ; et pour ce, voyant qu'icelle ne pouvoit mettre à exécution, licencia ses gens d'armes, et fit défendre sur peine capitale, aux bonnes villes de Flandre, Brabant, et autres, ses pays environ, que nul ne portât ne menât vivres ou autres biens quelconques, en ladite ville d'Anvers, ni que on leur donnât conseil, confort ni aide. Et adoncque, ceux de celle la ville, sachant icelle publication être faite contre eux, furent en grand' tristesse, et gardèrent leur ville diligemment, et demeurèrent une bonne espace en ce danger. Puis se firent traités entre icelles parties, parmi ce que ledit duc en eut grand' somme de deniers, et retournèrent les gouverneurs de ladite ville d'Anvers en sa grâce.

CHAPITRE CLXXIV.

Comment les François prirent sur les Anglois la ville de Saint-Denis, en France.

Durant le temps dessusdit, prirent les François la ville de Saint-Denis, tant de force comme d'emblée, et étoient en nombre douze cents combattants ou environ, desquels étoient les principaux, messire Jean Foucault, messire Louis de Vaucourt, messire Regnault de Saint-Jean, et autres capitaines, lesquels mirent à mort aucuns Anglois là étant. Pour laquelle prise les Parisiens se commencèrent fort à ébahir et à douter, pource qu'iceux François couroient souvent devant leur ville, pourquoi vivres n'y pouvoient venir. Et afin qu'iceux vivres enfin ne leur fussent ôtés par la rivière de Seine, en venant de Normandie, envoyèrent à Rouen, par-devers le duc de Bedfort, et pareillement à Louis de Luxembourg, évêque de Thérouanne, et chancelier de France de par le roi Henri, requérir qu'il leur voulût envoyer certain nombre de gens d'armes pour les secourir et aider à résister contre les François dessusdits, desquels, par le pourchas et sollicitude dudit chancelier, leur fut envoyé messire Jean, bâtard de Saint-Pol, Louis, son frère, Valeran de Moreul, messire Ferry de Mailly, Robert de Neuville, et aucuns autres gentilshommes, avec cinq cents combattants des marches de Picardie; lesquels, en prenant leur chemin par Rouen, allèrent sauvement à Paris, où ils furent joyeusement reçus desdits Parisiens; et par l'aide et conseil du seigneur de l'Ile-Adam, maréchal de France de par le roi Henri, et capitaine d'icelle ville de Paris, commencèrent à faire forte guerre à iceux François de Saint-Denis. Toutefois iceux François, nonobstant la résistance des dessusdits, couroient très souvent à puissance devant icelle ville de Paris.

Auquel lieu, durant ce temps, furent faites dures escarmouches par les parties, entre Paris et

Saint-Denis; et aussi prirent les François le fort d'Écouen, auprès de Montmorency, que tenoient les Anglois; si prirent et occirent ceux de dedans, qui étoient environ trente Anglois sur tous, et puis allèrent devers le châtel d'Orville, emprès Louvres, appartenant au Galois d'Aunay, chevalier tenant le parti du roi Henri de Lancastre; lequel, au bout de deux jours qu'ils y furent venus, fit traité avecque eux, par condition qu'il leur délivreroit ladite forteresse, en cas qu'à un jour, qui fut pris, ceux de son parti ne seroient puissants audit lieu pour les combattre. Et entre temps que ce se faisoit, les seigneurs de Talbot, d'Escalle et de Warwick, et avec eux Georges de Richammes, le bâtard de Thien, messire François l'Arragonnois, et aucunes autres, jusques au nombre de trois mille combattants ou environ, se mirent ensemble, et vinrent à Paris, et en icelle marche eux joindre avec le seigneur de l'Ile-Adam, et les autres dessusdits; lesquels, tous ensemble, allèrent tenir la journée que ledit châtel se devoit rendre auxdits François, lesquels n'y allèrent ni envoyèrent, et par ainsi icelle forteresse demeura paisible au seigneur dessusdit; et de là en avant, les Anglois tinrent les champs à puissance, et mirent en leur obéissance, en la marche de l'Ile-de-France, aucunes forteresses que tenoient les François.

CHAPITRE CLXXV.

Comment les François, après qu'ils eurent fait unes lettres de trèves aux Bourguignons sur les marches de Beauvoisis, allèrent courre le pays de Boulenois et autres.

En ce temps furent faites unes trèves de par les gens du duc de Bourgogne, sur les marches de Santois et de Mont-Didier, avecque la Hire et les siens, par tel si qu'il feroit du tout abattre et démolir le fort de Breteuil en Beauvoisis; et pour ce faire, en eut grand' somme de monnoie qu'il prit volontiers. Après lesquelles trèves se partirent de la marche vers Beauvais, le grand Blanchefort et le petit, et Pothon le Bourguignon, avecque eux six cents combattants ou environ, et s'en allèrent en la ville de Rue. Lesquels là venus, avecque eux iceux là pieçà avoient été, s'en allèrent tous ensemble courre le pays de Boulenois; et en passant tout coiment, sans faire effroi, devant Etaples, allèrent jusques à Desnerue, et de là à Saumer-le-Bois. Esquels lieux, ni par tout le pays, on ne se doutoit en rien de leur venue; et y trouvèrent les hommes et habitants avecque leurs biens et maisons, lesquels, ou au moins la plus grand' partie, furent pris et liés par iceux François, et emmenés prisonniers; et aussi emportèrent la plus grand' partie de leurs meilleurs meubles, et mêmement rançonnèrent, à grand' somme d'argent, la ville et abbaye de Saumer; et de là, en retournant, s'épandirent en plusieurs et divers lieux du pays, icelui dégâtant par feu et par épée, sans avoir quelque empêchement et détourbier de leurs adversaires et ennemis. Et après qu'ils eurent ars et brûlé plusieurs maisons en la ville de Francq, et fait immuables maux et dommages audit pays de Boulenois, ils retournèrent tous ensemble atout grand nombre et quantité de prisonniers, et autres biens, en ladite ville d'Etaples, et là se reposèrent et rafraîchirent petite espace de temps.

Et pour tant que les bourgeois et habitants de la ville, qui étoient retraits au châtel, ne voulurent payer rançon de leurdite ville à leur département, embrasèrent les maisons d'icelle, et y firent très grand dommage, car ce étoit une ville bien peuplée et édifiée. Et de là s'en retournèrent sûrement jusques à ladite ville de Rue, jà-soit-ce que messire Jean de Croy, le seigneur de Créquy, le seigneur de Humières, et aucuns autres du pays, assemblèrent bien trois cents combattants ou environ, espérant iceux aucunement envahir et assaillir; mais ce fut pour néant, car les dessusdits François chevauchèrent en si bonne ordonnance, qu'ils n'y virent point leur avantage sur eux; par quoi ils se retrahirent ès lieux dont ils étoient venus. En après, lesdits François, retournés en la ville de Rue, comme dit est, ils partirent leur butin; et quand ils furent reposés et rafraîchis un peu de jours, ils se remirent sus, et coururent le pays vers Dourlens et Hesdin. Si ardirent en plusieurs lieux, et prirent foison de bons prisonniers et autres proies, et biens meubles portatifs. Et puis après s'en retournèrent par la Boue, où ils assaillirent durement la forteresse; mais elle fut si bien défendue par ceux que y avoit mis le vidame d'Amiens, à qui elle étoit, qu'ils eurent plusieurs de leurs gens blessés. Parquoi, voyant qu'ils y perdoient leur temps, se retrahirent atout leur pillage à Rue, et depuis, par plusieurs fois, firent de telles courses sur les pays du duc de Bourgogne, dont, à l'une d'icelles courses, fut pris un de leurs gens, c'est à savoir messire Jean de Bressay, lieutenant du maréchal de Rieux; et le prit Harpin de Richammes, vers Montreuil. Et une autre fois fut aussi pris le petit Blanchefort, par l'un des bâtards de Reuly. Ainsi donc les François dessusdits dommagèrent moult le pays à l'environ de ladite ville de Rue, et mêmement ardirent et embrasèrent la ville de Cressy-sur-Anthieu, laquelle étoit du propre domaine du roi.

CHAPITRE CLXXVI.

Comment les cardinaux de Sainte-Croix et de Chypre vinrent à Arras, pour être au grand parlement.

Au mois de juillet, vinrent en la ville d'Arras deux cardinaux envoyés de par notre Saint-Père le pape et par le concile de Bâle, avecque eux plusieurs notables ambassadeurs de diverses nations, pour être au grand parlement qui se devoit faire et tenir audit lieu d'Arras, pour la paix de France: c'est à savoir, de par notre Saint-Père le pape, le cardinal de Sainte-Croix, l'archidiacre de Metz et aucuns autres docteurs en théologie, et de par le concile, le cardinal de Chypre, et avecque lui l'évêque d'Ache, et un docteur nommé maître Nicolas, ambassadeur du roi de Poulaine, et de par le duc de Milan, l'évêque d'Albigny; avecque lesquels ambassadeurs vinrent l'évêque d'Uzès et l'abbé Brézelay, envoyés par les deux parties, et plusieurs autres notables ambassadeurs de plusieurs seigneurs de lointains pays et marches, et pouvoient tous ensemble être jusques au nombre de huit vingts chevaucheurs ou environ. Auxquels fut faite grande et honorable réception, tant de l'évêque d'Arras, de son clergé et bourgeois de la ville, comme des gens du duc, qui étoient à ce commis. Et tous ensemble allèrent au-devant d'eux aux champs, avecque grand' compagnie de peuple, et les amenèrent et conduirent en faisant joie de ce jusques à leurs hôtels, et là leur furent faits plusieurs beaux présents, dont ils se tinrent bien contents.

CHAPITRE CLXXVII.

Comment Louis de Luxembourg, comte de Saint-Pol, épousa Jeanne de Bar, comtesse de Marle et de Soissons.

Le dimanche, seizième jour de juillet, Louis de Luxembourg, comte de Saint-Pol, de Conversan, de Brayne, et seigneur d'Enghien, épousa Jeanne de Bar, qui étoit seule fille de messire Robert de Bar, comtesse de Marle et de Soissons, dame d'Uneberque, de Varneston et de moult d'autres grandes et notables seigneuries, belle-nièce de messire Jean de Luxembourg, comte de Ligny, oncle dudit comte de Saint-Pol. Et furent les noces faites dedans le châtel de Bohain. Auquel lieu furent environ cent chevaliers et écuyers de la famille et amitié des deux parties, sans y avoir nuls princes des fleurs de lys, dont icelle comtesse étoit issue moult prochaine. A laquelle fête furent la comtesse de Saint-Pol, douagière, mère d'icelui comte Louis, et plusieurs de ses enfants. Le dessusdit comte de Ligny, comme il fut commune renommée, soutint les frais et dépens d'icelle fête. Si y fut-on servi très abondamment, et avecque ce y fut faite très joyeuse chère de tous ceux là étant, en boires, mangers, danses, joûtes et autres ébattements.

CHAPITRE CLXXVIII.

Comment les François furent rués jus vers Rethers, du bâtard de Humières.

EN ces propres jours, les gens du roi Charles, tenant la frontière vers Reims, s'assemblèrent avecque quatre cents combattants, pour aller courre devant Rethers et autres lieux tenant le parti de Bourgogne, et de fait accueillirent grand nombre de paysans, vaches, chevaux et autre bétail, atout lesquels s'en cuidèrent retourner sauvement en leurs garnisons. Si étoit leur chef, Yvon du Puys. Et entre temps qu'ils faisoient leurs courses, en virent les nouvelles au bâtard de Humières, capitaine de Herquery. Si assembla gens d'armes, atout lesquels il poursuivit vigoureusement iceux François, et en conclusion les assaillit par si bon arroi, qu'il les tourna à déconfiture; et en y eut environ que morts que pris quarante, et les autres se sauvèrent par fuite, avecque leur capitaine, chacun où ils purent le mieux, et de la partie dudit bâtard y furent morts environ dix hommes.

CHAPITRE CLXXIX.

Comment les ambassadeurs du roi d'Angleterre vinrent à Arras pour être au grand parlement avec le duc de Bourgogne.

En ce temps vinrent en la ville d'Arras les ambassadeurs du roi Henri d'Angleterre, pour être au grand parlement avecque le conseil du duc de Bourgogne. Si pouvoient être environ deux cents chevaliers, desquels étoient les principaux, l'archevêque d'York, le comte de Suffolk, l'évêque de Saint-David, messire Jean Rodeclif, garde du scel privé d'icelui roi ; le seigneur de Hongrefort, maître Raoul le Sage, l'official de Cantorbie, et aucuns autres docteurs en théologie. Si se logèrent dedans ladite cité lez Arras, et furent joyeusement reçus et administrés de ce que besoin leur étoit par les gens du duc de Bourgogne. Et pareillement vinrent en ces jours plusieurs notables ambassadeurs de diverses nations, pour les trois parties, entre lesquels y vinrent pour icelui duc de Bourgogne, le duc de Gueldres, le comte de Nassau, l'évêque de Cambrai, le comte de Vernambourg, l'évêque de Liége, le comte de Vaudemont, le comte de Nevers, le comte de Salmes, le duc de Bar ; et généralement la plus grand' partie de tous les nobles du pays dudit duc, y furent en noble appareil et en grand état ; et depuis y vinrent les comte de Saint-Pol et de Ligny, à belle compagnie.

En après, le vingt-huitième jour de juillet, vint audit lieu d'Arras le duc de Bourgogne, lequel avoit couché en sa ville de Lens, en Artois. Si allèrent au-devant de lui bien une lieue loin, généralement tous les seigneurs qui par avant étoient là venus pour les dessusdites ambassades, tant de France comme d'Angleterre et autres pays ; et mêmement y allèrent les gens des cardinaux dessus nommés, lesquels venant devers icelui duc, furent de lui moult honorablement reçus, chacun à son tour. Si entra le dessusdit duc en la ville d'Arras, en moult belle ordonnance, et avoit devant lui archers, pour la garde de son corps, tous vêtus d'une parure et même sorte et habit. A l'entrée duquel fut faite moult grand' joie de son peuple, en criant hautement : Noël ! de carrefour à autre, pour sa venue. Et en cet état alla faire la révérence au cardinal de Sainte-Croix et puis au cardinal de Chypre, et de là alla loger à son hôtel, à la Cour-le-Comte.

CHAPITRE CLXXX.

Comment les ambassadeurs de France vinrent en grand nombre en la ville d'Arras, pour être au parlement dessusdit.

Le dimanche ensuivant, dernier jour du mois de juillet, vinrent audit lieu d'Arras l'ambassade du roi Charles de France, lesquels ambassadeurs étoient venus de Reims, par Laon, à Saint-Quentin en Vermandois, auquel lieu leur avoit été faite joyeuse réception par les gouverneurs et habitants d'icelle ville. Et là avoit été envoyé, de par le duc de Bourgogne, le comte d'Étampes, accompagné de plusieurs chevaliers et écuyers, pour iceux conduire jusques audit lieu d'Arras. De laquelle ville de Saint-Quentin, par aucuns brefs jours, chevauchèrent tous ensemble à Cambrai, et de là assez près du bois de Moufaine, qui est à demi-lieue près de la ville d'Arras. Entre lesquels étoient, de par le dessusdit roi Charles, le duc de Bourbon, le comte de Richemont, connétable de France, lesquels avoient épousé deux des sœurs au duc de Bourgogne; le comte de Vendôme, l'archevêque et duc de Reims, chancelier de France; messire Christophe de Harcourt, messire Théolde de Valleperge, le seigneur de la Fayette, maréchal de France; le seigneur de Saint-Pierre, le seigneur du Châtel, messire Jacques du Bois, messire Jean de Châtillon, bâtard de Dampierre; messire Paillard du Flé, le seigneur de Raillicq, le seigneur de Rommet, le seigneur de Courcelles, maître Adam de Cambrai, premier président; le doyen de Paris, nommé maître Jean Tudart; le trésorier d'Anjou, le Borgne Blesset, maître Jean Charretier, le seigneur de Cletel, le seigneur de la Mothe, maître Adam le Queux, maître Jean de Taisé, et plusieurs autres notables hommes, tant nobles comme autres, accompagnés en tout de quatre à cinq cents chevaucheurs, à compter ceux qui étoient allés devant pour prendre les logis. A l'encontre desquels issit le dessusdit duc de Bourgogne, accompagné du duc de Gueldres et de tous les autres princes qui par avant étoient venus, et aussi des gentilshommes, chevaliers et écuyers de son hôtel et de ses pays, réservé les Anglois, qui n'y furent pas. Si rencontra les dessusdits à un quart de lieue près de ladite ville d'Arras, et là, à l'assemblée d'iceux nobles princes, fut montré moult grand signe d'amour et d'amitié les uns aux autres, et par espécial, le duc de Bourgogne au duc de Bourbon et au comte de Richemont, connétable de France dessusdits, ses beaux-frères, et eux à lui, en montrant signe d'être très joyeux, et par grand' humilité, embrassèrent l'un prince l'autre. Et d'autre part, les autres des plus notables de toutes les deux parties faisant très grand' révérence les uns aux autres, en montrant semblant de toutes joyeusetés.

Et après tout ce, par belle ordonnance, chevauchèrent tout le petit pas jusques à la ville d'Arras, et là chevauchèrent de front l'un de côté l'autre les trois ducs : c'est à savoir de Bourgogne, de Bourbon et de Gueldres, et de vauteux avoient six trompettes et clairons, sonnant très mélodieusement, et grand nombre de rois d'armes, hérauts et poursuivants, vêtus des armes des princes là étant, avecque lesquels étoit comme chef, Montjoie, roi d'armes du roi Charles de France; et un petit devant, chevauchèrent le connétable dessusdit, le comte de Vendôme, le comte d'Étampes, le damoisel de Clèves, et aucuns autres grands et notables seigneurs; et derrière les trois ducs dessus nommés étoient la plus grand' partie de leurs chevaliers. Si allèrent tenant cette ordonnance devant la maison de la ville, au petit marché, et y avoit par toutes les rues, et sur les maisons, très grand' multitude de gens, qui crioient souvent : Noël! à haute voix. Et là se départit le duc de Bourgogne et ceux qu'il avoit amenés avecque lui, pour retourner en son logis et hôtel. Si le vouloient convoyer ses deux beaux-frères, mais il les fit retourner, et s'en allèrent vers les cardinaux, et de là allèrent à leurs logis, où leur furent faits plusieurs grands et très notables présents, tant par les gens de l'église comme par les gens séculiers.

En après, le tiers jour ensuivant, vint la duchesse de Bourgogne audit lieu d'Arras, à l'encontre de laquelle allèrent pour lui honorer les ambassadeurs du roi de France et ceux du roi d'Angleterre, et généralement avec ce, tous les nobles, barons et seigneurs là étant en icelle ville, et les gens des cardinaux. Si étoit en moult riche et noble état, et la portoit-on dedans une belle litière vêtue et ornée moult précieusement de riches draps et joyaux. Et derrière elle chevauchoient sur haquenées, six de ses dames et demoiselles moult richement et noblement habillées d'une parure, leurs robes et chaperons chargés et couverts d'orfévrerie, et après suivoient trois chars de parement, où étoient la comtesse de Namur et aucunes autres moult nobles dames et demoiselles de la dessusdite duchesse, vêtues aussi de pareilles et semblables robes et chaperons qu'étoient celles qui étoient sur lesdites haquenées. Si étoient auprès de ladite litière, les ducs de Bourbon, de Gueldres; le connétable de France, le comte de Vendôme, et généralement toute la seigneurie et gentillesse de ces deux parties chevauchèrent devant et derrière; car les Anglois prirent congé d'elle aux champs, et se retrahirent et retournèrent en la cité lez la dessusdite ville d'Arras, où ils étoient logés. Et la dessusdite duchesse, accompagnée comme dit est, alla faire révérence aux cardinaux, et de là s'en retourna en l'hôtel du dessusdit duc de Bourgogne son mari, lequel duc la reçut moult joyeusement et honorablement, et fit aux deux ducs dessusdits et aux autres nobles seigneurs là étant très joyeuse chère en son hôtel.

Et d'autre part, venoient en ces mêmes jours au

dessusdit lieu d'Arras aucuns ambassadeurs de plusieurs et diverses places et contrées, tant pour les princes, églises, universités, comme pour bonnes villes. Et entre les autres y vinrent de par la ville de Paris, l'abbé du Mont de Sainte-Catherine, de Rouen, maître Guillaume Breton, maître Jean le Moustardier, maître Thomas de Courcelles, maître Robert Poitevin, et plusieurs autres notables gens. Aussi y vinrent les ambassadeurs des rois de Sicile, d'Espagne, de Navarre, de Poulaine, d'Asie et les Romains. Et pareillement y vinrent les communes des bonnes villes de Hollande et de Zélande, de Flandre, de Brabant, de Hainault, de Namur, de Bourgogne, et d'autres plusieurs parties, qui trop longues seroient à écrire. Lesquels assez près, chacun selon son état, furent logés assez suffisamment par les fourriers dudit de Bourgogne, et autres à ce commis de par lui. Et avecque ce furent, durant la convention, servis abondamment de tous vivres, tels que pour lors on les pouvoit recouvrer; laquelle dura environ trois mois en payant leurs deniers. Et si ne fut quelque nouvelle durant icelle, qu'il y eût grand effroi en ladite ville d'Arras, tant par feu de meschef comme par débats mouvants entre les parties. Et y avoit certains commis de par la ville à visiter de jour et de nuit les besognes nécessaires à garder, que nulles extorsions ne se fissent. En après, fut ordonné, de par le dessusdit duc de Bourgogne, qu'il y auroit environ cent gentilshommes et deux cents archers, pour la sûreté de sa personne, armés et embâtonnés, avecque aucuns seigneurs de son hôtel, tels comme le seigneur de Croy, messire Jean de Horne, le chevalier; le seigneur de Crèvecœur, le seigneur de Chargny, Jean de Brimeu, et aucuns autres, lesquels fussent prêts, s'aucun besoin advenît, à résister, avecque aucuns gentilshommes, et cinquante archers, qui étoient commis pour la sûreté de la personne dudit duc.

CHAPITRE CLXXXI.

Comment messire Jean de Mer (Merle), chevalier d'Espagne, et le seigneur de Chargny, furent armés l'un contre l'autre.

Le lundi, onzième jour d'août de cet an, furent faites armes en icelle ville d'Arras, en la présence du duc de Bourgogne, juge en cette partie, avecque lequel étoit dedans son échafaud, sur le grand marché, les ducs de Bourbon et de Gueldres, le comte de Richemont, connétable; le comte de Vendôme, d'Étampes, et plusieurs autres grands seigneurs. Si furent lesdites armes entreprises de messire Jean de Merle, chevalier banneret très renommé, natif du royaume d'Espagne, appelant sans querelle diffamatoire, pour acquérir honneur, contre Pierre de Beauffremont, chevalier, seigneur de Chargny, aussi banneret, et natif de Bourgogne, portant l'ordre dudit duc; et étoit tant seulement pour rompre trois lances l'un sur l'autre. Et après cette requête accordée par ledit seigneur de Chargny, ledit seigneur de Chargny requit audit chevalier d'Espagne à combattre à pied de haches, d'épées et de dagues, si longuement que l'un des deux perdît ses bâtons, ou mît mains aux genoux ou à terre, sauf en toute la volonté du juge; lesquelles requêtes des deux chevaliers dessusdits, long-temps par avant, étoient accordées l'un à l'autre, comme dit est. Et pour tant, à ce même jeudi, entre neuf ou dix heures du matin, vint ledit chevalier espagnol au champ, accompagné de quatre chevaliers, que le duc de Bourgogne lui avoit baillés pour lui honorer : c'est à savoir, le seigneur de Lor, gouverneur de Rethelois, le seigneur de Ligny, le seigneur de Saveuse, et le seigneur de Sainzelles, avec quatre ou cinq de ses gens, desquels l'un portoit au bout d'une lance une petite bannière armoyée de ses armes, et les chevaliers dessusdits portoient ses lances; et ainsi, sans faire grands bombans, alla faire la révérence audit duc de Bourgogne, et puis se retrahit de ces lices, par où il étoit entré, au sénestre côté dudit duc de Bourgogne, et assez longue espace de temps, attendit son adversaire, lequel vint grandement accompagné des comtes d'Etampes, de Saint-Pol et de Ligny, avec eux le comte de Suffort, anglois, qui portoient les lances; et derrière lui étoient quatre coursiers, moult richement couverts de ses devises, et les pages chargés d'orfévrerie, et avec eux étoient grand' partie chevaliers et écuyers de l'hôtel du duc de Bourgogne. Et ainsi, comme avoit fait ledit chevalier espagnol, alla faire la révérence au dessusdit duc de Bourgogne, et puis il se retrahit à son côté, au droit lez. Finablement, après ce qu'ils furent tous deux prêts, coururent plusieurs coups de fer de lance l'un contre l'autre, sans eux atteindre; et adonc ledit espagnol monta sur un coursier que lui prêta le duc de Bourbon, pource que le sien fuyoit la lance, et assez bref après rompirent leurs lances l'un sur l'autre très puissamment, et depuis, continuèrent tant, que les trois coups de lances, qu'ils avoient entrepris à faire, fussent férus sans ce que nuls des deux fussent blessés. Toutefois l'armet dudit espagnol fut un petit cassé. Si se partirent par la licence dudit duc de Bourgogne, et s'en retournèrent en leurs hôtels, chacun par où il étoit entré, accompagné comme dit est. Et avoit icelui chevalier espagnol, sur son harnois, une huque de drap vermeil, laquelle avoit une croix blanche, telle ou pareille que portoient les François. De laquelle aucuns seigneurs de la partie de Bourgogne n'étoient point bien contents, pource qu'il leur sembloit, qu'il se montroit partial d'icelle partie des François; mais depuis, quand il en fut averti, s'en excusa, disant que pour la confédération qu'avoient de long-temps l'un avec l'autre les royaumes de France et d'Espagne, il ne pouvoit porter en icelui autre enseigne que celle du roi de France.

Le lendemain ensuivant, qui fut le vendredi, entre huit et neuf heures du matin, vint le duc de Bourgogne en son échafaud, grandement accompagné de sa chevalerie. Avec lequel duc entrèrent dedans les princes qui le jour de devant y avoient été, et bref ensuivant vint le seigneur de Chargny, appelant, accompagné des seigneurs qui le jour de devant avoient servi, lesquels portoient les bâtons de quoi ils devoient combattre et joûter, et séoit sur un cheval blanc couvert de ses armes, et derrière lui étoient les quatre pages dessusdits, sur quatre coursiers houssés de sa devise, avec la plus grand' partie des chevaliers et écuyers de l'hôtel dudit duc de Bourgogne, et aucuns autres nobles hommes, atout lesquels il entra dedans les lices; si s'en alla descendre droit à son pavillon, et tantôt s'en alla tout à pied faire la révérence au dessusdit duc de Bourgogne, et puis se retrahit en sa chaire, où il fut bien l'espace d'une heure avant que son adversaire et ennemi vînt. Lequel vint accompagné comme il avoit été le jour de devant, tout depuis son hôtel jusques à l'entrée des lices; et portoient les chevaliers et écuyers que ledit duc lui avoit baillés, ses bâtons, de quoi il devoit batailler et combattre; et derrière lui étoient ses gens, dont l'un d'iceux portoit la petite bannière au bout d'une lance ferrée. Et quand il fut venu aux lices, il alla faire la révérence au duc de Bourgogne dessusdit, et de là se retrahit en son pavillon. Et jàsoit-ce que par les dessusdits chevaliers et écuyers qui l'accompagnoient, fût par plusieurs fois admonesté en lui donnant conseil à leur pouvoir, toutefois oncque ne leur voulut découvrir son secret, ni user de leur conseil, ains leur disoit qu'ils ne fussent point en soin de lui, et qu'au plaisir de Dieu il feroit son devoir. Et après, le roi d'armes, nommé Toison d'Or, cria en trois lieux sur les lices, que tout homme qui n'étoit commis à la garde d'icelles, vuidât sans délai, et que nul ne baillât empêchements aux champions, sur la hart, de par le duc de Bourgogne. Si étoient dedans huit gentilshommes armés, pour prendre et lever les deux champions dessusdits, quand ils en auroient le commandement. Après le quel cri issit hors de pavillon, ledit seigneur de Chargny, a tout ses quatre bâtons, et tenoit la hache par le milieu, de la dextre main, le fer vers son adversaire, et ainsi marcha un petit avant. Et adonc issit l'Espagnol, embâtonné comme dit est, et avoit sur son bassinet jeté un couvre-chef qui couvroit sa visière, laquelle étoit comme demi-levée, et quand il fut issu et sailli hors de son pavillon, un de ses gens ôta ledit couvre-chef.

Si commencèrent vigoureusement, et de grand courage, à marcher l'un contre l'autre, leurs lances palmoyant, et toujours avoit ledit Espagnol et eut, durant cette besogne, la visière levée. Et lors, à l'approcher, ledit seigneur de Chargny jeta premier sa lance, et n'en atteindoit point son homme; mais, icelui Espagnol l'approcha, en lui

jetant la sienne; si le férit et blessa vers le côté;
duquel coup il fut navré, et percé au bras, tant
que la lance se tint dedans son bracelet. Mais ledit
seigneur de Chargny la secoua tantôt sur le sablon.
Et lors les deux champions approchèrent de grand
courage l'un de l'autre. Si commencèrent à batailler et à combattre de leurs lances gentement. Si
avoit icelui seigneur de Chargny grand' déplaisance de ce que son ennemi et adversaire ne fer-
moit point sa visière. Durant lequel temps, le duc
de Bourgogne ordonna qu'on les fit cesser, et commanda à ceux qui gardoient le champ qu'ils les
prissent. Laquelle chose ils firent, et furent amenés
devant ledit duc de Bourgogne. Si étoient tous
deux moult troublés, au semblant qu'ils mon-
troient, de ce qu'on leur avoit si tôt pris. Et, par
espécial, l'Espagnol, venant devant ledit duc, ré-
péta par deux fois qu'il n'étoit pas content pour si
peu de chose faire, attendu qu'à grand dépens
et à grand travail de son corps, il est venu de moult
lointain pays par mer et par terre, pour acquérir
honneur et révérence. A quoi lui fut répondu
que bien et moult honorablement avoit fait son
devoir, et accompli ses armes.

Après lesquelles paroles, furent ramenés et conduits à leurs logis et hôtels, et issirent des lices,
chacun par son côté, aussitôt l'un comme l'autre.
Toutefois ledit chevalier d'Espagne fut là noté
de plusieurs nobles là étant, d'avoir entrepris une
grand' hardiesse et habileté de combattre par

cette manière, la visière levée, pource que pareil cas n'avoit point été vu. Et, après cette besogne, le dimanche, et autres jours ensuivants, icelui duc de Bourgogne fit grand honneur et révérence en son hôtel au dessusdit chevalier d'Espagne, et lui donna de grands dons pour payer pleinement ses dépens; et, brefs jours ensuivants, prit congé dudit duc et des siens, et se partit d'Arras pour s'en retourner en son pays.

CHAPITRE CLXXXII.

Comment les François et Bourguignons, étant en la ville d'Arras, étoient cordialement ensemble l'un avecque l'autre.

Le lundi, qui fut le jour Notre-Dame de la mi-août, les ducs de Bourgogne, de Bourbon et de Gueldres; les comtes d'Étampes, de Richemont et de Vendôme, de Saint-Pol et de Ligny, de Meurs et de Nassau, avecque la plus grand' partie des chevaliers et écuyers des deux parties, allèrent tous à cheval, en grand' concorde, à l'hôtel d'icelui duc de Bourgogne, ouïr la messe à Notre-Dame, en la cité, vêtus et aornés de moult riches vêtements, dont le pauvre peuple, là étant en grand' multitude, avoit grand' liesse, espérant bref avoir consolation de paix, que tant et si longuement avoit attendu. Après laquelle messe, retournèrent en l'hôtel dudit duc de Bourgogne, et là dînèrent la plus grand' partie. Si furent moult richement servis de plusieurs et divers mets. Pour lesquels convis et assemblées ainsi faites par icelles parties, les ambassadeurs d'Angleterre n'étoient point bien contents, pource que déjà le duc de Bourgogne et ceux de son parti avoient grand' communication avecque iceux François, leurs adversaires et ennemis, et avoient suspection et doute, qu'entre icelles parties de France et de Bourgogne ne se machinât aucun traité qui fût aucument à leur préjudice.

CHAPITRE CLXXXIII.

Comment le cardinal de Vincestre vint à Arras pour être à la convention, qui là étoit assemblée.

Le dix-neuvième jour d'août ensuivant, vint le cardinal de Vincestre en la ville d'Arras, pour être au parlement là étant, et étoient en sa compagnie le comte de Huntingdon, et autres notables chevaliers et écuyers d'Angleterre, jusques au nombre de trois cents chevaucheurs. A l'encontre duquel allèrent les ducs de Bourgogne et de Gueldres, les comtes de Saint-Pol, de Ligny, de Meurs, et la plus grand' partie des nobles avecque ledit duc de Bourgogne. Si fut fait par le cardinal et duc dessusdits, grand honneur et reception l'un à l'autre, et pareillement des autres seigneurs. Si retournèrent tous ensemble avec icelui cardinal, jusques auprès de la porte d'Arras, où ils prirent congé l'un à l'autre. Si s'en alla le dessusdit cardinal loger en l'hôtel de l'évêque et ses gens. Si venoient, chacun jour ambassadeurs envoyés de diverses nations. Et avoient ordonné le lieu où la convention se devoit tenir entre les parties, en l'abbaye de Saint-Vaast d'Arras, où il y avoit en ladite abbaye, salles, chambres, et de notables édifices moult propices pour toutes les parties. Si assemblèrent au lieu dessusdit les trois parties en la présence des deux cardinaux, premiers venus, lesquels, et par espécial le cardinal de Sainte-Croix, remontrèrent moult authentiquement à icelles trois parties, les grands maux et inconvénients qui étoient advenus par toute chrétienté, à l'occasion des guerres qu'ils avoient si longuement maintenues, eux admonestant moult doucement et sagement, que pour l'amour de Dieu principalement, ils voulsissent entendre au bien de paix, en tant qu'ils étoient ensemble, et qu'un chacun d'eux fît requêtes si courtoises et si raisonnables, qu'ils se pussent accorder les uns avecque les autres. Après lesquelles remontrances, s'assemblèrent au lieu de ladite convention par plusieurs journées, et furent, par lesdites parties, mis avant plusieurs traités, lesquels étoient moult contraires, et difficiles les uns aux autres. Entre lesquels requirent ceux de la partie du roi Charles, que le roi Henri d'Angleterre se voulsît déporter et désister de lui nommer roi de France, moyennant que, par certaines conditions, lui seroient accordées les seigneuries de Guienne et Normandie; laquelle chose les Anglois ne voulurent point accorder.

CHAPITRE CLXXXIV.

Comment, durant le temps du parlement d'Arras, La Hire et Pothon vinrent courir et fourrager le pays du duc de Bourgogne

Le vingt-cinquième jour du mois d'août, le parlement étant à Arras, comme dit est, La Hire et Pothon de Sainte-Treille, atout six cents combattants, dont il y avoit bien six vingt lances ou environ, qu'iceux avoit assemblées des frontières vers Beauvais, chevauchèrent toute la nuit jusques à la rivière de Somme, laquelle ils passèrent à Cappy, et de là se retirèrent et s'en allèrent vers Dourlens et Beauquêne, pour fourrager le pays. Si se partirent et s'en allèrent en plusieurs lieux, et assemblèrent grand nombre de paysans, chevaux, vaches, brebis, et plusieurs autres besognes, atout lesquelles se commencèrent à retraire vers le passage de l'eau, par où ils étoient venus. Durant lequel temps, les nouvelles furent portées à Arras, devers le duc de Bourgogne, par le seigneur de

Saveuse, lequel duc de Bourgogne en fut grandement troublé, voyant que par telles manières tenir, les besognes qu'on traitoit audit lieu d'Arras se pourroient attarder; et afin d'y pourvoir, fit sans délai monter à cheval ledit comte d'Étampes, de Saint-Pol, de Ligny, avecque la plus grand' partie de chevaliers et écuyers qui là étoient, et ceux de son hôtel, pour combattre et rebouter iceux François, avecque lesquels allèrent aucuns seigneurs d'Angleterre, atout trois cents combattants ou environ; et pouvoient être en tout, de douze à seize cents; mais la plus grand' partie étoient sans harnois. Si chevauchèrent hâtivement tous ensemble jusques vers Mailly et à Theu; et avoient par avant envoyé ledit seigneur de Saveuse et plusieurs autres coureurs, pour enquerre nouvelles de leurs adversaires et ennemis. Lesquels coureurs surent pour vrai qu'ils retournoient atout grands proies vers le passage de l'eau; si le firent savoir aux seigneurs dessusdits. Lesquels se hâtèrent pour les atteindre, et firent si bonne diligence qu'ils les trouvèrent en la ville de Corbie, à une ville nommée Bonnay, sur l'eau de Helly. Et lors les dessusdits François, d'icelle poursuite avertis, ordonnèrent aucuns de leurs gens d'armes à garder le passage de ladite rivière. Si s'en allèrent mettre en bataille sur une haute montagne entre Corbie et Helly.

Et entre temps, messire Jean de Croy fut envoyé devant, avecque lui certain nombre de gens d'armes pour gagner ledit passage, lequel fut assez brièvement pris et conquis. Et y en eut de morts de dix à douze d'iceux François, et les autres se retrahirent avecque leurs gens sur ladite montagne. Et adonc ceux de la partie de Bourgogne et les Anglois passèrent l'eau, et se mirent en bataille au-dessous de la montagne dessusdite, contre leurs adversaires et ennemis, et y furent bien demi-heure. Toutefois ils n'eurent point conseil de les aller combattre, car ils étoient trop petitement atournés de harnois. Et d'autre part, ledit duc de Bourbon et le comte de Richemont, connétable, qui étoient audit lieu d'Arras, avoient envoyé aucuns de leurs gens devers les dessusdits François, pour les faire retraire et rendre ce qu'ils avoient pris. Finablement, après ce que les deux parties eurent été grand' espace en bataille l'un contre l'autre, ils s'en retournèrent chacun dont ils étoient venus, et rendirent lesdits François, grand' partie des prisonniers qu'ils avoient pris, par le moyen et pourchas de ceux que les ambassadeurs dessusdits avoient envoyés; et aussi le bétail qu'ils avoient accueilli, mais ce fut bien ennuis. Si perdirent de leurs gens environ vingt hommes, tant morts comme de pris.

CHAPITRE CLXXXV.

Comment les rois d'Arragon et de Navarre furent pris et déconfits devant Gaëte, par l'armée du duc de Milan.

Le sixième jour d'août de cet an, furent pris devant Gaïette, au royaume de Naples, le roi d'Arragon et de Navarre, le grand maître de Saint-Jacques leur frère, le duc de Sesse et son fils, le comte de Fondes, le prince de Tarente, le fils messire Christophe Garganeymé, renommé de l'Aigle; le vice-roi de Sicile, et bien quatre cents chevaliers et écuyers, qui avoient avecque eux bien quatre mille soudoyers, qui tous furent déconfits. Et tenoient le siége devant la susdite ville de Gaëte, par mer et par terre, pour icelle conquerre à la déplaisance de Philippe Maria, duc de Milan. Pour tant icelui duc fit préparer son armée en la ville de Gênes, pour secourir et mener vivres à ladite ville de Gaëte. Si fut principal conducteur d'icelle armée audit duc de Milan, l'amiral de la cité de Gênes, lequel ayant intention d'entrer en icelle ville ainsi assiégée par mer, si s'approcha d'icelle tant que les assiégeants allèrent pour le combattre et subjuguer. Toutefois, nonobstant que l'amiral dessusdit ne fût point en si grand nombre, comme les Napolitains et les Arragonois ses ennemis étoient, la fortune fut pour lui, et déconfit pour ce jour tous ceux qui étoient audit lieu, tenant le siége par mer et par terre. Mais nonobstant que les dessusdits rois d'Arragon et de Navarre, avecque les autres seigneurs dessus nommés, eussent été pris devant le port de Gaëte, comme dit est dessus, si furent-ils menés prisonniers à Gênes, qui lors se tenoit en l'obéissance du duc de Milan. Mais bref ensuivant, par certains moyens et promesses qu'il fit aux Génevois, lui furent iceux seigneurs délivrés et mis en sa main, moyennant qu'il promit de non les délivrer, sinon du su et consentemet desdits Génevois. Laquelle promesse il n'entretint point, car tantôt après qu'ils furent amenés devant lui, et qu'il les eut grandement festoyés et conjouis en sa ville de Milan, il les mit à pleine délivrance, sans payer finance, ni retenir d'eux aucune chose ni promesse, et mêmement leur donna de grands et précieux dons. Dont quand ce fut venu à la connoissance des Génevois, ils en furent très mal contents et non sans cause, car ils étoient leurs ennemis capitaux : pourquoi ils se départirent du tout de l'alliance et obéissance dudit duc de Milan.

CHAPITRE CLXXXVI.

Comment le cardinal de Vincestre, atout toute l'ambassade des Anglois, se départit de la ville d'Arras; et comment autres ambassadeurs de plusieurs lieux vinrent en ladite ville.

LE sixième jour de septembre, le cardinal de Vincestre se partit de la convention d'Arras, et avec lui toute l'ambassade de la partie d'Angleterre, sans ce qu'ils eussent aucune concorde avec les François, nonobstant qu'ils eussent par plusieurs jours été ensemble, et qu'à icelles journées plusieurs traités eussent été mis avant, comme dit est, qui point n'avoient été mis à effet, jà-soit-ce que le duc de Bourgogne et ceux de son conseil eussent fait plusieurs diligences pour apaiser icelles deux parties de France et d'Angleterre. Néanmoins iceux Anglois s'en retournèrent à Calais, et de là en Angleterre, et se doutoient bien de ce qui advint assez tôt ensuivant, c'est à savoir que le roi Charles et le duc de Bourgogne ne se concordassent l'un avec l'autre, car ils aperçurent bien, dès devant leur département, qu'icelles deux parties avoient l'un avec l'autre grand amour, et repairoient ensemble, comme si dès lors eussent été en cordiale union, dont ils n'étoient point bien contents.

Item, encore vinrent audit parlement d'Arras

plusieurs ambassadeurs de plusieurs royaumes et nations, tant ecclésiastiques comme séculiers, c'est à savoir de par les rois de Navarre et de Dache, d'Espagne, de Chypre, de Portugal; le connétable du roi de Poulaine; de par le duc de Milan, de par le roi de Sicile, de par le roi de Norvège, de par le duc de Bretagne. Si y vinrent aussi l'archevêque d'Aulx, l'évêque d'Albigne, l'évêque d'Uzès, l'évêque d'Auxerre, l'évêque d'Albanie, l'évêque de Vicenne, l'abbé de Vezelay, l'archidiacre de Metz en Lorraine, procureur du saint concile de Bâle; l'Archidiacre de Poulaine, et moult d'autres gens de grand' autorité.

CHAPITRE CLXXXVII.

Comment la paix fut faite et confirmée entre le roi Charles de France et le duc de Bourgogne, en la ville d'Arras.

APRÈS que les ambassadeurs du roi Henri d'Angleterre se furent partis de la ville d'Arras, comme dessus est dit, et qu'ils furent retournés en Angleterre sans prendre conclusion de paix avec les François, les deux autres parties, qui étoient demeurées au dessusdit lieu d'Arras, c'est à savoir de France et de Bourgogne, s'assemblèrent l'un avec l'autre au parlement, au lieu accoutumé, par aucun peu de jours, et là eurent ensemble grand' délibération et avis sur plusieurs besognes. Et aussi, par l'exhortation des deux cardinaux de Sainte-Croix et de Chypre, de plusieurs prélats et autres notables gens de conseil là étant, de chacune partie, conclurent à faire paix finale entre le roi Charles d'une part, et Philippe, duc de Bourgogne, d'autre; de laquelle la teneur s'ensuit.

« PHILIPPE, par la grâce de Dieu, duc de Bourgogne, d'Autriche, de Brabant et de Lembourg; comte de Flandre, d'Artois et de Bourgogne; palatin de Hainaut, de Hollande, de Zélande et de Namur; marquis du Saint-Empire, seigneur de Frise, de Salms et de Malines, savoir faisons, à tous présents et à venir, que comme pour parvenir à paix générale en ce royaume, aient été tenues plusieurs conventions et assemblées, et mêmement en notre ville et cité d'Auxerre, en la ville de Corbeil, et dernièrement ait été accordée de tenir en cette notre ville d'Arras, certaine journée et convention sur le fait de ladite paix générale, à laquelle mon très redouté seigneur, le roi Charles, ait envoyé, et y sont venus nos très chers et très aimés frères et cousins, duc de Bourbon et d'Auvergne, le comte de Richemont, connétable de France; le comte de Vendôme, grand maître d'hôtel, et très révérend père en Dieu, l'archevêque et duc de Reims, grand chancelier de France Christophe de Harcourt, Gillebert, seigneur de la Fayette, maréchal de France; maître Adam de Cambrai, premier président au parlement; maître

Jean Tudart, doyen de Paris, conseiller et maître des requêtes de l'hôtel du roi; Guillaume Charretier, Etienne Moreau, aussi les conseillers, Jean Châtignier et Robert Marlière, secrétaires de mondit seigneur le roi, et tous ses ambassadeurs; et de la part mon très cher seigneur et cousin le roi d'Angleterre, y sont venus très révérend père en Dieu, le cardinal de Vincestre, l'archevêque d'York, nos aimés cousins les comtes de Huntingdon et de Suffort, nos révérends pères en Dieu, les évêques de Norrovich, de Saint-David et de Lisieux, et plusieurs autres gens d'église et ambassadeurs de mon très cher frère et cousin le roi d'Angleterre; et aussi y sommes venu et comparu en notre personne, accompagné de plusieurs de notre sang et autres, nos féaux et sujets, en grand nombre; à laquelle journée et convention, de par notre saint père, ait été envoyé très révérend père en Dieu, notre très cher et espécial ami le cardinal de Sainte-Croix, atout bon et suffisant pouvoir de notre saint père; et de par le saint concile de Bâle, semblablement aient été envoyés et soient venus, très révérend père en Dieu, notre très cher et très aimé cousin le cardinal de Chypre, très révérends pères en Dieu, les évêques de Véronne, d'Albigne; Nicolas Prévôt, et Calconie Huche, archidiacre de Metz en Lorraine, ambassadeurs d'icelui concile, et ayant pouvoir suffisant sur ce dudit concile; par-devant lesquels cardinaux, légats et ambassadeurs de notre saint père et du saint concile, sont venus et comparus lesdits ambassadeurs de France d'une part, et ceux d'Angleterre d'autre, et nous aussi en notre personne, toutes les fois qu'il a été besoin; et par iceux ambassadeurs, aient été faites plusieurs ouvertures et oblations d'un côté et d'autre; et combien que finablement, de la part de monseigneur le roi, par lesdits ambassadeurs aient été faites aux gens et ambassadeurs d'Angleterre grandes et notables offres, afin de parvenir à ladite paix générale, lesquels, comme il semble auxdits cardinaux, autres légats et ambassadeurs de notredit saint père et du concile, être justes et raisonnables, et ne les pouvoient ou devoient raisonnablement refuser lesdits ambassadeurs d'Angleterre; et que lesdits cardinaux de Sainte-Croix, de Chypre, et autres ambassadeurs du saint concile, eussent prié et requis à iceux ambassadeurs d'Angleterre, de les accepter, en leur disant et remontrant qu'autrement, et au cas qu'ils ne voudroient entendre à l'effet de ladite paix générale, ils avoient charge et commandement de notre saint père le pape et du concile, de nous exhorter, requérir et sommer d'entendre, avec mondit seigneur le roi, à paix particulière et réunion avec lui, en tant que toucher nous pouvoit: toutefois lesdits ambassadeurs d'Angleterre n'ont voulu accepter lesdites offres à eux faites, mais se sont départis de notre ville d'Arras, sans aucune conclusion, et sans vouloir prendre ni accepter jour certain, ni compétent de retourner: pourquoi, après leur partement, par lesdits cardinaux, légats et ambassadeurs de notredit saint père, et du concile, ayons été exhortés, requis et sommés de vouloir entendre par effet à ladite paix particulière et réunion avec mondit seigneur le roi, moyennant que, par le cas de la mort de feu notre très cher seigneur et père, que Dieu pardoint! et pour notre intérêt en cette partie, nous seroient, par mondit seigneur le roi et par ses ambassadeurs dessus nommés, à ce suffisamment fondés pour lui, et en son nom, faites offres raisonnables afin de satisfaction, récompensation et autrement, qu'en devrions être contents; lesquelles offres faites par lesdits ambassadeurs de mondit seigneur le roi, aient été baillées par écrit en un rôle de papier auxdits cardinaux et ambassadeurs de notredit saint père et du concile, et par eux à nous présenté ; duquel rôle la teneur s'ensuit.

« Ce sont les offres que nous, Charles, duc de Bourbon et d'Auvergne, Artus, comte de Richemont, connétable de France ; Louis de Bourbon, comte de Vendôme; Regnault de Chartres, archevêque et duc de Reims, grand chancelier de France; Gillebert, seigneur de la Fayette, maréchal de France ; Adam de Cambrai, président en parlement ; Jean Tudart, doyen de Paris, conseiller et maître des requêtes de l'hôtel du roi; Guillaume Charretier et Etienne Moreau, conseillers; Jean Chastignier, et Robert Malière, secrétaire, et tous ambassadeurs de Charles, roi de France, notre souverain seigneur, étant présentement en la ville d'Arras, faisons, pour et au nom dudit roi, à monseigneur le duc de Bourgogne et de Brabant, pour son intérêt et querelle qu'il a et peut avoir à l'encontre du roi, tant à la cause de la mort de feu monseigneur le duc Jean de Bourgogne son père, comme autrement, afin de parvenir à traité de paix et concorde : premièrement, que le roi dira, ou, par ses gens notables suffisamment fondés, fera dire à mondit seigneur le duc de Bourgogne, que la mort de feu monseigneur le duc Jean son père, que Dieu absolve! fut iniquement et mauvaisement faite par ceux qui perpétrèrent ledit cas, et par mauvais conseil, et lui en a toujours déplu et à présent déplaît de tout son cœur; et que s'il eût su ledit cas et eût tel âge et entendement qu'il a de présent, il y eût obvié à son pouvoir; mais il y étoit bien jeune, et avoit pour lors petite connoissance, et ne fut point si avisé que d'y pourvoir. Et priera à mondit seigneur de Bourgogne que toute haine et rancune qu'il peut avoir à l'encontre de lui à cause de ce, il ôte de son cœur, et qu'entre eux ait bonne paix et amour; et se fera de ce expresse mention ès lettres qui seront faites de l'accord et traité d'eux.

» *Item*, que tous ceux qui perpétrèrent ledit mauvais cas ou furent consentants, le roi les abandonnera et fera toutes les diligences à lui possibles de les faire prendre et appréhender, quelque part qu'ils pourroient être trouvés, pour être punis en corps et en biens; et si appréhendés ne peuvent être, il les bannira à toujours et sans rappel hors du royaume et du Dauphiné, avecque confiscation de tous leurs biens, et seront hors de tous traités.

» *Item*, ne souffrira le roi aucuns d'eux être reçus ou favorisés en aucun lieu de son obéissance et puissance, et fera crier et publier par tous les lieux des royaume et Dauphiné accoutumés à faire cris et proclamations, qu'aucun ne les reçoive ou favorise, sur peine de confiscation de corps et de biens.

» *Item*, et que mondit seigneur de Bourgogne, le plus tôt qu'il pourra bonnement, après ledit accord passé, nommera ceux dont il est ou sera lors informé, qui perpétrèrent ledit mauvais cas ou en furent consentants, afin qu'incontinent et diligentement soit procédé contre eux de la part du roi, comme dit est. Et en outre, pour ce que mondit seigneur le duc de Bourgogne n'a encore pu avoir connoissance vraie de ceux qui perpétrèrent ledit mauvais cas ou en furent consentants, toutes les fois que ci-après en sera informé dûment d'aucuns autres, il les pourra nommer et signifier par ses lettres patentes, ou autrement suffisamment au roi, lequel en ce cas sera tenu de faire procéder tantôt et diligemment à l'encontre d'eux par la manière dessusdite.

» *Item*, que pour l'âme de feu monseigneur le duc Jean de Bourgogne, de feu messire Archambault de Foix, comte de Noailles, qui fut mort avecque lui, et de tous les autres trépassés, à cause des divisions et guerres de ce royaume, seront faites les fondations et édifices qui s'ensuivent : c'est à savoir, en l'église de Montereau, en laquelle fut premièrement enterré le corps de mondit feu seigneur le duc Jean, sera fondée une chapelle et chapelainie d'une messe basse de *Requiem* chacun jour perpétuellement, laquelle sera rentée et douée convenablement de rentes amorties jusques à soixante livres parisis par chacun an; et aussi garnie de calices et d'ornements d'église bien et suffisamment, et tout aux dépens du roi; et laquelle chapelle sera à la collation de mondit seigneur de Bourgogne et de ses successeurs ducs de Bourgogne à toujours.

» *Item*, qu'en ladite ville de Montereau ou au plus près d'icelle que faire se pourra bonnement, sera fait, construit et institué par ledit roi, et à ses frais et dépens, une église, couvent et monastère de Chartreux; c'est à savoir, pour un prieur et douze religieux, avecque les cloîtres, salles et réfectoires, grange et autres édifices qui y seront nécessaires et convenables; et lesquels Chartreux, c'est à savoir le prieur et douze religieux, seront fondés par le roi, et de bonnes rentes et revenus annuelles et perpétuelles, et bien amorties suffisamment et convenablement, tant pour le vivre desdits religieux et entretennement du divin service, comme pour les soutennements des édifices dudit monastère; et autrement jusques à la somme de huit cents livres parisis par an de revenu, à l'ordonnance et par l'avis de très révérend père en Dieu monseigneur le cardinal de Sainte-Croix, ou de celui ou ceux qu'il voudra à ce commettre.

» *Item*, que sur le pont de Montereau, au lieu où fut fait ledit mauvais cas, sera faite et édifiée et bien entaillée et entretenue à toujours, aux dépens du roi, une belle croix de belle façon, et ainsi qu'il sera devisé par ledit monseigneur de Sainte-Croix, ou ses commis.

» *Item*, qu'en l'église des Chartreux lez Dijon, en laquelle git et repose à présent le corps dudit feu monseigneur le duc Jean, sera fondée, par le roi et à ses dépens, une haute messe de *Requiem*, qui se dira chacun jour perpétuellement au grand autel de ladite église, à telle heure qui sera devisee. Et laquelle fondation sera donnée et assignée de bonnes rentes amorties jusques à la somme de cent livres parisis de revenu par an, et aussi garnie de calices et aornements, comme dessus.

» *Item*, que lesdites fondations et édifices seront commencées à faire le plus tôt que bonnement faire se pourra. En espécial, commencera-t-on à dire et célébrer lesdites messes incontinent après ledit accord passé. Et au regard des édifices qui se doivent en ladite ville de Montereau ou au plus près d'icelle faire, on y commencera à ouvrer dedans trois mois après que ladite ville sera réduite en l'obéissance du roi, et on continuera diligemment sans interruption que iceux édifices seront tous parfaits et achevés dedans cinq ans après ensuivant; et quant aux dessusdites fondations, on y besognera sans délai le plus tôt que faire se pourra.

» Et pour ces causes, tantôt après ledit accord passé, sera faite et assignée la haute messe aux Chartreux de Dijon, dont dessus est faite mention, avec ce qui en dépend, c'est à savoir, de livres, calices et autres choses à ce nécessaires, et aussi y sera dite et célébrée, aux dépens du roi, la basse messe quotidienne, qui doit être fondée en l'église de Montereau, si tôt qu'elle sera réduite en l'obéissance du roi; et au surplus, touchant les édifices et fondations qui se doivent faire en la ville de Montereau et auprès d'icelle, de la part du roi, sera mise dedans lesdits trois jours, après qu'icelle ville sera réduite en l'obéissance du roi, ès mains d'icelui, ou ceux que y voudra commettre monseigneur le cardinal de Sainte-Croix, certaine somme d'argent suffisante pour commencer à faire lesdits ouvrages et édifices, et acheter les calices, livres, ornements et autres choses à ce nécessaires et convenables.

» Et d'autre part, seront lors aussi avisées, assises et délivrées les rentes dessus déclarées, montant pour ledit lieu de Montereau huit cent soixante livres parisis par an, bien revenant, sûrement amorties, et assises au plus près que bonnement faire se pourra dudit lieu de Montereau, sans y comprendre les cent livres parisis de rente qui doivent être assises pour la fondation de ladite haute messe des Chartreux de Dijon.

» *Item,* que pour, et en récompensation des joyaux et autres biens meubles que avoit feu mondit seigneur le duc Jean au temps de son décès, qui furent pris et perdus, et pour en avoir et acheter des autres, et en lieu d'iceux, le roi paiera, et fera réaument payer et de fait, à mondit seigneur le duc de Bourgogne, la somme de cinquante mille écus d'or vieux, de poids de soixante-quatre au marc de Troyes, huit onces pour le marc, et à vingt-quatre karats d'aloi, ou autre monnoie d'or coursable de la valeur, aux termes qui s'ensuivent : c'est à savoir, quinze mille au terme de Pâque prochain venant, en un an, qui commencera l'an mil quatre cent trente-sept, et quinze mille aux Pâques ensuivants, qui sera l'an mil quatre cent trente-huit, et les vingt mille qui resteront, aux Pâques ensuivants, qui sera l'an mil quatre cent trente-neuf. Et avec ce, sera sauvé et réservé à mondit seigneur de Bourgogne, son action et poursuite au regard du beau collier de feu mondit seigneur son père, contre ceux qui l'ont eu et l'ont, pour l'avoir et recouvrer; et pareillement autres joyaux à son profit, en outre et par-dessus lesdits cinquante mille écus.

» *Item,* et que de la part du roi à mondit seigneur de Bourgogne, pour partie de son intérêt, seront délaissées, et avecque ce baillées et transportées de nouvel, pour lui et ses hoirs procréés de son corps, et les hoirs de ses hoirs, et descendants, toujours de droite ligne, soit mâles ou femelles, les terres et seigneuries qui s'ensuivent. C'est à savoir, la cité et comté de Mâcon, et Saint-Jangon, et les mettes d'iceux; et avec ce, ensemble toutes les villes, villages, terres, censes, rentes et revenus quelconques, qui sont et appartiennent, et doivent compéter et appartenir en domaine au roi et à la couronne de France, et par tous les villages royaux de Mâcon et de Saint-Jangon, et mettes d'iceux, avecque toutes les appartenances d'icelle comté de Mâcon, et autres seigneuries que tient et doit tenir le roi en domaine ancien, en et par tous lesdits villages de Mâcon et de Saint-Jangon, tant en fief, arrière-fief, confiscations, patronages d'églises, collations de bénéfices, comme en autres droits et profits quelconques, sans y rien retenir, de la part du roi, de ce que touche et peut toucher le domaine, la seigneurie, la juridiction ordinaire des comtés et lieux dessusdits. Et est sauvé et réservé au roi semblablement les fiefs et hommages des choses dessusdites, et le ressort et souveraineté des églises et sujets d'icelles, de fondations royaux, étant auxdits bailliages, et ès mettes enclavées en iceux, et le droit de régale là où il a lieu, et autres droits royaux, appartenant d'ancienneté à la couronne de France, ès bailliages dessusdits; pour, de ladite comté de Mâcon, ensemble des villes, villages, terres et domaines dessusdits, jouir et user par mondit seigneur de Bourgogne, et sesdits hoirs et successeurs à toujours, et les tenir en foi et hommage du roi et de la couronne de France, et en pairie sous le ressort du roi et de sa cour de parlement, sans moyen, pareillement et en telles franchises, droits et prérogatives comme les autres pairs de France.

Item, avecque ce, de la part du roi, seront transportées et baillées à mondit seigneur de Bourgogne, et celui de sesdits hoirs et successeurs légitimes procréés de son corps, auquel il délaissera, après son décès et trépas, ladite comté de Mâcon, tous les profits et émoluments quelconques qui écherront èsdits villages royaux de Mâcon et Saint-Jangon, à cause des droits royaux et de souveraineté appartenant au roi, et en iceux bailliages, soit par le moyen de la garde et souveraineté des églises, qui sont de fondation royale, et des sujets d'icelles droits de royale, ou autrement, tant en confiscations, pour quelque cas que ce soit, amendes, droits, exploits, justices, et les profits et émoluments de la monnoie, comme autres profits quelconques, pour en jouir par mondit seigneur de Bourgogne, et sondit hoir, pendant leur vie, et du survivant d'eux, tant seulement en et par la manière qui s'ensuit. C'est à savoir, qu'à la nomination de mondit seigneur de Bourgogne et de sondit hoir après lui, le roi commettra et ordonnera celui qui sera bailli de Mâcon pour mondit seigneur de Bourgogne, juge royal, et commis de par lui, à connoître de tous cas royaux, et autres choses procédant des bailliages, des pays et lieux, et enclavures dessusdites, aussi avant, et tout en la manière et forme que l'ont fait et accoutumé de faire les baillis royaux de Mâcon et de Saint-Jangon, qui ont été le temps passé. Lequel bailliage de Saint-Jangon est et sera aboli par ce moyen, et semblablement seront commis de par le roi, à la nomination de par mondit seigneur de Bourgogne et de sondit hoir, tous autres officiers nécessaires pour ladite juridiction et droits royaux, tant capitaines, châtelains, prevôts, seigneurs, comme receveurs, et autres, qui exerceront leurs offices au nom du roi, au profit de mondit seigneur de Bourgogne, et de son hoir après lui, comme dit est dessus.

» *Item*, semblablement, de la part du roi, seront transportées et baillées à mondit seigneur, et à son hoir dessusdit après lui, tous les profits des aides, c'est à savoir des greniers à sel, quatrième des vins vendus en détail, impositions de toutes denrées, tailles, fouages, aides, et subventions quelconques, qui ont ou auront cours, et qui sont ou seront imposées ès élections de Mâcon, Châlons, Autun et Langres, si avant qu'icelles élections se étendent en et par le pays et duché de Bourgogne, et la comté de Charrolois, et ladite comté de Mâcon, tout le pays de Mâconnois, et ès villes et terres quelconques enclavées en icelle duché, comté et pays, pour jouir de la part de mondit seigneur le duc de Bourgogne et de son hoir après lui, de toutes lesdites aides, tailles, et autres subventions, en avoir le profit durant le cours de leur vie, et du survivant d'eux. Auquel mondit seigneur de Bourgogne et à sondit hoir, appartiendra la nomination de tous les officiers à ce nécessaires, soit élus, clercs, receveurs, sergents, ou autres, et au roi la commission et institution, comme dessus est dit.

Item, et aussi sera par le roi, à mondit seigneur le duc de Bourgogne, transporté et baillé à toujours, pour lui, ses hoirs légitimes procréés de son corps, et les hoirs de ses hoirs, soit mâles ou femelles, descendants de droite ligne, en héritage perpétuel, la cité et comté d'Auxerre, avecque toutes les appartenances et appendances quelconques, tant en justice, domaine, fiefs, patronages d'églises, collations de bénéfices, comme autrement, à les tenir du roi, de la couronne de France, et de sa cour de parlement, sans moyen, et en telles franchises, droits et prérogatives, comme les autres pairs de France.

» *Item*, et avec ce, seront transportées et baillées par le roi à mondit seigneur de Bourgogne, et à icelui de ses hoirs à qui il délaissera, après son décès, ladite comté d'Auxerre, tous les profits et émoluments quelconques qui écherront en ladite comté et cité d'Auxerre, et en toutes les villes et terres enclavées en icelles, qui ne sont point de ladite comté, soit églises, ou autres, à cause des droits royaux, en quelque manière que ce soit, tant en régales, confiscations, amendes et exploits de justice, le profit et émolument de la monnoie, comme autrement, durant leur vie, et du survivant d'eux, tant seulement en et par la manière dessus déclarée : c'est à savoir, qu'à la nomination de mondit seigneur de Bourgogne, et de son hoir après lui, le roi commettra et ordonnera celui qui sera bailli d'Auxerre pour mondit seigneur de Bourgogne, juge royal, et commis de par lui à connoître de tous cas royaux, et autres choses ès mettes de la comté d'Auxerre et ès enclavements d'icelle, aussi avant et tout en la forme et manière que l'ont fait et accoutumé faire par ci-devant les baillis de Sens, audit lieu d'Auxerre; et lequel bailli de Sens ne s'entremettra aucunement durant les vies de mondit seigneur le duc de Bourgogne et de son hoir, mais on en laissera convenir ledit bailli d'Auxerre, qui sera commis de par le roi à la nomination de mondit seigneur de Bourgogne et de sondit hoir. Et semblablement seront commis par le roi à la nomination de mondit seigneur de Bourgogne et de sondit hoir, tous autres officiers nécessaires pour l'exercice de ladite juridiction et droits royaux en ladite comté d'Auxerre, tous châtelains, capitaines, prévôts et autres, comme sergents et receveurs, qui exerceront leur office au nom du roi, au profit de mondit seigneur de Bourgogne, et de son hoir, après lui.

» *Item*, d'autre part, de la part du roi, seront

transportées et baillées à mondit seigneur de Bourgogne, et à sondit hoir, après lui, tous les profits des aides : c'est à savoir, de grenier à sel, quatrième de vins vendus en détail, impositions de toutes denrées, tailles, fouages et autres aides et subventions quelconques, qui ont ou auront cours, et qui sont et seront en ladite cité, comté et élection d'Auxerre, si avant qu'icelle élection s'étend en la dessusdite comté et au pays d'Auxerrois et ès villes enclavées en iceux, pour en jouir par mondit seigneur de Bourgogne, et sondit hoir, après lui, et en avoir les profits le cours de leur vie durant, et du survivant d'eux tant seulement. Auxquels mondit seigneur le duc de Bourgogne, et à sondit hoir, lui appartiendra la nomination de tous les officiers à ce nécessaires, soient élus, clercs, sergents ou autres, et au roi la commission et institution, comme dessus est dit,

» *Item,* et aussi seront par le roi baillées et transportées à mondit seigneur le duc de Bourgogne, pour lui et ses hoirs légitimes, procréés de son corps, et les hoirs de ses hoirs, soit mâles et femelles, descendants en directe ligne, à toujours, et en héritage à perpétuité, les châtel, ville et châtellenie de Bar-sur-Seine, ensemble toutes les appartenances et appendances d'icelle châtellerie, tant en domaine, justice, juridiction, fiefs, patronage d'église, collations de bénéfice, comme autres profits et émoluments quelconques, à les tenir en foi et en hommage du roi et en pairie de

France, sous le ressort de la souveraineté du roi et de la cour de parlement, sans moyen.

» *Item*, et avecque ce appartiendra à mondit seigneur le duc de Bourgogne, et, de la partie du roi, lui seront baillées et transportées par lui et ceux de ses hoirs, à qui il délaissera, après son décès, ladite seigneurie de Bar, tous les profits des aides, tant du grenier au sel, si grenier y a accoutumé avoir, et quatrième des vins vendus à détail, impositions de toutes denrées, tailles, fouages et autres aides et subventions quelconques qui ont et auront cours, ou sont et seront imposées en la ville et châtellenie de Bar-sur-Seine, et ès villes et villages sujets et ressortissant à icelle châtellenie, pour jouir, de la part de mondit seigneur le duc de Bourgogne, et de son hoir, après lui, d'icelles tailles et subventions, et avoir les profits de la main des grenetiers et receveurs royaux qui seront à ce commis par le roi, à la nomination de mondit seigneur le duc de Bourgogne, durant les vies de lui et de sondit hoir, après lui, et les survivants d'eux deux.

» *Item*, et aussi de la partie du roi sera transportée et baillée à mondit seigneur de Bourgogne, pour lui et ses hoirs, la comté de Bourgogne, pour toujours en héritage perpétuel, la garde de l'église et abbaye de Luxeul, ensemble tous les droits, profits et émoluments quelconques appartenant à la dessusdite garde, laquelle, comme comte, à cause de sa comté de Champagne, dit et maintient à lui appartenir, combien que les comtes de Bourgogne, prédécesseurs à mondit seigneur, aient par ci-devant prétendu en querelle au contraire, disant et maintenant icelle abbaye, qui est hors du royaume et mettes de la comté de Bourgogne, devoit être de leur garde. Et pour ce, pour le bien, utilité et profit du pays, et pour obvier à tous débats et noises, sera délaissée par le roi à mondit seigneur de Bourgogne, et lui en demeurera ladite garde tout entièrement.

» *Item*, aussi seront par le roi transportées à mondit seigneur de Bourgogne, pour lui et ses hoirs mâles légitimés, procréés de son corps, et les hoirs de ses hoirs mâles tant seulement, procréés de leurs corps, et descendants d'eux en ligne directe, a toujours et héritage perpétuel, les châteaux, villes et châtellenies et prévôtés foraines de Péronne, Mont-Didier et Roye, avecque toutes les appartenances et appendances quelconques, tant en domaine, justices et jurisdictions, fiefs et arrière-fiefs, patronages d'églises, collations de bénéfices, comme autres droits, profits et émoluments quelconques, à les tenir du roi et de la couronne de France, en foi et en hommage et en pairie de France, sous le ressort et souveraineté de sa cour de parlement, sans moyen.

» *Item*, et avecque ce, baillera et transportera le roi à mondit seigneur le duc de Bourgogne et à celui de ses hoirs dessusdits mâles, auquel il délaissera après son décès lesdites villes et châtellenies de Péronne, Mont-Didier et Roye, tous les profits et émoluments quelconques, qui écherront en icelles villes, châtellenies et prévôtés foraines, à cause des droits royaux, en quelque manière que ce soit, tant en régales, confiscations, amendes, exploits de justice comme autrement, pour en jouir, par mondit seigneur le duc de Bourgogne et sondit hoir, pendant leur vie, et du survivant d'eux tant seulement, en et par la manière dessus déclarée. C'est à savoir, qu'à la nomination de mondit seigneur de Bourgogne et de son hoir mâle, après lui le roi commettra et ordonnera celui qui sera gouverneur et bailli desdites villes et châtellenies, pour mondit seigneur le duc de Bourgogne, juge royal, et commis de par lui à connoître de tous cas et autres choses procédant desdites villes, châtellenies et prévôtés foraines, et ès villes sujettes et ressortissant à icelles, aussi avant et par la manière que l'ont fait et accoutumé de faire par ci-devant les baillis royaux de Vermandois et d'Amiens. Et en outre, seront commis, si métier est, par le roi, à la nomination de mondit seigneur de Bourgogne et de sondit hoir mâle, tous autres officiers nécessaires pour l'exercice de ladite juridiction et droits royaux, comme châtelains, capitaines, prévôts, sergents, receveurs et autres, qui exerceront leurs offices au nom du roi et au profit de mondit seigneur le duc de Bourgogne et de sondit hoir mâle, après lui, comme dit est dessus.

» *Item*, et semblablement, par le roi seront

transportées et baillées à mondit seigneur le duc de Bourgogne et sondit hoir mâle, après lui, tous les profits des aides : c'est à savoir du grenier à sel, quatrième de vins vendus en détail, impositions de toutes denrées, tailles, fouages et autres aides et subventions quelconques, qui ont ou auront cours, et qui sont ou seront imposées ésdites villes, châtellenies et prévôtés foraines de Péronne, Mont-Didier et Roye et és villages et terres sujettes, et ressortissant à icelles villes, châtellenies et prévôtés foraines, pour en jouir, par mondit seigneur de Bourgogne et sondit hoir mâle, durant le cours de leur vie et du survivant d'eux. Auquel mondit seigneur de Bourgogne, et sondit hoir mâle après lui, appartiendra la nomination de tous les officiers à ce nécessaires, soit élus, clercs, receveurs, sergents ou autres, et au roi leur commission et institution, comme dessus.

» *Item*, en outre, de la part du roi sera délaissée à mondit seigneur le duc de Bourgogne, ou à celui de ses héritiers auquel, après son décès, il laissera la comté d'Artois, la compensation des aides en ladite comté d'Artois, ressorts et enclavements d'icelle, montant à présent, icelles compositions, à quatorze mille francs par an ou environ, sans ce que mondit seigneur le duc, ou sondit hoir après lui, durant leurs vies, soient astreints d'en avoir autre don, ni octroi du roi, ni de ses successeurs. Et nommeront mondit seigneur et sondit hoir après lui, tels officiers que bon leur semblera, pour le fait de ladite composition, tant élus, receveurs, sergents, que autres; lesquels ainsi nommés, le roi sera tenu d'instituer et commettre lesdits officiers, et leur en faire bailler les lettres.

Item, que le roi baillera et transportera à mondit seigneur le duc de Bourgogne, pour lui, ses hoirs et ayant cause, à toujours, toutes les cités, villes, forteresses, terres et seigneuries appartenant à la couronne de France, dessus la rivière de Somme de l'un côté et de l'autre, comme Saint-Quentin, Corbie, Amiens, Abbeville, et autres ensemble; toute la comté de Ponthieu, deçà et delà la dessusdite rivière de Somme, Dourlens, Saint-Riquier, Crèvecœur, Arleux, Mortagne, avecque les appartenances et appendances quelconques, et toutes autres terres, qui peuvent appartenir à ladite couronne de France, depuis ladite rivière de Somme inclusivement, comprenant aussi au regard des villes entrant du côté d'Artois, de Flandre et de Hainaut, tant du royaume comme de l'empire; en y comprenant aussi au regard des villes séant sur ladite rivière de Somme, du côté de France, les banlieux et échaumages d'icelles villes, pour en jouir par mondit seigneur le duc de Bourgogne, sesdits hoirs et ayant-cause, à toujours, desdites cités, villes et forteresses, terres et seigneuries, en tous profits et revenus, tant en domaines, comme des aides ordonnées par la guerre, et aussi tailles et émoluments quelconques, et sans y retenir de la part du roi, fors les fois et hommages de souveraineté. Et lequel transport et bail se fera, comme dit est, par le roi, au rachat de la somme de quatre cents mille écus d'or vieux, de soixante-quatre au marc de Troyes, huit onces pour le marc, et d'aloi, à vingt-quatre karats, et un quart de karat de remède, ou autre monnoie d'or courant ; à la valeur duquel rachat de mondit seigneur le duc de Bourgogne, seront baillées lettres bonnes et suffisantes, pour lesquelles il promettra pour lui et les siens que toutes et quantes fois qu'il plaît au roi et aux siens faire ledit rachat, mondit seigneur de Bourgogne et les siens seront tenus, en recevant ladite somme d'or, de rendre et laisser au roi et aux siens, toutes lesdites cités, villes, forteresses et seigneuries comprises en ce présent traité tant seulement. Et sera content en outre mondit seigneur le duc de Bourgogne de recevoir le paiement de quatre cents mille écus d'or, à deux fois; c'est à savoir, à chacune fois la moitié, pourvu qu'il ne sera tenu rendre lesdites villes, cités, forteresses, terres et seigneuries, ni aucunes d'icelles, jusques à ce que ledit paiement soit accompli, et qu'il ait reçu le dernier des quatre cents mille écus d'or. Et cependant seront à mondit seigneur le duc de Bourgogne les fruits siens de toutes lesdites cités, villes, forteresses et seigneuries, tant des domaines comme des aides, et autrement sans en rien déduire, ni rabattre du principal. Et est à entendre que audit transport et bail que fera le roi, comme dit est, ne seront point compris les cités de Tournai, Tournésis et Saint-Amand; mais demeureront ès mains du roi, réservé Mortaigne, qui est comprise et demeure ès mains et gouvernement de mondit seigneur le duc de Bourgogne, ainsi que dessus est dit Et combien que ladite cité de Tournai ne doive point être baillée à mondit seigneur le duc de Bourgogne, ce nonobstant est réservé à mondit seigneur de Bourgogne, l'argent à lui accordé par ceux de Tournai, par certain traité et accord qu'il a avecque eux durant jusques à un certain temps et années advenir; et lequel argent lesdits de Tournai paieront pleinement à mondit seigneur le duc de Bourgogne.

» *Item*, et pource que mondit seigneur le duc de Bourgogne prétend à avoir droit en la comté de Boulogne-sur-la-mer, laquelle il tient et possède, et pour bien de paix, icelle comté de Boulogne sera et demeurera à mondit seigneur de Bourgogne, et en jouira et possèdera en tous profits et émoluments quelconques, pour lui, ses enfants et hoirs mâles procréés de son corps seulement, et en après demeurera icelle comté à ceux qui droit y ont ou auront; et sera tenu le roi de apaiser et contenter lesdites parties prétendant avoir droit en icelle comté; tellement qu'en ce pendant ils ne demandent, ni quièrent rien, ni fassent aucune poursuite à l'encontre de mondit seigneur de Bourgogne et sesdits enfants.

» *Item*, que les châtel, ville, comté et seigneurie de Gien-sur-Loire, qu'on dit avoir été donnés et transportés avec la comté d'Étampes et la seigneurie de Dourdan, par feu monseigneur le duc de Berri, à feu monseigneur le duc Jean, père de mondit seigneur de Bourgogne, seront, de la part du roi, mises et baillées, réaument et de fait, ès mains de nous duc de Bourbonnois et d'Auvergne. Et tantôt après ledit accord passé, pour tenir et gouverner l'espace d'un an ensuivant, et jusques à ce que, durant ledit an, Jean de Bourgogne, comte d'Étampes, ou mondit seigneur pour lui, auront montré ou fait montrer au roi ou à son conseil les lettres dudit don fait à mondit seigneur de Bourgogne, par feu mondit seigneur de Berri; lesquelles vues, si elles sont trouvées suffisantes et valables, sommairement et de plein, et sans quelconque procès, nous, duc de Bourbonnois et d'Auvergne, serons tenus de les bailler et délivrer audit comte d'Étampes, ou à mondit seigneur de Bourgogne; pour lui lesdits ville et châtel de Gien-sur-Loire, comme à lui appartenant par le moyen et transport que lui a fait mondit seigneur de Bourgogne; sans ce que, de la part du roi, l'on puisse ni doive alléguer au contraire aucune prescription ou laps, depuis le décès de feu mondit seigneur de Berri, et aussi nonobstant quelconques conditions ou oppositions d'autres qui voudront prendre droit en ladite comté de Gien; auxquels, si aucuns en y a, sera réservé leur droit pour le poursuivre par droit de justice, quand bon leur semblera contre ledit comte d'Étampes.

» *Item*, que par le roi sera restitué et payé à mondit seigneur le comte d'Étampes et mondit seigneur le comte de Nevers, son frère, la somme de trente-deux mille deux cents écus d'or, que feu le roi Charles, dernièrement trépassé, fit, comme on dit, prendre en l'église de Rouen, où icelle somme étoit en dépôt, comme deniers de mariage, appartenant à feue madame Bonne d'Artois, mère desdits seigneurs, au cas qu'on en fera directement apparoir que telle somme soit et ait été allouée au comte, et au profit dudit roi Charles, à payer icelle somme de trente-deux mille deux cents écus, à tels termes raisonnables, qui seront avisés après le paiement fait et accompli à mondit seigneur, de cinquante mille écus, dont dessus est faite mention. Et au regard des dettes que mondit seigneur le duc de Bourgogne dit et maintient à lui être tenues et dues, par feu ledit roi Charles, tant à cause des dons, pensions, comme autrement, montant à moult grand' somme de deniers, son droit tel qu'il a et doit avoir pour la recouvrance d'icelles dettes, lui demeurera sauf et entier.

» *Item*, que mondit seigneur de Bourgogne ne sera tenu faire foi ni hommage, ni service au roi, des terres et seigneuries qu'il tient à présent au royaume de France, ni de celles qui lui pourroient échoir ci-après par succession audit royaume, mais sera et demeurera exempt de sa personne, en tous cas, de sujétions, hommages, ressorts, souverainetés et autres du royaume, durant la vie de lui ; mais après le décès du roi, mondit seigneur de Bourgogne fera à son fils et successeur en la conronne de France, les hommages, fidélités et services qui à ce sont appartenant. Et aussi, si mondit seigneur de Bourgogne alloit de vie à trépas devant le roi, ses héritiers et ayant-cause feront au roi lesdits hommages et fidélités, et services, ainsi qu'il appartiendra.

» *Item*, et pour ce que ci-après mondit seigneur de Bourgogne, tant ès lettres qui se feront de la paix, comme ès autres lettres et écritures, et aussi de bouche, reconnoîtra et nommera, et pourra nommer et reconnoître le roi son souverain, offrant et présentant lesdits ambassadeurs du roi, que lesdites nominations et reconnoissances, tant par écrit comme de bouche, ne portent aucun préjudice à ladite exemption personnelle de mondit seigneur le duc de Bourgogne sa vie durant ; et que ladite exemption demeure en sa vertu selon le contenu en l'article précédent, et aussi qu'icelle nomination et reconnoissance ne s'étende que aux terres et seigneuries qu'icelui monseigneur de Bourgogne tient et tiendra en ce royaume.

» *Item*, et au regard des féaux et sujets de mondit seigneur de Bourgogne, des seigneuries qu'il tient et doit avoir par ce présent traité, et qui lui pourroient échoir par succession au royaume de France durant les vies du roi et de lui, ils ne seront point contraints d'eux armer au commandement du roi ni de ses officiers, supposé hors qu'ils tiennent avec ce du roi aucunes seigneuries et terres; mais est content le roi que toutes les fois qu'il plaira à mondit seigneur de Bourgogne mander ses féaux et sujets pour ses guerres, soit au royaume ou dehors, ils seront contraints d'y aller sans pouvoir ni vouloir venir au mandement du roi, si lors il les mandoit. Et pareillement sera fait au regard des serviteurs de mondit seigneur de Bourgogne, qui sont ses familiers et serviteurs de son hôtel, supposé qu'ils ne soient point ses sujets.

» *Item*, et toutefois s'il advenoit que les Anglois ou autres leurs alliés fassent guerre ci-après à mondit seigneur de Bourgogne ou à ses pays et sujets, à l'occasion de ce présent traité ou autrement, le roi sera tenu de secourir et aider mondit seigneur de Bourgogne et ses pays et sujets, auxquels on feroit guerre, soit par mer ou par terre, à toute puissance ou autrement, selon que le cas requerra, et tout ainsi comme pour son propre fait.

» *Item*, et que de la part du roi et de ses successeurs rois de France, ne sera faite ni promise, ni souffert faire par les princes et seigneurs dessusdits aucune paix, traité ou accord avecque son adversaire et ceux de la part d'Angleterre, sans le signifier et faire à savoir à mondit seigneur le duc de Bourgogne et à son héritier principal après lui, et sans leur exprès consentement, et les y appeler et comprendre, si compris y veulent être, pourvu que pareillement soit fait du coté de mondit seigneur de Bourgogne et de son héritier principal, au regard et en tant que lui touche la guerre d'Angleterre.

» *Item*, et que mondit seigneur de Bourgogne, et tous ses féaux et sujets et autres, qui par ci-devant ont porté en armes l'enseigne de mondit seigneur, c'est à savoir la croix Saint-Andrieu, ne seront point contraints de prendre autre enseigne en quelconque mandement ou armée qu'ils soient, en ce royaume ou dehors, soit en la présence du roi ou de ses connétables, et soient à ses gages, ou soudoyers ou autrement.

» *Item*, que le roi fera restituer et dédommager de leurs pertes raisonnables, et aussi de leurs rançons, ceux qui furent pris le jour de la mort dudit feu monseigneur le duc Jean, à qui Dieu pardoint! et qui y perdirent leurs biens, et furent grandement rançonnés.

» *Item*, qu'au surplus, abolition générale soit faite de tous cas avenus, et de toutes choses dites, passées et faites à l'occasion des divisions de ce royaume, excepté ceux qui perpétrèrent ledit mauvais cas, ou qui furent consentants de la mort dudit feu monseigneur le duc Jean de Bourgogne, lesquels seront et demeureront hors de tout traité, et qu'au surplus chacun, de côté et d'autre, retourne au sien, c'est à savoir, les gens d'églises à leurs églises et bénéfices, et les séculiers à leurs terres, rentes, héritages, possessions et biens immeubles, en l'état qu'ils sont. réservé des terres et seigneuries étant en la comté de Bourgogne, lesquelles mondit seigneur de Bourgogne ou feu monseigneur son père ont eues et retenues, et ont données à autrui, comme confiscations et confisquées à eux à cause desdites guerres et divisions; lesquelles seront et demeureront, nonobstant ladite abolition et accord, à ceux qui les tiennent et possèdent; mais partout ailleurs chacun reviendra à ses terres et héritages, comme dit est, sans ce que pour démolition et empirements, gardes des places, ou réparations quelconques, on puisse rien demander l'un à l'autre; et sera chacun tout quitte des rentes, et charges, échues du temps qu'il n'aura joui de ses terres et héritages; mais au regard des meubles pris ou eus d'un côté et d'autre, jamais n'en pourra être aucune chose, poursuite, querelle ni question faite d'un coté ni d'autre.

» *Item*, et qu'en ce présent traité soient éteintes et abolies toutes injures, malveillances et rancunes, tant de paroles et de fait comme autrement, avenues ci-devant à l'occasion des divisions, partialités et guerres, tant d'une part comme d'autre, sans ce que aucun en puisse aucune chose demander, ni faire question ni poursuite par prochaineté ni autrement, ni le reprocher, ni donner blâme pour avoir tenu aucun parti; et que ceux qui feront ou diront le contraire soient punis comme transgresseurs de fait selon la qualité du fait.

» *Item*, et en ce présent traité seront compris, de la part de mondit seigneur de Bourgogne, tous les gens d'église, nobles, bonnes villes, et autres, de quelque état qu'ils soient, qui ont tenu son parti et de feu monseigneur son père, et jouiront du bénéfice de ce présent traité, tant au regard de l'abolition, comme de recouvrer et avoir tous leurs héritages et biens immeubles à eux empêchés, tant au royaume qu'au Dauphiné, à l'occasion desdites divisions, pourvu qu'ils accepteront ce présent traité, et en voudront jouir.

» *Item*, et renoncera le roi à l'alliance qu'il a faite avecque l'empereur contre mondit seigneur le duc de Bourgogne, et à toutes autres alliances par lui faites avecque quelconques autres princes ou seigneurs, quels qu'ils soient, à l'encontre de mondit seigneur le duc de Bourgogne, pourvu que mondit seigneur de Bourgogne le fasse pareillement; et sera tenu en outre, et le promettra à mondit seigneur de Bourgogne de le soutenir et aider à l'encontre de tous ceux qui le voudroient guerroyer ou faire dommage par voie de guerre ou autrement; et pareillement le fera et promettra mondit seigneur le duc de Bourgogne, sauvé toutefois à l'exemption de sa personne à sa vie, comme dessus est déclaré.

» *Item*, et consentira le roi et baillera ses lettres, que s'il advenoit ci-après, que de sa part fût enfreint ce présent traité, ses vassaux, féaux et sujets, présents et à venir, ne soient plus tenus de l'obéir et servir; mais soient tenus dès lors de servir mondit seigneur de Bourgogne et ses successeurs à l'encontre de lui ; et que, audit cas, tous lesdits féaux, vassaux, sujets et serviteurs soient absous et quittes de tous serments de fidélité et autres, et de toutes promesses et obligations de services, en quoi ils pourroient être tenus par avant envers le roi Charles, sans ce que pour le temps après à venir il leur pût être imputé à charge, et qu'on leur puisse rien demander. et que dès maintenant pour lors le roi Charles leur commande de ainsi faire, et les quitte et décharge de toutes obligations et serments au cas dessusdits ; et que pareillement soit fait et consenti au côté de mondit seigneur le duc de Bourgogne, au regard de ses vassaux et féaux, sujets et serviteurs.

» *Item*, et seront de la part du roi Charles faites les promesses, obligations et soumissions touchant l'entretennement de ce présent traité ès mains de monseigneur le cardinal de Sainte-Croix, légat de notre Saint-Père le pape, et de monseigneur le cardinal de Chypre, et autres ambassadeurs du saint concile de Bâle, le plus ample que l'on pourra aviser, et sur les peines d'excommuniement, aggravation, réaggravation, interdit en ses terres et seigneuries, et autrement le plus avant que la censure de l'Église pourra étendre en cette partie. selon la puissance et pouvoir que ont mesdits seigneurs les cardinaux de notre Saint-Père le pape et du saint concile, pourvu que pareillement soit fait du coté de mondit seigneur le duc de Bourgogne.

» *Item*, avecque ce fera le roi, avec son scellé, bailler à mondit seigneur de Bourgogne les scellés des princes et seigneurs de son sang, de son obéissance, comme monseigneur le duc d'Anjou, Charles son frère, monseigneur le duc de Bourbon, monseigneur le comte de Richemont, monseigneur le comte de Vendôme, le comte de Foix, le comte d'Auvergne, le comte de Perdiac, et autres qu'on avisera; esquels scellés desdits princes et seigneurs sera incorporé le scellé du roi. Et promettront d'entretenir et maintenir de leur part le contenu dudit scellé; et s'il étoit enfreint de la part du roi, d'en ce cas être aidant et confortant mondit seigneur de Bourgogne et les siens à l'encontre du roi; et pareillement sera fait du coté de mondit seigneur de Bourgogne.

» *Item*, et que pareillement le roi fera bailler semblables scellés de gens d'église, et autres nobles et bonnes villes de ce royaume, de son obéissance et appartenance, c'est à savoir ceux desdites gens d'église et bonnes villes que mondit seigneur voudra nommer, avec sûreté de peines corporelles et pécunielles, et autres sûretés que messeigneurs les cardinaux et autres prélats ci envoyés de par notredit Saint-Père le pape et le concile y aviseront appartenir.

» *Item*, et s'il advenoit ci-après qu'il y eût aucune faute ou omission, ou aucune infraction ou attentat faits sur le contenu desdits articles, d'une part et d'autre, ce nonobstant, cette présente paix, traité et accord, seront et demeureront vertuables, et en leur pleine force, vertu et vigueur, et ne sera pourtant icelle paix réputée cassée ni annulée; mais les attentats seront réparés et amendés, et aussi les défauts et omissions accomplis et exécutés duement, selon ce que dessus est écrit, et à ce contraints ceux qu'il appartiendra, par la forme et manière que dit est.

» *Item*, comme ayons de rechef été très instamment exhortés, requis et sommés, par lesdits cardinaux, ambassadeurs et messagers du saint concile, à vouloir entendre, et de nous incliner et condescendre, moyennant les sommes dessusdites, qui leur semblent être raisonnables et suffisantes, et ne les pouvoient, ni devoient par raison refuser, ainsi qu'ils nous ont dit, à paix et réunion avecque mondit seigneur le roi Charles, en nous disant et rémontrant en outre qu'ainsi le devions faire, selon Dieu, raison et tout honneur, nonobstant les serments, alliances et promesses piéça faites entre feu mon très cher et très aimé seigneur le roi d'Angleterre, dernier trépassé, et nous, pour plusieurs causes et raisons à nous remontrées et alléguées par lesdits cardinaux, et autres ambassadeurs dessusdits de par notre Saint-Père et du concile; nous, pour révérence de Dieu principalement, pour la pitié et grand' compassion que nous avons du pauvre peuple de ce dit royaume, qui tant a souffert en tous états, et aux prières, requêtes et sommations à nous faites par lesdits cardinaux et ambassadeurs de notredit Saint-Père le pape et le saint concile de Bâle, que nous tenons et réputons pour commandement, et comme prince catholique et obéissant fils de l'Eglise, eu sur ce grand avis et délibération de conseil avec plusieurs grands seigneurs de notre sang et lignage, et autres nos féaux, vassaux, sujets, et autres gens de conseil en grand nombre, avons, pour nous et nos successeurs, féaux, vassaux, sujets, et autres gens de conseil adhérents en cette partie, fait bonne et loyale, ferme, sûre et très entière paix et réunion avecque mondit seigneur le roi et ses successeurs, moyennant les offres et autres choses dessus écrites, qui, de la part mondit seigneur le roi et ses successeurs, nous doivent être faites et accomplies, et lesquelles offres de notre part, et en tant qu'il nous touche, tenons agréables, et les acceptons, et dès maintenant consentons, et faisons les renonciations, promesses, soumissions, et autres promesses, et choses dessus déclarées, qui sont à faire de notre part, et reconnoissons mondit seigneur le roi Charles de France notre souverain seigneur, au regard des terres et seigneuries que avons en ce royaume; promettons, pour nous et nos hoirs, par la foi et serment de notre corps, en parole de prince, sur notre honneur et l'obligation de tous nos biens présents et à venir quelconques, ladite paix et réunion en toutes et singulières choses ci-dessus transcrites, tenir de notre part, et en tant que toucher nous peut, inviolablement et à toujours, de point en point, tout et par la forme et manière dessus écrites, sans faire ou venir, ou souffrir faire au contraire ouvertement, ou en appert, ou autrement, en quelque manière ou façon que ce soit. Et pour les choses dessusdites et à chacune d'icelles tenir, entretenir et accomplir, nous submettons à la coërcion, conclusion et contrainte de notredit Saint-Père le pape, dudit saint concile, et des dessusdits cardinaux, lesquels, et autres ambassadeurs du concile, et à toutes cours, tant d'église comme séculiers, veuillant et octroyant icelles, et chacune d'icelles être contraint et compellé par la censure de l'Eglise, tant et avant qu'il semblera expédient auxdits cardinaux et ambassadeurs de notredit Saint-Père le pape et du saint concile. Au cas que faute y auroit de notre part ès choses dessusdites, ou aucuns d'icelles, renonçons à toutes allégations et exceptions, tant de droit comme de fait, que pourrions dire ou alléguer au contraire; et par espécial, au droit, disant que générale renonciation ne vaut, si l'espécial ne précède, et tout sans fraude, barat, ou mal engin. Et afin que ce soit chose ferme et stable à toujours, nous avons fait mettre notre scel à ces présentes.

» En notre ville d'Arras, le vingt-unième jour du mois de septembre, l'an mil quatre cent trente-cinq.

» Ainsi signé par monseigneur le duc de Bourgogne en son conseil. »

Après que les deux parties dessusdites furent venues à fin et conclusion de paix, l'un avec l'autre, et que toutes les besognes furent écrites et scellées, tant d'un côté comme d'autre, bref ensuivant, fut icelle paix publiée en ladite ville d'Arras. Pour laquelle ne faut point demander ni enquérir si le peuple eut grand' liesse et joyeuseté; mais généralement la plus grand' partie des gens d'Église, des nobles et des bourgeois, avecque grand' multitude et abondance de populaires, qui là étoient venus et arrivé, entendirent, non mie jour seulement, mais plusieurs, à faire joie l'un avecque l'autre, chacun selon son état, en criant à haute voix : Noël ! en plusieurs et divers lieux de la ville. Et, par spécial, fut faite en l'hôtel dudit duc de Bourgogne, moult grand' fête et liesse de plusieurs chevaliers, écuyers, dames et damoiselles des deux parties, tant en boire, manger et danse, comme autres plusieurs ébattements. Et mêmement, au propre lieu où icelle paix se traitoit, fut mis, par le cardinal de Sainte-Croix, le Saint-Sacrement de l'autel et une croix d'or sur un coussin, sur lesquels ledit cardinal fit jurer et promettre audit duc de Bourgogne, que jamais ne ramentèveroit la mort de son feu père, et qu'il entretiendroit bonne paix et union avecque le roi Charles, son souverain seigneur, et les siens. Et après, le duc de Bourbon, tenant la main sur ladite croix, prièrent merci audit duc de Bourgogne, de par le roi, pour la mort de sondit feu père, lequel

leur pardonna pour l'amour de Dieu. Et lors, les deux cardinaux mirent les mains sur icelui duc, et le absolurent du serment qu'il avoit fait aux Anglois; et pareillement furent absous plusieurs autres grands seigneurs de son parti. Et adonc firent serment de leur partie d'entretenir icelle paix, les seigneurs de la partie du roi Charles, et plusieurs autres de la partie du duc de Bourgogne. Entre lesquels le fit le seigneur de Launoy, lequel dit tout haut et cler : « Voici le propre qui autre-
» fois à faits les serments pour cinq paix faites
» durant cette guerre, desquelles nulles n'ont été
» entrenues. Mais je promets à Dieu que celle
» sera entretenue de ma partie, et que jamais ne
» l'enfreindrai. »

CHAPITRE CLXXXVIII.

Comment les Anglois assiégèrent la ville de Saint-Denis, en France, laquelle enfin leur fut rendue par traité.

Durant le temps dessusdit, les Anglois et leurs alliés, qui étoient en l'Ile-de-France, assiégèrent très puissamment la ville de Saint-Denis, tout à l'environ, et y étoient comme chefs et conducteurs desdits assiégeants, le maréchal de l'Ile-Adam, le seigneur de Talbot, le seigneur de Villeby, le seigneur d'Escalles, Georges de Richammes, Waleran de Moreul, messire Jean, bâtard de Saint-Pol ; Louis de Luxembourg, son frère ; messire Ferry de Mailly, Robert de Neuville, le bâtard de Thien, chevalier françois ; l'Arragonois, et autres notables et experts hommes de guerre, de la nation de France et d'Angleterre, accompagnés de six cents combattants ou environ, qui, en grand' diligence approchèrent leurs ennemis, et dressèrent contre les portes et murailles d'icelle ville de Saint-Denis plusieurs engins, pour iceux confondre et abattre. Si étoient souvent visités et administrés de ce que besoin leur étoit, par Louis de Luxembourg, évêque de Thérouanne, chancelier du roi Henri, lequel étoit principal gouverneur dedans Paris, et ès mettes de l'Ile-de-France, pour le dessusdit roi Henri. Dedans laquelle ville de Saint-Denis étoient de la partie du roi Charles, le maréchal de Rieux, messire Jean Foucault, messire Louis de Vaucourt, messire Regnaut de Saint-Jean, Arthus de la Tour, et plusieurs autres vaillants hommes de guerre avecque eux, jusques au nombre de seize cents combattants. Lesquels, en très grand' hardiesse, eux voyant ainsi être approchés de leurs ennemis, se préparèrent à résister de toutes leurs forces contre eux ; et de fait, grand' partie d'eux se logèrent sur la muraille, et là se tenoient de jour et de nuit pour être au plus près de leur défense. Toutefois, les dessusdites portes et murailles furent fort empirées en plusieurs lieux par les engins d'iceux assiégeants, et tant qu'à l'occasion desdits empirements, les capitaines prirent conclusion l'un avecque l'autre d'assaillir la ville en plusieurs parties, espérant prendre et gagner icelle ville de force. Si firent un certain jour armer leurs gens, et devisèrent auquel côté chacun desdits capitaines devoit assaillir; et, par une ordonnance, atout échelles, et plusieurs autres instruments de guerre, allèrent iceux jusques aux fossés, qui étoient garnis d'eau. Si eussiez pu là voir les gens d'armes eux employer à passer parmi ladite eau, jusques au col, et porter lesdites échelles, et monter amont, en plusieurs et divers lieux jusques aux murs, sans montrer semblant de peur. Et lors, les assiégés considérant que, s'ils étoient pris de force, ne seroient point quittes pour seulement perdre la ville, mais en tant que touchoit à leur vie, se mirent à défense très vaillamment, et avoient ordonné à chacune de leurs gardes, aucuns de leurs capitaines, atout certain nombre de gens; lesquels, pour chose qu'ils ouïssent et vissent, ne se devoient partir d'icelles, et le dessusdit maréchal de Rieux avoit certain nombre de gens d'armes allant d'un lez à l'autre, pour aider à secourir ceux qui en auroient besoin. Si commença l'assaut, dur, merveilleux et cruel, par l'espace de deux heures ou environ, auquel, tant des assaillants, comme des défendants furent faites de grands vaillances, et furent, à icelui assaut, faits nouveaux chevaliers, Louis de Luxembourg, bâtard de Saint-Pol, lequel s'y gouverna moult vaillamment; Jean de Humières, Robert de

Neuville et aucuns autres. Toutefois après qu'iceux assaillants eurent audit assaut bien perdu quatre-vingts hommes ou mieux de leurs gens, qui furent morts aux fossés et auprès des murs, voyant que bonnement ne pourroient venir à chef de telle besogne, sans recevoir trop grand exil et perte de leurs gens, les capitaines firent sonner la retraite, et emmenèrent et emportèrent plusieurs des leurs, qui étoient morts et navrés. Et pareillement les défendeurs firent grand' perte de leurs gens, et furent en grand doute que leurs ennemis ne contraignissent derechef par continuation de nouveaux assauts. Néanmoins, espérant avoir secours par le connétable, qui étoit à la convention d'Arras, et autres François de leurs gens, ils renforcèrent leurs portes et murailles, qui étoient rompues en plusieurs lieux, et s'apprêtèrent de nouvel pour eux défendre au mieux que faire le purent. Lequel connétable, après que la paix fut conclue à Arras, comme dit est dessus, se départit de là atout grand' partie de nobles hommes, qui étoient à ladite convention, et alla à Senlis et demanda à venir devers lui les François de plusieurs parties, en intention de lever ledit siége; mais, à bref dire, il ne trouva point, en son conseil, qu'il eût puissance de ce faire. Et pourtant ledit maréchal et les siens, qui assez furent avertis de non avoir secours, traitèrent avec les capitaines des Anglois, par tel si, qu'ils leur rendroient la ville de Saint-Denis, et s'en iroient saufs leur corps et leurs biens, en rendant aussi les prisonniers qu'ils avoient pris durant le siége, desquels en étoit un, messire Jean de Humières, dessusdit. Lequel traité conclu et accompli, se partirent iceux devantdits François, sous bon sauf-conduit, qui étoient bien seize cents chevaux ou environ. Et pareillement aussi y avoit de très experts et très vaillants hommes de guerre, et de grand renom. Si s'en partirent et allèrent ès places de leur obéissance, et laissèrent en icelle dite ville de Saint-Denis, aucuns de leurs capitaines et chevaliers morts, c'est à savoir messire Louis de Vaucourt, messire Regnault de Saint-Jean, Arthus de la Tour, un nommé Josselin et aucuns autres, dont ils étoient moult dolents. Après lequel département, ladite ville de Saint-Denis fut regarnée de par le roi Henri, et bref ensuivant, les Picards, qui étoient déjà avertis de la paix faite à Arras entre le roi Charles et le duc de Bourgogne, prirent congé au plus tôt qu'ils purent, aux dessusdits capitaines anglois, et s'en retournèrent sans perte en leur pays. Et entre temps, les François prirent d'emblée le pont de Meulan, et mirent à mort environ vingt Anglois qui le gardoient. Pour laquelle prise, les Parisiens furent fort troublés, pource que le passage par où ils venoient à tout leurs vivres de Normandie étoit clos.

CHAPITRE CLXXXIX.

Comment Isabelle, la reine de France, trépassa en la ville de Paris.

En cet an, au mois de septembre, Isabelle, reine de France, mère au roi Charles, pour lors régnant, laquelle étoit logée à l'hôtel du roi, à Saint-Pol, dedans la cité de Paris, où par avant elle avoit vécu en grande pauvreté pour les tribulations des guerres de ce royaume, accoucha malade, et bref ensuivant trépassa de ce siècle. Si fut enterrée en l'église de Saint-Denis en France, non pas en telle solennité et grand état que l'on a accoutumé de faire aux autres reines de France. Laquelle mort venue à la connoissance du duc de Bourgogne, lui fit faire un service très révérend et notable, en l'église de Saint-Vast d'Arras, auquel il fut présent vêtu de noir. Et faisoient deuil avec le duc de Bourgogne, les comte d'Étampes, le comte de Vendôme et le damoiseau de Clèves, avec plusieurs autres seigneurs, ecclésiastiques et séculiers ; et l'évêque d'Arras fit l'office cedit jour.

CHAPITRE CXC.

Comment les cardinaux et plusieurs autres ambassadeurs se départirent de la ville d'Arras; et comment le duc de Bourgogne constitua ses officiers ès bonnes villes et forteresses à lui données et accordées par le traité dessusdit.

Assez bref ensuivant que la dessusdite paix d'Arras fut publiée, comme dit est dessus, se partirent d'icelle ville lesdits cardinaux, et ceux qui avecque eux étoient venus; lesquels, par le duc Philippe de Bourgogne avoient été honorablement reçus et festoyés. Et pareillement se départirent lesdits ambassadeurs du roi Charles, et tous autres qui là étoient venus de plusieurs pays. Et adonc ledit duc de Bourgogne, étant en icelle ville d'Arras, constitua plusieurs nouveaux officiers ès bonnes villes et forteresses du roi, tant sur la rivière de Somme comme ailleurs sur les mettes de Picardie; lesquels de long-temps étoient du domaine du royaume, et étoient, par avant icelle paix d'Arras, en la main du roi Henri. Et y mit gens à son plaisir, en destituant ceux qui étoient commis de par le roi Henri, commettant aussi receveurs à son plaisir, et prenant tous les deniers et provision, et les serments des habitants d'icelles villes et forteresses. Pour lesquelles besognes dessusdites, iceux officiers tenant le parti des Anglois, furent fort émerveillés des manières que ledit duc tenoit envers eux, attendu que, par ses moyens, en avoit eu icelui roi Henri la possession et saisine, et avecque ce, naguère le tenoit, et avoit tenu pour son naturel et souverain seigneur. Néanmoins, eux voyant qu'ils n'y pouvoient mettre provision, le souffrirent patiemment. Et entre les autres, maître Robert le Jeune, qui long-temps avoit été bailli d'Amiens, et gouverné hautement pour iceux Anglois sur les marches de Picardie, et mêmement, à icelui dernier parlement d'Arras, avoit été de leur conseil, et à toutes leurs conclusions, quand il aperçut les besognes ainsi être retournées contre eux, par aucuns moyens qu'il trouva pour son argent, comme on dit, fit tant qu'il demeura en la grâce dudit duc de Bourgogne, et fut retenu et mis à être gouverneur d'Arras au lieu de messire David de Brimeu, qui par avant l'étoit. Et par ainsi, en assez brefs jours, les besognes furent retournées au contraire que par avant n'avoient été.

CHAPITRE CXCI.

Comment, après la paix d'Arras, le duc de Bourgogne envoya aucuns de ses officiers d'armes devers le roi d'Angleterre et son conseil, pour remontrer les causes de la paix qu'il avoit faite au roi de France.

Après le département de la paix d'Arras, le duc de Bourgogne envoya son roi d'armes de la Toison, et un sien héraut avec lui, nommé Franche-Comté, en Angleterre, devers le roi Henri, atout lettres de par ledit duc, ésquelles étoient contenues plusieurs remontrances, pour icelui roi et son conseil attraire au bien de paix finale avec le roi Charles; signifiant aussi comment, par l'exhortation des légats de notre Saint-Père le pape et du concile de Bâle, et avecque ce, des trois états de tout le pays, il avoit fait paix et réunion avec le dessusdit roi son souverain seigneur, en délaissant celle de jadis qu'il avoit faite avec ledit roi Henri son père. Avec lesquels alla un frère mendiant, docteur en théologie, qui avoit charge, de par les deux cardinaux qui avoient été à ladite paix d'Arras, de proposer en la présence dudit roi d'Angleterre et de son conseil, en eux remontrant les grands cruautés et innumérables tyrannies qui se faisoient par la chrétienté à l'occasion de la guerre, et les biens qui pouvoient advenir si la paix finale se faisoit entre les deux rois d'Angleterre. Si s'en allèrent les trois dessusdits à Calais, et là passèrent la mer, et arrivèrent à Douvres, où on leur fit défense, de par le roi Henri, qu'ils ne se départissent de leurs hôtels. Si leur furent demandées leurs lettres, lesquelles ils baillèrent, et furent portées à Londres devers le roi Henri, et depuis furent conduits par divers lieux jusques à Londres.

Si rencontrèrent en leur chemin un officier d'armes et le clerc du trésorier d'Angleterre, qui les menèrent loger en icelle ville, en l'hôtel d'un cordonnier, où ils furent par aucuns jour; et n'alloient ouïr messe, sinon sous la conduite d'aucuns hérauts et poursuivants, qui là les visitoient souvent; car on leur fit défense qu'ils ne partissent de leurs hôtels sans congé et sans licence. Si étoient en très grand doute qu'on ne leur fît aucune mauvaise compagnie de leur personnes, pour les nouvelles qu'ils avoient apportées. Et jà-soit-ce que le docteur dessusdit, envoyé de par les deux cardinaux qui avoient été en ladite paix, et iceux deux officiers d'armes fissent plusieurs requêtes à ceux qui leur administroient, qu'ils les fissent parler au roi et à son conseil, pour dire et remontrer la charge qu'ils avoient de leurs seigneurs et maîtres, néanmoins, oncques ne pouvoient avoir audience de parler à eux. Toutefois le trésorier d'Angleterre, à qui les lettres dessusdites avoient été baillées, assembla devant le roi le cardinal de Vincestre, le duc de Glocestre, et plusieurs autres princes et prélats, et le conseil royal là étant en grand nombre de nobles hommes; et là montra les lettres que le duc de Bourgogne écrivoit au roi et à son conseil; desquelles l'intitulure et superscription n'étoit pas pareille aux autres que par avant, de long-temps, par plusieurs fois lui avoit envoyées, pource que par icelles nommoit le roi d'Angleterre, haut et puissant prince, son cher seigneur et cousin, en délaissant à le reconnoître son souverain seigneur, ainsi et par la manière que toujours l'avoit fait par avant en ses autres lettres, que par moult de fois lui avoit écrites. De la lecture desquelles, sans y faire quelque réponse, tous ceux qui étoient au conseil généralement furent moult émerveillés quand ils les ouïrent. Et mêmement, le jeune roi Henri prit en ce si grand' déplaisance, que les larmes lui saillirent hors des yeux, et dit à aucuns de ses privés conseillers, qu'il véoit bien que le duc de Bourgogne s'étoit ainsi déloyauté devers lui, et réconcilié avec le roi Charles, son ennemi, ses seigneuries des parties de France en vaudroient beaucoup pis.

En outre, le dessusdit cardinal et le duc de Glocestre se partirent du conseil tout confus et troublés; et aussi firent plusieurs autres sans en prendre aucune conclusion, sinon d'eux assembler par plusieurs troupeaux, et dire l'un à l'autre plusieurs injures et reproches du dessusdit duc de Bourgogne et ceux de son conseil. Et assez bref ensuivant, furent les nouvelles toutes communes avant la ville de Londres. Si n'étoit pas fils de bonne mère qui ne disoit de grands maux et villainies d'icelui duc et de ses pays. Si se mirent ensemble plusieurs du commun, et allèrent en divers lieux, parmi ladite ville, pour quérir aucuns Flamands, Hollandois, Brabançons, Picards, Hennuyers, et autres des pays dudit duc, qui là étoient pour faire leurs marchandises, non eux doutant de cette aventure. Et, en cette fureur, en prirent et occirent aucuns soudainement; mais, bref ensuivant, on les fit cesser de par le roi Henri, et mettre les dessusdits en justice. Et aucuns jours après, le roi et son conseil se mirent pour avoir avis sur la réponse qu'ils devoient faire aux lettres dessusdites, et y en eut de diverses opinions; car les uns vouloient qu'on fît guerre soudaine au duc de Bourgogne, et les autres conseillèrent, pour mieux, qu'on le sommât par lettres ou autrement.

Et entre temps que lesdits conseillers s'entretenoient, vint devers le roi nouvelles comment le duc de Bourgogne, en lui pacifiant avec le roi Charles, devoit avoir les villes, forteresses, seigneuries et appartenances de Saint-Quentin, Corbie, Amiens, Saint-Riquier, Abbeville, Dourlens et Montreul, lesquels étoient par avant du domaine et possession d'icelui roi Henri d'Angleterre, et que déjà en avoit pris les serments d'icelles, et y avoit commis tous nouveaux officiers. Et pour tant, en allant de mal en pis, furent de ce plus mal contents que devant, et enfin conclurent qu'ils ne récriroient point. Et adonc, le dessusdit trésorier alla devers les trois dessus nommés à leur hôtellerie, et dit à Toison-d'Or, et à Franche-Comté, son compagnon, comment le roi, accompagné de son sang et seigneurs de son conseil, avoient vu et visité les lettres qu'ils avoient apportées, desquelles, et du contenu en icelles, ils avoient grosses merveilles, et avecque ce des manières que tenoient ledit duc de Bourgogne envers le roi, à quoi il avoit intention d'y pourvoir sur tout, quand à Dieu plairoit. Et nonobstant que les officiers d'armes de par ledit duc de Bourgogne fissent plusieurs fois requêtes d'avoir réponse par écrit, oncques ne la purent obtenir; mais leur fut dit qu'ils s'en retournassent en leur pays. Lesquels, voyant qu'autre chose n'en pouvoient avoir, repassèrent la mer, et rapportèrent de bouche, au duc de Bourgogne, leur seigneur, ce qu'ils avoient trouvé. Et le docteur s'en retourna aussi devers eux qui lui avoient envoyé, sans rien besogner. Si eurent, durant ce voyage, de grands doutes qu'on ne leur fît déplaisir, pource qu'en plusieurs lieux d'Angleterre ouïrent de grands murmures et blasphèmes faire contre ledit duc de Bourgogne, et ne leur fut point fait telle ni si amiable réception comme ils avoient accoutumé qu'on leur fît.

CHAPITRE CXCII.

Comment le commun peuple de la cité d'Amiens s'émut pour les impositions qu'on vouloit remettre sus.

En ces propres jours, fut envoyé devers le duc de Bourgogne un avocat, de par ceux de la ville d'Amiens; lequel avocat étoit appelé maître Tristan de Fontaines, pour impétrer grâce pour icelle ville, d'aucune somme d'argent, en quoi ils étoient redevables envers ledit duc, ou aucuns de sa partie. Laquelle grâce ledit avocat ne pouvoit obtenir, ains lui fut baillé nouvel mandement, de par le roi Charles, et autres, de par le dessusdit duc, contenant que les impositions et autres subsides anciennement accoutumés de payer, fussent mis sus comme autrefois avoient été. Lesquels mandements le dessusdit maître Tristan fit publier quand il fut retourné à Amiens au lieu accoutumé. A l'occasion de laquelle publication, grand' partie des bouchers et autres de la ville, et autre grand nombre du commun, de ce non contents, s'émurent soudainement, et se mirent ensemble armés et embâtonnés selon leur état; et allèrent devers leur maïeur, nommé Jean de Conti, auquel ils dirent pleinement que lesdites subsides ne paieroient nulles, et qu'ils savoient bien que le bon roi Charles, leur seigneur, ne vouloit point qu'ils payassent, non plus que les autres villes à lui appartenant et obéissant. Lequel maïeur, voyant leur rude et sotte manière, leur accorda tout ce qu'ils vouloient dire, en les rapaisant par douces paroles, et comme, contraint, convint qu'il allât avec eux par tout en la ville où bon leur sembloit, et firent leur capitaine d'un nommé Honore Cokin. Si allèrent à l'hôtel dudit Tristan pour le mettre à mort, comme ils en montrèrent le semblant; mais il fut de ce averti par aucuns qui étoient ses amis; si s'étoit mis à sauveté; et là rompirent plusieurs huis et fenêtres pour le quérir, et depuis s'en allèrent à la maison d'un nommé Pierre-le-Clerc, prévôt de Beauvoisis, lequel avoit eu grands gouvernements en la ville, durant le temps que maître Robert le Jeune avoit été bailli d'Amiens, et avoit fait plusieurs extorsions et rudesses à aucuns des habitants d'icelle cité d'Amiens, et au pays environ, par quoi il avoit acquis de grands haines; et là le quéroient partout, mais il ne fut point trouvé; car, lui sachant ladite mutation, se mit hors de leur voie. Si frustrèrent et ravirent tous ses biens, et burent en une seule nuit bien dix-huit queues de vin qu'il avoit en sa maison, et prirent un sien neveu, qu'ils mirent prisonnier au beffroi. Et de là en avant firent plusieurs desrois, et allèrent par grands compagnies aval la ville et hôtels des plus puissants, lesquels, comme par contrainte, falloit qu'ils leur donnassent de leurs biens et largement; et, par espécial, vins et viandes. Mais, entre temps, ledit Pierre-le-Clerc, qui étoit mussé en la maison d'un pauvre homme au poulier aux gelines, fut accusé aux dessusdits. Si l'allèrent quérir à grand' solennité, et le mirent au beffroi de la ville, et bref ensuivant lui firent couper le hâterel en plein marché; et pareillement firent-ils à son neveu. Si n'étoit alors homme de justice ni autre, en icelle ville d'Amiens, qui osât dire mot contre leur plaisir. Si furent ces nouvelles mandées au duc de Bourgogne, lequel envoya Jean de Brimeu, qui étoit nouvel bailli d'Amiens, et depuis, le seigneur de Saveuse, qui aussi en avoit été capitaine nouvellement, afin qu'ils enquérissent diligemment par quelle manière on les pourroit châtier et corriger.

Et après, y fut envoyé le comte d'Étampes, avecque lui, plusieurs chevaliers et écuyers, et aussi gens de trait. Et derechef y alla le seigneur de Croy, bien accompagné, et mena les archers de l'hôtel du prince. Si vinrent là plusieurs parties, et, à diverses fois, grand nombre de notables seigneurs des marches de Picardie, et faisoit-on semblant d'aller assiéger le châtel de Bonne, où il y avoit des pillards. Toutefois, Honoré Cokin n'étoit point bien assuré qu'on ne leur jouât à la fausse compagnie, nonobstant qu'ils avoient été devers le comte et ledit capitaine bailli, pour lui excuser et ses gens des maléfices passés, où il avoit servi de paroles assez courtoises, en lui remontrant qu'il cessât de poursuivre telles entreprises, et on lui feroit son traité. Finablement, les seigneurs dessusdits, après qu'ils eurent eu plusieurs délibérations ensemble sur cette matière, et après qu'ils eurent garni le beffroi, pour sonner la grand' cloche de la ville, s'il y advenoit aucun effroi, au son de laquelle se devoient toutes ensemble lesdites communes accompagner, si se mirent ensemble iceux seigneurs, et s'en allèrent grand' partie sur le marché, et d'autre part se mirent en d'aucuns lieux de leurs gens armés et embâtonnés, pour garder les rues contre lesdits émouvements, s'ils s'assembloient; et si furent commis le seigneur de Saveuse, capitaine de la ville, et le bailli d'Amiens, atout certain nombre de gens, à aller par ladite ville, pour prendre et faire retraire ceux qui se vouloient armer et assembler. Après lesquelles ordonnances, le dessusdit comte d'Étampes, et plusieurs autres grands et nobles seigneurs et chevaliers, avecque lui étant présents sur le dessusdit marché, où il y avoit très grand' multitude de gens, fut publié un nouvel mandement, de par le roi Charles, et aussi de par le dessusdit duc de Bourgogne, contenant que les subsides et impositions devant dites seroient mises sus. Et avecque ce, toutes les offenses par avant passées seroient pardonnées, réservé à aucuns, en petit nombre, des princes et chevaliers, lesquels seroient dénommés et punis ci-après. A laquelle publication étoit présent un nommé Perrinet de

Châlons, qui étoit un des chefs, lequel, oyant icelle, se départit de là en fuyant pour lui sauver, et tantôt on cria qu'on le prît. Si fut poursuivi jusque dedans l'église de Saint-Germain, emprès d'un prêtre qui chantoit messe, où il s'étoit agenouillé, et fut mené jusques au beffroi. Et d'autre part, le dessusdit Honoré Cokin, qui bien savoit cette assemblée, s'étoit armé, et aucuns de ses gens avecque lui, pour aller en ladite assemblée; mais il fut rencontré dudit seigneur de Saveuse et dudit bailli d'Amiens, avec ses gens, et fut pris incontinent, et mené au beffroi. Avec lequel en fut pris en plusieurs lieux jusque de vingt à trente, ou environ; desquels, en ce même jour, le dessusdit Honoré, et sept de ses compagnons, eurent le hâtereau coupé d'une doloire, et pareillement, Perrinet de Châlons, avec lui deux de ses compagnons, furent pendus et étranglés au gibet; et si y en eut un noyé, et aussi en y eut bien jusques à cinquante bannis, ou environ. Et puis après, pour ce même cas, en y eut plusieurs exécutés à diverses fois, entre lesquels le fut un gros sacquement, qui étoit excellent maître en icelui instrument; pour laquelle exécution tous les autres bourgeois et habitants furent mis en grand' obéissance.

CHAPITRE CXCIII.

Comment les François coururent et pillèrent le pays du duc de Bourgogne après la paix d'Arras, et comment le maréchal de Rieux prit villes et forteresses, en Normandie, sur les Anglois.

Après que les ambassadeurs du roi Charles, dessus nommés, furent retournés vers lui, et qu'ils eurent montré les lettres du traité qu'ils avoient fait de par lui, en la ville d'Arras, avecque le duc de Bourgogne, lesquelles, entre les autres articles, contenoient comment icelui duc reconnoissoit le roi dessusdit à son naturel et souverain seigneur, il fut de ce moult joyeux, et commanda que la paix fût publiée partout où il appartiendroit. Et après, bref ensuivant, se départirent les François qui étoient à Rue. Si fut la ville délivrée aux commis du duc de Bourgogne. Lesquels François s'assemblèrent avecque plusieurs de leurs gens, sur les marches de Santerre et d'Amiénois, et pillèrent en plusieurs lieux le pays audit duc, et de ceux qui avoient tenu son parti, et mêmement détroussèrent tout au net ceux qu'ils pouvoient atteindre de cette partie, tant nobles, comme autres. Pourquoi ledit duc fit assembler gens d'armes pour résister aux dessusdits, lesquels, sachant cette assemblée, se retirèrent arrière.

Et adonc les Anglois remirent le siége devant le pont de Meulan, que naguère les François avoient mis en leur obéissance; mais, pour aucun empêchement qui leur survint, se départirent dudit siége. Et d'autre part, le maréchal de Rieux et Charles Des Marest prirent la ville de Dieppe, et plusieurs autres, en Normandie : si vous dirai comment. Il est vérité qu'après le département de la convention d'Arras, aucuns vaillants capitaines françois, c'est à savoir le maréchal de Rieux, Gaucher de Boussac, le seigneur de Longueval, et autres capitaines, qui pouvoient sur tout avoir de trois à quatre cents combattants, droites gens de guerre, par le moyen de Charles Des Marest, ou à son entreprise, allèrent, le vendredi devant la Toussaint, pour écheler la forte ville de Dieppe, séant sur la mer, en moult fort lieu, au pays de Caux. Et de fait, ledit Charles, atout six cents combattants, alla secrètement monter dedans la ville, du côté devers le hàvre, et de là allèrent rompre la porte devers Rouen, par où entra ledit maréchal de Rieux, atout ses gens d'armes et atout étendard déployé, la plus grand' partie de ses gens tout à pied. Si allèrent jusques au marché, et étoit environ le point du jour; et adonc commencèrent à crier, Ville gagnée! Si furent ceux de dedans moult fort émerveillés, quand ils ouïrent ce cri, et commencèrent les autres à jeter pierres, et à traire de leurs maisons. Et pource qu'il y avoit grand nombre de gens, tant de ville comme de navire, attendirent jusques à neuf ou dix heures avant qu'ils assaillissent lesdites maisons; mais enfin fut du tout conquise à peu de dommage pour lesdits François. Si y étoit commis lieutenant du capitaine, un nommé Mortemer, qui s'enfuit avecque plusieurs autres Anglois, et y fut pris le seigneur de Blosseville, et à la première venue n'y furent morts que trois ou quatre Anglois de la garnison; mais plusieurs y furent pris, c'est à savoir de ceux qui plus fort avoient tenu la partie des dessusdits Anglois; et au regard de leurs biens, en y eut largement pris comme confisqués, sinon de ceux qui vouloient faire serment de demeurer bons François. Et y avoit au hâvre très grand nombre de navires, dont la plus grand' partie demeurèrent avecque les dessusdits François. Et ce même jour, ou lendemain, on fit crier que tous étrangers s'en allassent où bon leur sembleroit, réservé ceux qui vouloient faire serment. Si en demeura ledit Charles Des Marest capitaine, du consentement de tous les autres, pour le roi de France.

Pour laquelle prise, tous les Anglois généralement du pays de Normandie, furent très fort troublés et marris, et non point sans cause; car icelle ville de Dieppe étoit merveilleusement forte et bien garnie, sur un des bon pays de Normandie. Et outre, assez bref ensuivant vinrent les François audit lieu de Dieppe, au pays à l'environ, de trois à quatre mille chevaux, sous la conduite de Antoine de Chabannes, Blanchefort, Pothon le Bourguignon, Pierre Regnaut, et autres capitaines; et depuis se bouta Pothon de Sainte-Treille, Jean d'Estouteville, Robinet, son frère, le seigneur de Montreuil-Bellay, et plusieurs autres nobles seigneurs et chefs de guerre. Et aussi pareillement y vint un capitaine de communes, lequel se nommoit le Kiriennier, a tout bien quatre mille paysans du pays de Normandie, qui s'allia avecque les dessusdits François, et fit serment au maréchal dessus nommé de guerroyer hardiment, et faire forte guerre aux devant dits Anglois. Et quand toutes ces compagnies furent assemblées ensemble, ils se mirent par bonne ordonnance sur les champs, et la veille de Noël allèrent tous ensemble devant la ville de Fécamp, laquelle, par le moyen du seigneur de Malleville, fut rendue audit maréchal, moyennant qu'ils demeureroient paisibles, et y fut commis capitaine ledit Jean d'Estouteville, et le lendemain de Noël allèrent devant Moustier-Villiers, qui se rendit pareillement, et en fut cause un Gascon, qui se nommoit Jean du Puis, lequel y étoit de par les Anglois. Si commit ledit maréchal de Rieux, un nommé Courbenton. Et alors venoient et approchoient les François de tous côtés, et avecque ce firent serment audit maréchal plusieurs nobles hommes du pays de Normandie. Si allèrent tous ensemble devant Harfleur, et l'assaillirent tous moult vaillamment; mais par force furent reboutés arrière de ceux de dedans, et y perdirent quarante hommes de leurs gens, qui y furent morts:

desquels furent les principaux ledit seigneur de
Montreuil-Bellay et le bâtard de Langle. Si conclurent derechef les assaillir; mais ceux de la ville firent traité d'eux rendre par tel si, que bien quatre
cents Anglois, qui étoient dedans, s'en iroient
sauvement, atout leurs biens. Si en étoit leur capitaine, un nommé Guillaume Minors, qui se départirent atout leurs biens, et ceux de ladite ville
firent le serment. Et en ce même temps, se rendirent de la partie du roi les villes ensuivant : c'est
à savoir le Bec-Crépin, Tancarville, Gomusseule,
les Loges, Valemont, Granville, Longueville,
Neuville, Lambreville, et plusieurs autres forteresses, au très petit dommage d'iceux François.
Et puis vint avecque eux Arthus, comte de Richemont, connétable de France, auquel depuis sa venue se rendirent Chastel-Mesnil, Aumarle, Saint-
Germain-sur-Bailly, Fontaine, le Bourg, Préaux,
Blainville, et aucunes autres places, ésquelles partout on mettoit garnison. Si fut, cette saison, la
plus grande partie du pays de Caux conquis. Mais,
par faute de vivres, il convint que les François se
séparassent l'un de l'autre, et pour ce, comme dit
est, mirent leurs garnisons sur les frontières, et
se retrahirent les principaux capitaines hors du
pays. Et furent à ces conquêtes dessusdites ledit
Charles Des Marets et Richarville, qui se partirent
de Dieppe et se mirent aux champs; si trouvèrent
le dessusdit maréchal, le seigneur de Torsy, Pothon Bourguignon, Broussart, Blanchefort, Jean

d'Estouteville, et plusieurs autres capitaines, hommes de grand" façon et droites gens de guerre. Avecque lesquels et en icelles conquêtes faisant, s'allia le dessusdit Kiriennier, atout six mille combattants, gens de communes, pour achever les dessusdites besognes.

CHAPITRE CXCIV.

Comment les Anglois se commencèrent à douter des Bourguignons qui menoient guerre avec eux contre le roi de France, et ne voulurent plus converser en leur compagnie; et autres matières en bref.

Après ce que les Anglois furent du tout acertenés et assurés du traité fait entre le roi Charles de France et le duc Philippe de Bourgogne, comme dessus est dit, ils se commencèrent à garder et garnir, et aussi eux fortifier contre les gens du duc de Bourgogne, et pareillement comme par avant ils faisoient des François. Et nonobstant que avec eux eussent eu plusieurs communications, amitiés et compagnies d'armes, si n'eurent-ils de là en avant plus fiance ni repaire l'un avecque l'autre, jà-soit-ce que présentement ne s'entrefissent point de guerre ouverte. Toutefois, iceux deux partis d'Angleterre et de Bourgogne commencèrent secrètement à adviser voies et manières de prendre avantage l'un sur l'autre, et mêmement iceux Anglois tenant les frontières de Calais, se mirent en peine de prendre la ville d'Ardre d'emblée. Et d'autre part, ceux de la partie de Bourgogne, vers Ponthieu, firent le cas pareil sur la forteresse du Crotoy, que tenoient les dessusdits Anglois; mais chacun se gardoit de près l'un de l'autre. Pour lesquelles entreprises ainsi faites couvertement, les dessusdites parties furent très-mal contentes l'une de l'autre, et firent chacun d'eux leurs apprêts pour gréver et faire guerre l'un à l'autre. Et pourtant, La Hire, qui se tenoit à Gerberoy, assembla avec Pothon de Sainte-Treille et messire Regnault de Fontaines, jusques à six cents combattants ou environ, lesquels ils menèrent jusques assez près de Rouen, en intention d'entrer en icelle ville par certains moyens qu'ils y avoient, lesquels ne purent venir à chef de leur entreprise. Et pour tant, iceux capitaines et leurs gens, qui étoient moult travaillés, s'en retournèrent pour eux rafraîchir en un grand village, nommé Rois. Auquel lieu messire Thomas Kiriel, et autres plusieurs capitaines anglois, accompagnés de mille combattants, sachant que les dessusdits François se rafraîchissoient audit village de Rois, s'en vinrent frapper sur eux avant que de ce fait ils pussent du tout être avertis ni montés à cheval pour eux défendre et garantir, pourquoi ils furent prestement mis en desroi. Si contendirent à eux sauver vers leurs parties, dont ils étoient venus, sinon aucuns des capitaines, en petit nombre, qui cuidoient rallier leurs gens pour cuider résister à l'encontre de leurs ennemis; mais en ce faisant, ils furent vaincus par les dessusdits Anglois, et y furent pris les seigneurs de Fontaines, Alain Geron, Alardin de Moussay, Jean de Bordes, Gamarde et plusieurs autres, jusques au nombre de soixante ou plus. Si en furent morts sur la place tant seulement huit ou dix, et les autres se sauvèrent.

Toutefois La Hire fut navré, et si perdit toute sa monture; et aussi gagnèrent lesdits Anglois la plus grand' partie des chevaux d'iceux François, pource que les bois étoient près, et se sauvèrent plusieurs à pied dedans iceux bois.

Item, en ce temps, furent envoyés, de la partie du roi Henri d'Angleterre, certains ambassadeurs devers l'empereur d'Allemagne, lesquels, en passant parmi le pays de Brabant, furent pris et arrêtés par les gens du duc de Bourgogne; mais depuis, comme je fus informé et averti, furent mis à délivrance, pour ce qu'icelui roi d'Angleterre et ledit duc de Bourgogne n'avoient point encore envoyé l'un à l'autre leurs défiances.

Item, en ces mêmes temps, par la diligence et entreprise de messire Jean de Vergy, et, avec lui, aucuns capitaines françois, furent déboutés les Anglois hors de deux fortes villes qu'ils tenoient au pays de Champagne, sur les marches de Barrois, c'est à savoir Nogent-le-Roy et Montigny. Et pareillement, ceux de Pontoise rendirent leur ville ès mains de monseigneur de l'Ile-Adam, laquelle par avant tenoient les Anglois. Et, nonobstant que ledit seigneur de l'Ile-Adam, naguère eût fait guerre pour les dessusdits Anglois, et eût été maréchal de France pour le roi Henri, néanmoins, dedans bref temps après, leur fit forte guerre. Et, d'autre part, furent les Anglois déboutés du bois de Vincennes et d'aucunes autres places qu'ils tenoient vers l'Ile-de-France. Et adonc se commencèrent à apercevoir les Anglois, que moult avoient perdu, en ce que le duc de Bourgogne étoit d'eux déjoint et rallié avecque les François. Si l'en commencèrent à avoir en grand' haine, lui et les siens, et en plus grand' indignation que leurs anciens ennemis.

CHAPITRE CXCV.

Comment le roi Henri d'Angleterre envoya ses lettres à ceux du pays de Hollande, pour les attraire de sa partie; et la copie desdites lettres.

En cet an, Henri de Lancastre, roi d'Angleterre, envoya des lettres scellées de son scel aux bourgeois, maîtres et échevins, conseillers et communautés de la ville de Céricée, afin d'iceux attraire et entretenir de sa partie contre le duc de Bourgogne, desquelles la teneur s'ensuit :

« Henri, par la grâce de Dieu, roi d'Angle-

terre, seigneur d'Irlande, à nos très chers et
grands amis, les bourguemestres et échevins, conseillers, et communautés de la ville de Céricée;
salut et continuation de vrai amour et affection.
Très chers et grands amis, quantes (comme dites)
et quel repos apporte le fruit de naturel amour aux
royaumes, seigneuries et personnes, qui, par longue continuation, sont confédérées et alliées ensemble, leurs faits et leurs besognes le démontrent
assez, comme bien en avez eu l'expérience. Et
nous, remémorant en notre pensée les douces
amitiés et confédérations qui, de grand' ancienneté
ont été continuées entre nos nobles progéniteurs,
ses royaumes et pays, et les princes qui, au temps
passé, ont eu seigneurie en Hollande, Zélande et
Frise, moyennant laquelle amitié, bonne paix et
union, tranquillité, sûreté de marchandise, amoureuse continuation, profitable conservation de
loyauté et de foi, ont été gardées, d'un côté et
d'autre, au reboutement de toutes divisions, haines, débats et envies, qui sont toujours occasion
de perturber et pervertir toute bonne police et
sûreté humaine, désirant pour ce, de tout notre
cœur, icelles être continuées; et, en suivant les
traces de nos prédécesseurs, qui, tant par lignage
et affinité de sang, comme par loyale confédéraration et alliance qu'ils ont eue avec les dessusdits princes du pays de Zélande, ont été continués
en si grand amour les uns avecque les autres,
comme de prendre et porter, par les dessusdits

princes, notre honorable ordre de la Jarretière,
avecque empereurs, rois et autres princes et seigneurs, icelui portant ordre pour notre amour.
avons pris juste occasion de vous écrire présentement l'affection que nous avons d'entretenir et
continuer lesdites confédérations et amitiés, qui
piéçà ont eu commencement, comme dit est.
A quoi, de notre part, avons, et sommes bien
enclins et disposés, estimant que quelconque nouvelle confédération n'est à préférer à ancienneté,
comme chose plus honorable et profitable à entretenir.

» Mais toutefois, pource que franchement, sous
ombre de couleur de terme de paix, aucunes
nouvelletés et mutations ont été faites en notre
royaume de France, au grand préjudice de nous
et notre état, honneur et seigneurie, en enfreignant la paix générale de nos deux royaumes,
tant fidèlement faite, promise et jurée par feu, de
très noble mémoire, nos très chers seigneurs père
et aïeul les rois Henri et Charles, dernièrement
trépassés, auxquels Dieu pardoint! et les plus
grands de leur sang et lignage, et états desdits
royaumes, comme tenons vous avoir en mémoire;
en laquelle cause, plusieurs rumeurs et nouvelles
courent en divers lieux, comme on dit, qu'aucuns
pays se disposent en rompures de confédérations
et alliances que nous avons eues avec eux, desquelles n'entendons que cause n'avons d'entendre,
ni imaginer que soient. Néanmoins, pour votre

consolation et avertissement, nous voudrions bien savoir en cette matière votre bonne volonté, pareillement que vous faisons savoir la nôtre. Et, pour ce, nous vous prions très affectueusement, et de cœur vous faisons savoir notre inclination et désir, pour l'entretennement de bonne amitié d'entre nos sujets et vous; semblablement, nous veuillez, de votre intention sur ces choses, pleinement et entièrement rendre certaines réponses par le porteur de cettes, qu'envoyons par-devers vous pour cette cause, ou par autres de vos messagers, si les voulez envoyer par-devers nous, en nous certifiant au surplus de toutes choses honorables et agréables à vous, et nous y ferons entendre très volontiers et de bon cœur.

» Très chers et grands amis, le Saint-Esprit vous ait en sa sainte garde.

» Donné, sous notre scel privé, en notre palais de Westmoutier, le quatorzième jour de décembre, l'an de grâce mil quatre cent trente-cinq, et de notre règne le quatorzième. »

Et la subscription étoit :

« A nos très chers et grands amis, les bourguemestres, échevins, conseillers et communautés de la ville de Céricée. »

Lesquelles lettres reçues par les dessusdits, sans faire réponse au messager qui les apporta, sinon qu'ils se conseilleroient sur le contenu d'icelles, les envoyèrent devers le duc de Bourgogne et son conseil. Lequel fut très mal content des manières qu'iceux Anglois tenoient vers lui et ses pays, tant en ce comme en autres besognes.

CHAPITRE CXCVI.

Comment, après la paix d'Arras, le duc de Bourgogne conclut de faire et mener guerre aux Anglois.

Durant le temps que les besognes dessusdites se commencèrent fort à enfeloner et animer entre les deux parties d'Angleterre et de Bourgogne, comme dit est, fut avisé par ledit duc, et aucuns pour tant de ses féables conseillers, qu'il seroit bon de trouver manière secrète, qu'icelles deux parties ne fissent point de guerre l'un contre l'autre, et que leurs gens, pays, amis et alliés, demeurassent paisibles comme neutres. Et afin de à ce pourvoir, fut mandé devers le duc dessusdit, messire Jean de Luxembourg, comte de Ligny, qui point encore n'avoit fait de serment au roi Charles de France; lequel, à la requête d'icelui duc, se chargea d'en écrire à l'archevêque de Rouen, son frère, lequel étoit un des principaux conseillers du roi Henri d'Angleterre, et son chancelier sur la marche de France; et adonc fut icelle besogne mise en conseil, et qui plus est, icelui archevêque envoya en Angleterre devers le roi Henri et les siens. Si fut avisé, pour mieux faire que laisser, qu'il seroit bon qu'icelles deux parties demeurassent en bonne union l'une avec l'autre, quant au fait de la guerre. Et pourtant, la réponse ouïe, fut écrit audit messire Jean de Luxembourg, par son frère, que sa requête seroit mise à effet, et que bonne sûreté se bailleroit de la partie des Anglois, de non faire quelque entreprise sur le dessusdit duc de Bourgogne, ses pays et sujets, moyennant qu'il feroit pareillement à la partie dudit roi Henri d'Angleterre. Et alors bref ensuivant que ledit comte de Ligny eut reçu par écrit icelle réponse, il l'envoya devers icelui duc de Bourgogne, en faisant savoir à lui par iceux, s'il seroit content de procéder outre, lequel fit faire réponse, par la bouche de l'évêque de Tournai, que non, car naguères et de nouvel, les dessusdits Anglois avoient fait contre lui et ses sujets de trop grands dérisions, en diffamant en plusieurs lieux sa personne et son honneur; avoient aussi rué jus de quatre à cinq cents combattants de ses gens, sur les marches de Flandre, et aussi d'autre part, comme dit est ailleurs, avoient voulu prendre d'emblée la ville d'Ardre. Et cette chose avoient connu et confessé quatre de leur parti, qui pour celle cause en icelle ville d'Ardre, avoient eu les hâtereaux coupés, et si avoient fait plusieurs autres entreprises, lesquelles ils ne purent bonnement passer sous dissimulation.

Après laquelle réponse en cette manière faite par ledit évêque de Tournai, aux gens dudit messire Jean de Luxembourg, comte de Ligny, requirent audit duc de Bourgogne qu'il lui plût sur ce écrire ses lettres à leur seigneur et maître, lequel leur accorda et signa de sa main. Depuis lesquelles lettres envoyées par la manière devantdite, ledit duc de Bourgogne fut fort et par plusieurs fois, instruit et enhorté par aucuns de son conseil, à lui préparer et faire ses apprêts à mener guerre contre lesdits Anglois, pour garder son honneur; et tant que assez bref ensuivant, il fit écrire et envoya ses lettres au royaume d'Angleterre, devers le roi Henri, en lui signifiant et récitant les entreprises qui avoient été faites de sa partie, depuis la paix d'Arras, à l'encontre de lui, de ses gens et sujets, lesquelles sembloient être à lui et aux siens, tant étranges, grièves et préjudiciables, que pour son honneur, et lui mettre en devoir, ne devoient plus être tues ni dissimulées. Disant en outre, que s'il en étoit fait aucune chose de sa part, nul n'en devroit avoir merveilles, ni donner charge à lui, ni aux siens; car assez et trop lui en étoit donnée occasion, et cause raisonnable, dont moult lui déplaisoit.

Adonc les dessusdites lettres du duc de Bourgogne reçues et lues par le dessusdit roi d'Angleterre et son conseil, ils furent tous acertenés d'attendre et avoir la guerre au dessusdit duc de Bourgogne. Et sur ce, furent garnies et fournies toutes les forteresses du Boulenois, du Crotoy, et autres lieux à l'environ, à l'encontre de ses pays, prêtes pour attendre toutes aventures qui pourroient advenir. Et pareillement fit le dessusdit duc de Bourgogne garnir les siennes. Et adonc le roi d'Angleterre envoya ses lettres ès marches de France, et en aucunes bonnes villes, afin qu'on sût la vérité de la querelle, que le duc de Bourgogne prenoit contre lui; lesquelles en substance contenoient excusations des charges qu'icelui duc et les siens vouloient donner sur lui et sur ses gens, des entreprises dessusdites.

Entre lesquelles remontrances, récitoit les lettres qu'il avoit écrites en Hollande, non point pour induire les habitants à nul mal; et aussi des alliances qu'il avoit voulu, et vouloit faire avecque l'empereur d'Allemagne, étoit en sa franchise de ce faire, et du mandement secret qu'il faisoit en Angleterre pour grever ledit duc, comment il avoit écrit, étoit si secret, que par toute Angleterre étoit commune voix et ne le vouloit point céler, pource qu'il pourroit faire assembler gens, pour employer où bon lui sembleroit; disant outre, par icelles, que lesdites charges, qu'on lui avoit voulu bailler, étoient sans cause, comme il pouvoit pleinement apparoir par les œuvres qu'avoient faites contre lui et ses sujets le dessusdit duc de Bourgogne, et ceux de sa partie, laquelle charge, au plaisir de Dieu, retourneroit dont elle étoit venue.

CHAPITRE CXCVII.

Comment le duc de Bourgogne, avec aucuns de ses privés conseillers, se conclut d'aller assiéger et conquerre la ville de Calais.

Assez bref ensuivant, après que le duc de Bourgogne eut écrit ses lettres, comme dit est dessus, au roi d'Angleterre, contenant les entreprises faites contre lui et ses sujets par ledit roi et les siens, voyant les besognes en tel point que pour venir lui et ses pays en guerre contre les Anglois, tint par plusieurs fois grands conseils, afin de savoir comment et par quelle manière il pourroit conduire son fait : ès quels furent plusieurs diverses opinions mises en avant. Et vouloient les aucuns, que ledit duc de Bourgogne commençât la guerre, et qu'il assemblât sa puissance de tous ses pays pour résister contre lesdits Anglois et conquerre la ville de Calais, qui étoit de son propre héritage. Les autres étoient d'autre opinion ; car en icelui cas pensoient et contrepensoient moult le commencement, entretennement et fin d'icelle guerre, disant que les Anglois étoient moult près de plusieurs des pays du dessusdit duc, et y pourroient bien entrer à leur avantage quand bon leur sembleroit ; et ne savoient quelle aide il pourroit trouver au roi Charles, son seigneur, et en ses princes, à qui il s'étoit rallié, si aucune mauvaise fortune lui advenoit. Toutefois, quand tout eut été débattu par plusieurs journées, la conclusion fut prise que le dessusdit duc feroit guerre, et requerroit en aide ceux de ses pays de Flandre, de Hollande et d'autres lieux, pour lui aider à conquerre la dessusdite ville de Calais et la comté de Guines. Si étoient les principaux de ladite conclusion de faire guerre, maître Jean Chevrot, évêque de Tournai, le seigneur de Croy, maître Jean de Croy, son frère, messire Jean de Hornes, qui étoit sénéchal du Brabant; le seigneur de Chargny, le seigneur de Crèvecœur, Jean de Brimeu, bailli d'Amiens, et plusieurs autres. Auxquels conseils ne furent point appelés plusieurs grands seigneurs, qui continuellement avoient servi et soutenu grand'partie de la guerre avecque ledit duc, durant son règne, contre tous ses adversaires, c'est à savoir messire Jean de Luxembourg, le seigneur d'Antoing, le vidame d'Amiens, le bâtard de Saint-Pol, le seigneur de Saveuse, Hue de Launoy, le seigneur de Mailly, et moult d'autres nobles et puissants hommes, tant des pays de Picardie comme d'autres étant en la puissance dudit duc; pourquoi il leur sembloit qu'ils n'étoient point tant tenus d'eux et leur puissance employer au fait de ladite guerre, comme s'ils eussent été appelés.

Néanmoins, après la conclusion dessusdite, ledit duc alla en sa ville de Gand, auquel lieu il fit assembler, en la Chambre des Collations, les échevins et les doyens des métiers d'icelle ville, auxquels, lui étant présent, il fit remontrer par maître Goussenin le Sauvage, un de ses conseillers de son châtel de Gand, comment la ville de Calais appartenoit jadis à ses prédécesseurs, et qu'elle étoit de son droit domaine et héritage, à cause de sa comté d'Artois, jà-soit-ce que les Anglois l'avoient de long temps occupée par force et contre son droit, comme de ce ils pouvoient assez véritablement être informés, tant par ce qu'autrefois leur avoit fait remontrer par messire Collart de Communes, souverain bailli de Flandre, comme par autres, ses conseillers et serviteurs. Et aussi avoient lesdits Anglois, depuis la paix d'Arras, fait plusieurs entreprises contre lui et ses pays et sujets, dont il étoit moult déplaisant; et mêmement avoient en divers lieux écrit et proclamé de très grands injures et diffamés contre sa personne, pourquoi il avoit cause bonnement, sauve son honneur, de non plus souffrir ni dissimuler contre iceux Anglois; et pour ce leur faisoit requête et prière très instamment, qu'ils lui voulsissent aider à reconquerre icelle ville de Calais, laquelle, comme disoit ledit maître Goussenin, étoit moult préjudiciable à toute la comté de Flandre, pource que les laines, étain, plomb, formages et autres marchandises, que ceux de Flandre y achetoient, on ne pouvoit payer de quelque monnoie, tant fût de bon aloi, à leur plaisir; et leur convenoit bailler or ou argent fondu et affiné, ce que point ne faisoient les autres pays; et ce relatèrent être vrai lesdits doyens des métiers.

Après lesquelles remontrances faites bien au long, grand' partie desdits échevins et doyens de ladite ville de Gand, sans prendre délibération de conseil ni jour d'avis pour parler aux autres membres de Flandre, se consentirent à la guerre; et ne pouvoient être ouïs aucuns seigneurs et gens sages et anciens qui étoient de contraire opinion. Et qui plus est, quand les nouvelles en furent épandues par les autres villes et pays de Flandre, furent tous volontarieux à celle besogne. Et tardoit moult à la plus grand' partie, que on y procédoit si lentement; et étoient trop malement désirant de montrer comment ils étoient bien armés et pourvus d'engins et autres habillements de guerre. Si procédèrent en ce arrogamment et pompeusement; et pour vrai il leur sembloit que ladite ville de Calais n'auroit point de durée contre eux. Et depuis ce jour en avant commencèrent à eux pourvoir de toutes besognes servant à la guerre. Et pareillement fit ledit duc de Bourgogne, faire requête aux autres membres et châtellenies de sa comté de Flandre, d'avoir aide et secours; lesquels lui accordèrent libéralement. Et d'autre part, icelui duc s'en alla en Hollande, et fit requête à ceux du pays, que aussi ils lui fissent aide de gens et de navires, pour aller audit lieu de Calais. Lesquels lui accordèrent grand' partie desdites requêtes; et après s'en retourna, et fit par tous ses pays faire grands préparations de guerre contre lesdits Anglois, en intention de reconquerre ladite ville de Calais.

Après ce que les besognes dessusdites eurent été longuement démenées, comme dit est, entre les Anglois et Bourguignons, et que chacun d'icelles parties se gardoit l'un de l'autre, et déjà avoient fait de chacune partie aucunes entreprises, lors le duc de Bourgogne envoya, de ses pays de Picardie, le seigneur de Ternant, messire Simon de Lalain et autres de ses capitaines, atout six cents combattants, à Pontoise, à l'aide du seigneur de l'Ile-Adam, pour lui aider à garder la frontière contre lesdits Anglois, lesquels menoient forte guerre à icelle ville de Pontoise, pour tant que le seigneur de l'Ile-Adam l'avoit naguère prise sur eux. Avec lesquels se assembloient très souvent les François, et contendoient très fort à reconquerre la ville de Paris pour la partie desdits François. Durant lequel temps, la femme du roi Charles accoucha d'un fils, lequel le dessusdit roi fit lever au nom du duc de Bourgogne, et fut nommé Philippe. Si le tint sur les fonts, pour ledit duc, Charles de Bourbon, et avecque lui Charles d'Anjou, frère de la reine; et après qu'il fut baptisé, envoya le roi ses lettres, par un poursuivant, devers ledit duc, par lesquelles il lui signifioit ce que dessus est déclaré, en lui requérant que ce qu'il en avoit fait, il le voulsît avoir pour agréable. Lequel duc fut d'icelles nouvelles très joyeux, et donna audit poursuivan de très riches dons, comme prince. Et entre temps, ledit duc faisoit par tous ses pays de grands requêtes à ses sujets, pour avoir aide de gens et de finance contre les Anglois.

CHAPITRE CXCVIII.

Comment la ville de Paris fut réduite en l'obéissance du roi Charles de France.

Au commencement de cet an, s'assemblèrent le comte de Richemont, connétable de France, le bâtard d'Orléans, les seigneurs de la Roche, de l'Ile-Adam, de Ternant, et avec eux messire Simon de Lalaing, et Sanse, son frère, et plusieurs autres capitaines françois et bourguignons, accompagnés de cinq à six mille combattants ou environ; lesquels, eux partant de Pontoise, vinrent devers Paris, espérant d'y entrer par subtils moyens que y avoit le seigneur de l'Ile-Adam et autres favorisant la partie de Bourgogne. Si furent illec de quatre à cinq heures; et après, voyant qu'ils ne pouvoient venir à leur intention, se logèrent à Aubervilliers, Montmartre, et autres lieux à l'environ; et le lendemain assaillirent la ville de Saint-Denis, où il y avoit de quatre à cinq cents Anglois, qui furent pris de force; et en y eut de morts environ deux cents, et les autres se retrahirent en l'abbaye, à l'entour du Velin; lesquels Anglois furent assiégés, mais ils se rendirent, sauves leurs vies, réservés aucuns du pays, qui demeurèrent à volonté. Et le lendemain, qui étoit jeudi, messire Thomas de Beaumont, lequel nouvellement étoit venu à Paris, atout six cents Anglois qu'il avoit amenés de Normandie, alla, dudit lieu de Paris, à iceux vers ladite ville de Saint-Denis pour savoir et enquerre de l'état des François, desquels il fut aperçu; et saillirent hors à grand' puissance contre lui. Si furent assez tôt mis à grand meschef et tournés à déconfiture; et en demeura de morts en la place bien trois cents, et quatre-vingts prisonniers, desquels fut l'un ledit messire Thomas; et les autres se sauvèrent en fuyant à Paris, et furent chassés jusques aux portes de la ville. Et adonc les Parisiens, qui étoient moult favorables au duc de Bourgogne, c'est à savoir le quartier des halles, aucuns de l'université, Michaut Laillier et plusieurs autres notables bourgeois de Paris, eux voyant la perte qu'avoient faite les Anglois, et la puissance qu'avoient les François et Bourguignons auprès d'eux, se mirent ensemble par diverses compagnies, et conclurent l'un avec l'autre de bouter les Anglois hors de leur ville, et y mettre les François et Bourguignons dessusdits. Si le firent savoir au seigneur de l'Ile-Adam, afin qu'il y menât les autres. Lequel nonça ces nouvelles au connétable de France, et aux autres seigneurs; lesquels, tous ensemble se conclurent d'y aller, et se partirent de Saint-

Denis en belle ordonnance le vendredi très matin.

Et entre temps, Louis de Luxembourg, evêque de Thérouenne, les évêques de Lisieux et de Meaux, le seigneur de Villeby (Willoubgy), et plusieurs autres tenant le parti des Anglois, doutant ce qui leur advint; c'est à savoir que le commun ne se tournât contre eux, firent loger leurs gens en la rue Saint-Antoine auprès de la bastille; et firent ladite bastille de bien garnir de vivre et de plusieurs habillements de guerre; et avec ce se tinrent leurs gens armés et sur leur garde pour eux y retraire si besoin leur en étoit. Et les dessusdits François et Bourguignons venus devant ladite ville de Paris, vers la porte Saint-Jacques, outre l'eau vers Montlhéry, envoyèrent le seigneur de l'Ile-Adam parlementer à ceux des murs, lequel leur montra une abolition générale de par le roi Charles de France, scellée de son grand scel, en les admonestant très instamment qu'ils se voulsissent réduire en l'obéissance du dessusdit roi Charles, à l'instance et faveur du duc de Bourgogne qui s'étoit réconcilié avec lui, duquel ils avoient si bien tenu le parti, et encore demeuroient sous son gouvernement. Lesquels Parisiens oyant les douces paroles et offres que leur faisoit ledit seigneur de l'Ile-Adam et autres de sa partie, s'inclinèrent et conclurent assez bref ensuivant l'un avecque l'autre, de mettre les dessusdits seigneurs en leur ville.

Alors, sans délai, furent dressées échelles contre la muraille, par lesquelles icelui seigneur de l'Ile-

Adam monta et entra en ladite ville, et avec lui le bâtard d'Orléans et grand foison de leurs gens. Avecque lesquels s'assemblèrent grand foison de Bourguignons, et grand foison du commun d'icelle cité, qui tantôt commencèrent à crier parmi ladite ville: *La paix! vivent le roi et le duc de Bourgogne!* Et tantôt après firent ouvrir les portes par lesquelles entrèrent dedans ledit connétable et autres seigneurs, atout leurs gens d'armes, qui se retrahirent vers la bastille Saint-Antoine où étoient les Anglois; c'est à savoir, les dessusdits évêques et seigneurs qui déjà se retrayoient dedans ladite bastille, et cuidoient aucunement résister; mais ce fut peine perdue, car leurs adversaires étoient trop puissants au regard d'eux; par quoi ils furent assez tôt reboutés en icelle, et en y eut de morts et pris en petit nombre.

Et après furent faites barrières au devant de la porte de la Bastille, de quartiers de bois. Et se logèrent gens d'armes aux Tournelles et autres logis au plus près, afin qu'iceux Anglois ne pussent saillir dehors. Et lors tous leurs biens qu'ils avoient laissés furent pris et départis, et aussi plusieurs des principaux qui avoient tenu leur parti furent mis prisonniers, et leurs biens confisqués; et avecque ce, de par le roi Charles, y furent faits nouveaux officiers. En après, l'évêque de Théronenne, le seigneur de Villeby et leurs complices étant en ladite bastille, eurent parlement avec les François; lequel parlement, par le moyen du seigneur de Ternant, et de messire Simon de Lalaing, vint à conclusion par tel si, qu'en rendant ladite bastille, ils s'en iroient saufs leurs corps et leurs biens. Si eurent sauf-conduit du connétable de France, sous lequel ils s'en allèrent à Rouen par eau et par terre; et à leur département firent lesdits Parisiens grand huée en criant : *A la queue*. Et par ainsi demeura ladite ville de Paris en l'obéissance du roi Charles; et issirent iceux Anglois par la porte des champs, et allèrent par autour monter sur l'eau derrière le Louvre. Si perdit ledit évêque de Thérouenne sa chapelle qui étoit moult riche, et grand' partie de ses joyaux et autres bonnes bagues qui demeurèrent audit connétable. Toutefois il fut aucunement favorisé dudit seigneur de Ternant et de messire Simon de Lalaing; et lui fut secrètement rendue aucune partie de ses biens qui étoient aval la ville, à l'entrée de laquelle fut déployée la bannière du duc de Bourgogne et son étendard, pour avoulenter (disposer) lesdits Parisiens à eux tourner de ce parti. Et si y furent faits chevaliers nouveaux de par le connétable dessus nommé des marches de Picardie, Sanse de Lalaing et Robert de Neuville, avecque aucuns autres de la partie des François. Après laquelle entrée demeurèrent dedans icelle ville grande espace de temps ledit connétable, et avec lui ledit seigneur de Ternant, qui lors fut fait prévôt de Paris. Et le dessusdit messire Sanse de Lalaing et les autres, comme le bâtard d'Orléans et les autres Picards, retournèrent ès lieux dont ils étoient venus.

CHAPITRE CXCIX.

Comment Artus, comte de Richemont, connétable de France, fit guerre au damoiseau de Commercy.

En cet an, le comte de Richemont, connétable de France, atout grand' compagnie de gens d'armes, vint au pays de Champagne et ès marches d'environ pour guerroyer le damoiseau de Commercy et les autres qui étoient désobéissants au roi Charles de France, et moult travailloient ses pays. Et à sa première venue prit Lonnois à quatre lieues près de Reims, et de là alla devant Braine, apartenant au seigneur de Commercy; mais pource qu'elle étoit trop forte et bien garnie, et qu'ils ne vouloient point obéir, il passa outre et s'en alla à Saint-Menehoult, que tenoit Henri de la Tour, lequel il en débouta par certains traités faits entre les parties. Auquel lieu vint devers le connétable le damoiseau Everard de la Marche, qui avec lui fit appointement pour avoir ses gens et mettre le siége devant Chavency. Si bailla ledit connétable plusieurs de ses capitaines avec leurs gens audit damoiseau Everard, qui allèrent assiéger ladite ville de Chavency, environ huit jours après Pâques; et là firent une grande et forte bastille où se logèrent environ quatre cents combattants, avec grand nombre de communes de bonnes villes, et du plat pays, qui alloient et venoient. Entre lesquels y étoit le lieutenant du connétable, qu'on nommoit Jean de Malatrait, et messire Jean Geoffroi de Couvrant, et le prévôt des maréchaux, Tristan l'Hermite. Et si y étoit Pierre d'Orgy, Yvon du Puis, l'Arragon, Etienne, le grand Pierre et plusieurs autres notables hommes, qui là furent bien quatre mois ou plus, faisant moult forte guerre aux assiégés; lesquels aussi se défendirent très prudemment. Durant lequel temps une partie des assiégeants se tinrent aux champs, sur intention de faire dommage en autre manière au dessusdit damoiseau de Commercy, lequel se tenoit toujours sur sa garde, et bien garni de gens d'armes. Et sut, par ses epies, que ses adversaires étoient logés au pays de Champagne, en une ville nommée Rommaigne; et avant qu'ils s'en aperçussent aucunement, les assaillit environ huit heures au matin, et ains qu'ils s'en donnassent garde, les rua jus et détroussa du tout. Si y furent morts environ soixante hommes, entre lesquels le furent Alain Geron, bailli de Senlis, Geoffroy de Morillon, Pierre d'Orgy, Alain de la Roche, Olivier de la Jouste, le bâtard de Villeblanche, et plusieurs autres gentilshommes; et si en furent pris prisonniers bien six vingts, dont en étoit un Blanchelaine. Après laquelle détrousse ledit damoiseau de Commercy se retrahit.

Et après, quand les nouvelles en furent portées au siége de Chavency, ils en furent fort émerveillés.

Néanmoins ledit Everard de la Marche se rallia derechef avec le comte de Vernembourg, qui, en personne, et deux de ses fils avecque lui, et de quatre à cinq cents combattants, alla audit siége et y mena messire Hugues Tauxte, messire Heraut de Gourgines, gouverneurs d'Ainviller, les enfants de Brousset et plusieurs autres grands seigneurs, qui au siége se tinrent jusques à la nuit de Saint-Jean-Baptiste, que les assiégés livrèrent une moult forte escarmouche et boutèrent le feu aux logis des assiégeants, parquoi les mirent en desroi (désordre), et en occirent de deux à trois cents, entre lesquels y furent morts Etienne Diest et l'Arragon; et à l'autre des escarmouches y fut mort l'un des fils du comte de Vernembourg; et pareillement le feu fut bouté par fusées dedans la grand' bastille. Parquoi lesdits assiégeants, à grand' perte et dommage, se délogèrent du tout après que leurs logis furent du tout ars et bruys (brûlés), comme dessus est dit. Et étoient dedans Chavency, durant le siége devant dit, de par ledit seigneur de Commercy, Engilbert de Dole et Girard de Marescoup, atout environ deux cents combattants. Si avoit ce temps pendant le dessusdit connétable de France mis en l'obéissance du roi Charles, Nanteuil, en la montagne de Reims, Ham en Champagne, Bourg, et aucunes autres forteresses de sa venue.

CHAPITRE CC.

Comment l'évêque de Liége et ses Liégeois détroussèrent Bousseuvre et plusieurs autres forteresses qui leur faisoit guerre.

A l'issue du mois d'avril se mit sus à moult grand' puissance, l'évêque de Liége, pour aller combattre et mettre en son obéissance plusieurs forteresses sur la marche d'Ardenne, lesquelles étoient garnies d'aucuns saquements (pillards) qui très souvent alloient courre au pays de Liége, et y faisoient moult de dommages. Desquels étoient les principaux conducteurs et qui les soutenoient, Jean de Beaurain, Philippot de Sanguin, le seigneur d'Orchemont, et aucuns autres qui se retrayoient communément au châtel de Boussenoch, au haut Châtelet, à Villers devant Mousson, à Aubigny, à Orchemont, à Beaurain et en plusieurs autres forteresses à l'environ. Et se renommoient très souvent les aucuns du roi, et les autres du duc de Bourgogne, et la plus grand' partie de messire Jean de Luxembourg, comte de Ligny. Et les dessusdits, c'est à savoir Jean de Beaurain et Philippot de Sanguin, faisoient guerre en leur nom pour aucuns intérêts qu'ils disoient avoir au service desdits Liégeois. Si assembla ledit évêque de deux à trois mille chevaux, par l'aide des nobles de ses pays, et bien douze ou seize mille hommes de ses communes, très bien habillés et embâtonnés, chacun selon son état, avecque de trois à quatre mille que chariots que charrettes, chargées d'engins, artilleries, vivres et autres habillements de guerre; lesquels partant de la cité de Liége, les conduisit à Dinant, et de là les mena passer la rivière de Meuse, et puis parmi les bois qui duroient bien cinq lieues, allèrent à Rignives, où ils séjournèrent par l'espace de deux jours, pource que ledit charroi cheminoit à grand'peine et pesamment, pour les chemins qui étoient effondrés. Auquel lieu de Rignives à son partement divisa son ost, et fit mettre en quatre batailles, c'est à savoir deux batailles à pied et deux à cheval; et alla, ledit évêque, tout au long desdites batailles, les admonestant de chacun bien faire son devoir. Si fit partir une partie de ses gens à cheval, qui allèrent loger devant ledit châtel de Boussenoch, et il les suivit atout ceux de pied, et les fit assiéger tout entour, et affuter les bombardes, et dresser ses engins contre la porte et muraille du dessusdit fort, dedans lequel furent environ vingt saquements (pillards) qui moult furent envahis de voir si grand' puissance devant leurs yeux.

Et adoncque les dessusdits Liégeois mirent la main à l'œuvre, et vidèrent grand' partie de l'eau des fossés par tranchis qu'ils firent. Et les autres apportèrent une grand' montjoie de fagots, pour icelles fosses remplir : puis commencèrent à assaillir terriblement, et par grand' vigueur; et tant firent qu'ils prirent le boulevert de ladite forteresse d'assaut; et les défendants se rétrahirent en une grosse tour qui étoit là, et se défendirent une grand' espace de temps. Mais ce rien ne valut : car ils furent tantôt oppressés de feu et de trait, tant qu'ils se rendirent à la volonté dudit évêque, lequel les fit tous pendre par les hâtereaux (cous) aux arbres étant près ladite forteresse, par un prêtre qui étoit avecque eux comme leur capitaine. Lequel prêtre, après qu'il eut pendu ses compagnons, fut lié à un arbre et brûlé; et ladite forteresse fut démolie et rasée. Et se partit de là icelui évêque, et mena ses gens vers le haut Châtelet; desquels il y avoit grand' partie de ses gens qui vouloient aller devant Hyresson et autres forteresses de messire Jean de Luxembourg, pourtant qu'ils disoient qu'il soutenoit en sesdites forteresses, leurs ennemis, qui leur faisoient guerre. Mais ce propre jour vint devers ledit évêque sur les champs, le bâtard de Coucy, qui leur dit et rapporta que ledit messire Jean de Luxembourg, l'avoit là envoyé pour lui certifier qu'il ne vouloit à lui ni à ses pays fors bon voisinage, requérant qu'il ne leur souffrît faire quelque dommage; et si aucun tort avoit été fait à lui et à ses pays, par gens qui se fussent renommés de lui, lui ouï en ses défenses, s'en vouloit rapporter audit des amis d'un côté et d'autre. Et d'autre part vinrent lettres, de par le duc de Bourgogne, au dessusdit évêque, par lesquelles lui requéroit qu'il ne fît nul dommage audit messire Jean de Luxembourg, ni aussi au seigneur d'Orchimont; et par ainsi fut ce propos rompu, et mis en délai. Et s'en allèrent l'évêque dessus nommé et une partie de ses gens loger à Aubigny, où il trouva que ceux de la garnison s'en étoient fuis de peur qu'ils avoient eue. Et pour tant fit ardoir la forteresse, et puis s'en alla au Haut-Châtelet, où il y avoit une partie de ses gens qui étoient dedans; et l'avoient abandonné ceux qui le tenoient; et fut abattu comme les autres. Et lors avoit l'évêque intention d'aller à Villiers; et quand ce fut venu à la connoissance d'icelui et de ceux de Mousson et d'Ivoy, doutant le dommage qu'ils pouvoient avoir au pays pour le grand nombre desdits Liégeois, eux-mêmes abattirent ledit fort de Villiers. Et quand ce fut venu à la connoissance dudit évêque, il prit son chemin pour aller à Beaurain; laquelle forteresse, Jean de Beaurain, qui en étoit seigneur, avoit fait fort réparer, et y édifier quatre tours; dont l'une étoit nommée Hainaut, la seconde Namur, la tierce Brabant, et la quatre Retels, qui étoient les quatre pays où il avoit pris la finance dont il les avoit fait fonder. Toutefois, quand il sut la venue des dessusdits Liégeois, il ne les osa attendre. Si s'en alla avecque ses gens, et y fit bouter le feu dedans: mais pourtant ne demeura mie que ledit évêque de Liége ne fît abattre de fond en comble et du tout démolir. Et de là, sans plus avant besogner, ramena ses Liégeois en leur pays, et s'en retourna en sa cité de Liége.

En ce temps se rendit au seigneur d'Aussy et à messire Florimont de Brimeu, sénéchal de Ponthieu, la ville de Gamache en Vimeu, qui moult long-temps avoit tenu le parti des Anglois, par certains moyens qu'ils avoient dedans; en laquelle ville furent mis par ledit sénéchal gens d'armes de la partie du duc de Bourgogne. Et pareillement furent lesdits Anglois déboutés d'Aumarle; et fut mise en la main d'un gentilhomme nommé David de Reume, qui tenoit le parti du roi Charles. Durant lequel temps, le comte de Richemont, connétable de France, fit assiéger le Creil, que tenoient les Anglois; et fut faite une bastille au bout du pont d'icelle ville, vers Beauvoisis, où ils furent longue espace; mais enfin ils se départirent assez honteusement, dont ils eurent grand deuil au cœur; et perdirent de leurs gens et aussi de leurs habillements de guerre bien largement.

CHAPITRE CCI.

Comment la ville et forteresse d'Orchimont furent détruites et démolies par le damoisel Éverard de la Marche.

Durant ce temps, Bernard de Bourset, qui tenoit la forteresse d'Orchimont, sur la marche d'Ardennes, envoya environ cinquante saquements (pillards) qu'il avoit, pour courre sur le pays de Liége, ainsi que plusieurs fois par avant avoient fait; lesquels

furent aperçus du dessusdit pays de Liége, et mis
à chasse par l'aide et entreprise du prévôt de Re-
bonge. Et de fait leur fut rompu le passage par où
ils s'en cuidoient retourner, et s'enfuirent par emprès Dinant, et se boutèrent en Bouvines pour eux
cuider sauver; mais ils furent détenus prisonniers.
Et depuis, nonobstant que lesdits officiers du pays
de Liége fissent plusieurs requêtes à ceux de Bouvines qu'ils fissent justice des dessusdits coureurs,
si les délivrèrent-ils; car icelles deux seigneuries
ne s'aimoient point bien l'une l'autre. Et entre
temps qu'iceux furent ainsi empêchés, Éverard de
la Marche, qui étoit allié avec l'évêque de Liége et
auquel iceux dessusdits coureurs avoit fait plusieurs
dommages et déplaisances, assembla hâtivement
ce qu'il put avoir de gens; et se mirent avecque
lui iceux de Dinant et ceux du pays, atout lesquels
il s'en alla devant Orchimont, et gagna la ville
d'assaut. Et lors le dessusdit Bernard, qui adonc
avoit très peu de gens de guerre avec lui, se retrahit en la forteresse, où il fut approché des Liégeois très fièrement, tant que par vive force, au
bout de quatre jours, il fut contraint par telle
manière qu'il se rendit, et fit traité avecque le
dessusdit Éverard de la Marche. Après lequel
traité, icelle ville d'Orchimont et le châtel ensemble, furent démolis et rasés jusques à terre, dont
tout le peuple de toute la marche et des pays à
l'environ furent très joyeux, pourtant que de
très long-temps par avant s'étoient tenus dedans

icelles aucunes gens de très mauvaise raison, et qui moult avoient grévé et oppressé leurs pays voisins.

CHAPITRE CCII.

Comment les Anglois de Calais coururent vers Boulogne et Gravelines, et déconfirent les Flamands ; et de La Hire qui gagna Gisors, et tantôt le perdit.

En ce temps, après que les besognes dessusdites furent ainsi approchées de guerre, comme dit est ci-dessus, entre les Anglois et Bourguignons, et que chacune des parties étoit sur sa garde, iceux Anglois vinrent courre devant Boulogne, et cuidèrent prendre la Basse-Boulogne ; mais elle leur fut fort défendue. Si ardirent partie du navire qui étoit en hâvre, et après se retrahirent, atout (avec) ce qu'ils purent avoir, en leur forteresse, sans perte. Et assez bref ensuivant, se mirent ensemble de cinq à six cents combattants, et allèrent fourrager les pays vers Gravelines ; mais les Flamands de la marche à l'environ du pays s'assemblèrent et coururent sus aux dessusdits Anglois, outre la volonté des gentilshommes qui les conduisoient, c'est à savoir Georges de Ubes et Chéry de Hazebrouck. Si furent tôt vaincus et mis à déroi ; et en y eut de trois à quatre cents morts, et bien six vingts prisonniers ; lesquels, par lesdits Anglois, avecque grands proies, furent menés dedans la ville de Calais, et ès autres forteresses de leur obéissance; et les autres se sauvèrent par les haies et buissons, où ils purent pour le mieux.

Auquel temps aussi La Hire, qui se tenoit à Beauvais et à Gerberoy, par certains moyens qu'il avoit en la ville de Gisors, entra dedans à puissance, et gagna ladite ville; mais aucuns de la garnison étant léans, se retrahirent en la forteresse, et envoyèrent quérir secours de leurs gens à Rouen et ailleurs de leur obéissance. Lequel secours, dedans le tiers jour, fut envoyé si fort, qu'ils reconquirent la ville; et s'en partirent La Hire et les siens plus tôt que le pas, réservé de vingt à trente, qui demeurèrent en icelle ville, que morts que pris, avecque grand' quantité des habitants; desquels par iceux Anglois fut faite grand' destruction, pour tant qu'ils étoient demeurés avecque leurs ennemis.

CHAPITRE CCIII.

Comment les Gantois et ceux du pays de Flandre firent grand appareil de guerre, pour aller devant la ville de Calais.

Durant le temps dessusdit, les Gantois, pour savoir leur puissance, mandèrent par tous leurs châtellenies et ès pays à eux sujets, que tous ceux qui étoient leurs bourgeois, de quelque état qu'ils fussent, réservé ceux qui étoient à leur prince, vinssent dedans trois jours eux montrer devant les échevins de Gand, et faire écrire leurs noms et leurs surnoms, sur peine de perdre la franchise de leur bourgeoisie, et avecque ce, qu'ils se pourvussent d'armures et de habillements nécessaires à guerre. Aussi firent publier que ceux qui étoient condamnés pour leurs maléfices par lesdits échevins, ou autres arbitres, à faire pèlerinage, fussent tenus pour excusés jusques au retour d'icelui voyage, et quatorze jours après; et que ceux qui avoient guerre ou dissension l'un à l'autre, demeureroient en la sauve-garde de la loi ledit voyage durant; et qui l'enfreindroit, il seroit puni selon la coutume de ladite ville. *Item*, en outre, fut défendu que nul du pays, de quelque état qu'il fût, ne menât ou fît mener hors d'icelui pays, aucunes armures ou habillements de guerre, sur peine d'être banni de dix ans. Après lequel mandement dessusdit, firent en icelle ville de Gand et en leur châtellenie, moult grand appareil de guerre; et savoient toutes les villes fermées et les villages combien ils devoient délivrer de gens pour accomplir le nombre de dix-sept mille hommes, que ceux de ladite ville de Gand avoient promis à délivrer à leur prince en cette présente année; et pareillement savoient bien combien chacun ménage devoit payer de taille, des assiettes qui se faisoient pour la dépense d'icelle guerre. Et après, mandèrent par toute leur obéissance, qu'on leur fît finance, pour leurs deniers, de chars et de charrettes, le tiers plus qu'on n'en avoit livré jadis pour le voyage de Ham-sur-Somme; et furent leurs mandements publiés par toutes leurs châtellenies, par les officiers des lieux. Et pour tant que bonne expédition ne fût mie de ce faite du tout à leur plaisir, ils envoyèrent derechef autre nouvel mandement auxdits officiers, par lequel ils leur signifioient, si de trois jours ensuivant n'avoient envoyé montrer en ladite ville de Gand, devant leurs commis, leurs chars et charrettes dessusdits, en nombre qu'ils les demandoient et requéroient, ils envoieroient le doyen des Blancs-Chaperons et ses gens èsdites villes, pour prendre iceux chars et charrettes sur les plus apparents, sans rien épargner aux dépens de ceux qui auront été refusant de les bailler.

Lequel second mandement vu, pour la doute des dessusdits Blancs-Chaperons, les devant dits paysans firent si bonne diligence que ceux de Gand furent bien contents d'eux. Si ordonnèrent et conclurent, afin que chacun d'eux fussent embâtonnés, que chacun se pourvût de courts maillets de plomb ou de fer, à pointes, et de lances, et que deux maillets vaudroient une lance; et qu'autrement ne seroient point passés à montre, et si en seroient punis ceux qui en seroient défaillants. Et d'autre part, ceux de Bruges et les autres membres firent, chacun selon leur état et puissance, très grands appareils et ordonnances pour aller en icelle armée. Et fut bien par l'espace de deux mois ou environ, que la plus grand' partie de tous ceux qui étoient ordonnés pour aller en icelui voyage ne faisoient aucunement leur métier ni leur labeur, ainçois la plus grand' partie du temps s'occupèrent d'aller dépendre le leur par grands compagnies ès tavernes et cabarets; et souvent s'émouvoient de grands débats et rumeurs les uns contre les autres, par le moyen desquels en y avoit souvent de morts et de navrés. Et entre temps, le duc de Bourgogne préparoit ses besognes à toute diligence pour fournir icelui voyage de Calais. Durant lequel temps en y avoit un nommé Hannequin Lyon, natif de Dunkerque, lequel, pour ses démérites, avoit été banni de la ville de Gand, et s'étoit rendu fugitif du pays. Si devint écumeur de mer; et, par son engin et diligence, multiplia tellement en chevance, qu'il avoit à la fois huit ou dix nefs bien armées et avitaillées, toutes à son commandement, et faisoit guerre mortelle à toutes gens, de quelque état qu'ils fussent. Si étoit moult craint et cremu (redouté) sur la mer des marches de Flandre et de Hollande, et se disoit ami de Dieu et ennemi de tout le monde; mais à la fin il en eut pour son salaire tel ou pareil qu'ont souvent gens de tel état qu'il étoit; car, quand il fut au plus haut de la roue de fortune, elle le mit tout au plus bas; et fut noyé en mer par tempête et orage de temps.

CHAPITRE CCIV.

Comment Messire Jean de Croy, bailli de Hainaut, atout plusieurs autres capitaines, assaillit les Anglois, dont il fut vaincu.

En ce même temps, messire Jean de Croy, bailli de la comté de Hainaut, assembla, des marches de Picardie et de Boulenois, jusques au nombre de quinze cents combattants ou environ; desquels étoient les principaux, le seigneur de Vaurin, messire Baudo de Noyelle, messire Louis de Thiembronne, Robert de Saveuse, Richard de Thiembronne, le seigneur d'Eule, le bâtard de Roucy, et moult d'autres experts et notables hommes de guerre, en intention de les mener courre devant Calais et autres forteresses tenant le parti des Anglois. Et se fit cette assemblée en un village nommé le Wast, à deux lieues près de Saint-Omer, au loin duquel lieu chevauchèrent de nuit vers le pays de leurs adversaires. Lesquels adversaires et ennemis, en icelle propre nuit, étoient issus de leurs garnisons bien deux mille ou environ, pour aller fourrager le pays de Boulenois et ès marches de là environ. Et ne savoient point icelles deux compagnies la venue l'une de l'autre, et ne venoient point tout un chemin pour eux entre rencontrer. Mais le dessusdit messire Jean de Croy, et ceux de sa partie, approchant les marches des dessusdits Anglois, envoya aucuns experts hommes d'armes connoissant le pays devant, pour enquerre et savoir des nouvelles; lesquels trouvèrent le train des Anglois, leurs adversaires et ennemis, vers le pont de Milay, environ le point du jour; et connurent et aperçurent bien qu'ils étoient moult grand nombre. Si le firent savoir à leurs capitaines, et qu'ils tiroient vers la Fosse de Boulenois. Lesquels s'assemblèrent l'un avecque l'autre pour avoir avis que sur ce leur étoit à faire. Si conclurent de les poursuivre et assaillir en tant qu'ils fourrageroient les villages, si ainsi on les pouvoit surtrouver (surprendre); et sinon, ils les combattroient en quelque état qu'ils fussent ratteints. Et fut lors ordonné que messire Jean de Croy dessus nommé, accompagné d'aucuns hommes d'armes experts, mèneroit la plus grand' partie des archers devant; et tous les autres de la compagnie suivroient d'assez près, sous l'étendard de messire Louis de Thiembronne. Si furent derechef mis coureurs devant, qui chevauchèrent très grand espace de chemin, tant qu'ils virent les feux qu'avoient boutés en icelles villes et cités les dessusdits Anglois; lesquels étoient déjà avertis que leurs adversaires et ennemis étoient sur les champs, par aucuns hommes du pays qu'ils avoient pris. Si rassemblèrent leurs gens ensemble sur une petite montagne entre Gravelines et Champagne. Si pouvoit être environ dix heures du jour; mais la plus grand' compagnie des Anglois étoient plus bas, et ne les pouvoit-on bonnement voir.

Et adonc, ceux de la partie de Bourgogne voyant leurs adversaires et ennemis devant leurs yeux, furent moult fort désirant d'assembler à eux. Pour ce en y eut fort grand nombre de ceux de devant qui allèrent frapper dedans ; et en y eut grandement de tués à leur nombre de soixante ou quatre-vingts, et grand' partie des autres se mirent à la fuite ; mais les assaillants n'étoient point ensemble, et chevauchoient à loin train ; puis voyant au-dessous de ladite montagne une si grosse compagnie de leurs adversaires et ennemis, qui se rallioient l'un avecque l'autre, ils doutèrent d'entrer entre eux, et attendirent leurs autres compagnons, enhardiant l'un contre l'autre. Et entre temps lesdits Anglois reprirent cœur, voyant qu'iceux les assailloient doutablement ; si vinrent par bonne ordonnance eux courre sus et férir en iceux vigoureusement. Et lors les dessusdits de la partie de Bourgogne, sans faire grand' resistance, se mirent en desroi, et retournèrent hâtivement en fuyant vers les forteresses de leur obéissance. Et les dessusdits Anglois, qui avoient été comme demi vaincus de première venue, coururent après à rêne lâchée, et les chassèrent jusques aux bailles (portes) d'Ardre, et dedans les barrières. Si en prirent et occirent bien cent ou plus, desquels en fut l'un Robert de Bournonville, surnommé le Roux ; et des prisonniers furent Jean d'Estrèves, Bournonville,

Galiot du Champ, Maide, Houllefort, Barnamont, et plusieurs autres notables hommes. Et mêmement iceux Anglois chassèrent si avant, qu'ils tuèrent et occirent environ cinq ou six Bourguignons au plus près des fossés de ladite ville d'Ardre, desquels en y avoit un de grand parage. En laquelle ville se retrahirent le seigneur de Waurin, messire Baudo de Noyelle, messire Louis de Thiembronne, Robert de Saveuse, qui avoit été fait chevalier nouvel à cette besogne, et aucuns autres, et mêmement le dessusdit messire Jean de Croy, qui avoit été blessé de trait à l'assemblée, et y fut son cheval mort; et retourna avecque lui le seigneur d'Eule en l'abbaye de Lille, moult troublé et ennuyé de cette male aventure; et les autres s'en retournèrent en plusieurs autres villes et forteresses du pays. En outre, après que les Anglois eurent ainsi rebouté leurs adversaires et ennemis, ils se rassemblèrent et se boutèrent en Calais et autres lieux de leur obéissance, atout leurs prisonniers; au-devant desquels vint hors d'icelle ville de Calais, le comte de Mortagne, qui leur fit moult joyeuse réception, et blâma moult fort ceux qui s'en étoient fuis, et les avoient laissés en ce danger.

CHAPITRE CCV.

Comment les Flamands allèrent assiéger la ville de Calais, et comment ils en partirent.

A L'ENTRÉE du mois de juin, le duc Philippe de Bourgogne, qui par avant avoit fait toutes ses préparations, tant de gens comme d'habillements de guerre, pour aller devers Calais, s'en alla atout simple état en la ville de Gand, afin de faire partir les Gantois et autres, d'icelui pays de Flandre. Lesquels, en la présence dudit duc de Bourgogne, firent leur montre le samedi, après le jour du Sacrement, dedans icelle ville de Gand, au marché des vendredis, et étoient là venus pour aller avecque eux ceux de leur châtellenie, c'est à savoir des villes de Grandmont, de Los, de Tenremonde, et demené avecque eux ceux des cinq membres de la comté d'Allots, qui contiennent soixante-douze villes champêtres et seigneuries, de Boulers, Potengien, Tournai, Gaures, et de Rides, avecque ceux de Regnaits et des régales de Flandre, situées entre Grandmont et Tournai. Auquel marché dessusdit, ils furent en état depuis huit heures du matin jusques après nonne, qu'ils issirent de leur ville, allant le chemin vers Calais; et les envoya icelui duc de Bourgogne jusques aux champs, où il prit congé d'eux, et s'en alla pour mettre à chemin ceux de la ville de Bruges. Si faisoit ce jour moult grand chaud et ferveur de soleil, de quoi il en mourut d'icelle ville de Gand, deux capitaines, dont l'un étoit nommé Jean des Degrés, et fut doyen des navieurs; et l'autre Gautier de Waser-Man, capitaine de Wesmonstre, avecque aucuns autres de petit état. Si étoient capitaines-généraux d'icelle armée des Flamands, c'est à savoir desdits Gantois, le seigneur de Communes; de Bruges, le seigneur de Stienhuse; de Courtrai, messire Girard de Châtelles, de ceux du Franc, le seigneur de Merqueue; et de ceux d'Ypres, Jean de Communes. Et se logea l'ost, pour celle première nuit, à Devise et à Petangien, qui sont assis à lieue et demie près de la susdite ville de Gand, ou environ; et le lendemain séjournèrent là pour attendre leurs habillements. Et après, le lundi ensuivant, se partirent de ce lieu et s'en allèrent par plusieurs journées loger dehors de la ville d'Armentières, sur les prairies. Et se mirent avecque en chemin ceux de Courtrai et d'Audenarde, qui sont de leur châtellenie; et les conduisoit toujours comme chef et capitaine, le seigneur d'Anthoing, à cause de ce qu'il étoit vicomte héritablement de la terre de Flandre.

Auquel lieu d'Armentières furent pris vingt-un hommes, et liés aux arbres devant la tente de Gand, pour ce qu'ils avoient dérobé aucuns du pays. Et de là s'en allèrent lesdits Gantois parmi le pays de

Laleu à Hazebrouck, où ils abattirent le moulin Chéry de Hazebrouck, lequel, comme ils disoient, avoit mal conduit les Flamands devant Gravelines, qui naguères avoient été déconfits par les Anglois; mais ils s'en excusoit en disant qu'ils ne l'avoient point voulu croire, ni user de son conseil. Et de là s'en allèrent devers Drincain, auquel lieu vint devers eux ledit duc de Bourgogne, leur prince et seigneur, et le comte de Richemont, connétable de France, qui étoit venu en ces parties devers ledit duc de Bourgogne; et allèrent visiter les Gantois, de lieu à autre, et prirent la collation de vin en la tente de Gand; et de là passèrent parmi Bourbourg, et allèrent loger emprès Gravelines, et abattirent le moulin Georges de Wez, pour le pareil cas qu'ils avoient fait celui dudit Chéry de Hazebrouck. Auquel lieu vinrent ceux de Bruges, d'Ypres et du Franc, et d'autres lieux de celui pays de Flandre ; et s'assemblèrent tous auprès l'un de l'autre, et mirent leurs tentes par belle ordonnance, selon les villes et états dont ils étoient. Si étoit une moult grand' beauté à les voir; car à les voir de loin, ce sembloient bonnes grands villes. Et quant est aux charriots et aux charrettes, il y en avoit par milliers qui portoient lesdites tentes, et plusieurs autres habillements de guerre; et sur chacun charriot avoit un coq pour chanter les heures de la nuit et du jour; et si avoit grand nombre de ribaudequins portant canons, coulevrines, arbalêtres et plusieurs autres gros engins ; et si étoient iceux

Flamands, ou la plus grand' partie, armés de plein harnois, selon la guise du pays. Et à leur departement de là, se mirent tous ensemble en armes, et firent montre en la présence dudit duc de Bourgogne et du dessusdit connétable de France qui les regarda moult volontiers.

Et ce même jour se férit en l'ost de Bruges, un loup, pour lequel il y eut très grand effroi, et fut crié à l'arme partout. Parquoi tous les osts se mirent aux champs, et pouvoient bien être trente mille ou au-dessus, de têtes armées, et adoncque passèrent la rivière de Gravelines; et se logèrent devers Tournehem. Si fit en icelui jour un terrible temps de pluie et de vent, pourquoi ils ne purent tendre leurs tentes, et les convint gésir sur les prés. Et là furent pris trois Picards, que les Gantois firent pendre, pource qu'ils avoient dérobé les marchands de vivres, en l'hôtel. Durant lequel temps, le comte d'Étampes, et tous les gens d'armes du dessusdit duc de Bourgogne, qui étoient ordonnés pour ce même voyage, se tirèrent vers les parties où étoient les dessusdits Flamands. Si allèrent par un vendredi, tous les osts de Flandre, et aussi les gens-d'armes, loger auprès du dessusdit châtel d'Oye, que tenoient les Anglois. Lequel châtel et forteresse d'Oye fut rendu et délivré en assez bref terme, et se mirent en la volonté du dessusdit duc de Bourgogne et de ceux de la ville de Gand. Laquelle volonté fut telle qu'on en pendit devant ledit châtel, le même jour, vingt-neuf; et depuis, en furent pendus encore vingt-cinq; et si en y eut trois ou quatre qui furent répités (épargnés) à la requête dudit duc Philippe de Bourgogne; après laquelle reddition icelui châtel fut ars et brûlé, et du tout démoli.

Et quant est au regard des Picards et Bourguignons là étant, nonobstant qu'ils soient assez âpres au pillage, néanmoins ils n'y pouvoient avoir lieu pour rien conquerre ni avoir, car Hannequin, Winequin, Pietre, Liévin et autres, ne l'eussent jamais souffert ni laissé passer. Et, qui pis est, quand ils s'entreboutoient avec eux et prenoient aucune chose sur leurs adversaires et ennemis, il advenoit souvent qu'avec ce leur étoit ôté; et s'ils en parloient aucunement, ils avoient souvent des durs horions. Si les convenoit taire et souffrir pour la grand' puissance qu'avoient les dessusdits Flamands, mais ce n'étoit point patiemment; et sembloit à iceux des communes de Flandre, que de toutes besognes on ne pourroit venir à bon chef, si par eux n'étoit, et mêmement étoient si présomptueux; la plus grand' partie, qu'ils avoient grand doute que ceux de la ville de Calais abandonnassent leur ville, et qu'ils s'enfuissent en Angleterre; et disoient aucuns de leurs gens aux Picards, auxquels ils devisoient souventefois : « Nous savons bien, » puis que les Anglois sauront que messeigneurs de » Gand sont armés et à puissance pour venir contre » eux, qu'ils ne les attendront mie; et a été très » grand' négligence que le navire qui doit venir par » mer n'a été assis avant qu'on les approchât, afin

« qu'ils ne s'en pussent fuir. » Toutefois ils ne devoient point de ce être en souci, car les dessusdits Anglois avoient bonne volonté d'eux défendre contre eux. Et pour vérité, le roi Henri d'Angleterre, ceux de son conseil, et tous les trois états d'icelui royaume d'Angleterre eussent avant laissé perdre toute la conquête qu'ils avoient faite au royaume de France depuis trente ans par avant, que ladite ville de Calais, comme on fut depuis véritablement acertené et informé ; et aussi ils en montrèrent assez bien les manières et le semblant, bref après ensuivant. En après, ledit châtel d'Oye ainsi démoli, comme dit est, tout l'ost et les gens d'armes se délogèrent et allèrent loger entre le châtel de Marcq et icelle dite ville de Calais.

Auquel jour, le dessusdit duc Philippe de Bourgogne avecque ses gens d'armes, s'en allèrent courre devant la ville de Calais, et issirent et saillirent les Anglois hors contre eux de pied et de cheval, et y eut fort grand' escarmouche ; mais enfin lesdits Anglois furent reboutés, et gagnèrent sur eux les Picards et Flamands, vaches, chevaux, brebis, moutons, et plusieurs autres choses de la ville. Si se tint, ledit duc de Bourgogne avec ses gens, grand' espace de temps devant ladite ville, tant que les osts fussent logés ; et puis retourna ledit duc en son logis vers le châtel de Marcq. Devant laquelle forteresse allèrent les Picards dessusdits, livrer une moult grand' escarmouche. Et fut depuis le boulevert conquis ; dont ceux de dedans se commencèrent moult fort à ébahir de ce, et boutèrent et mirent la bannière de monseigneur saint Georges dehors vers la dessusdite ville de Calais; et si commencèrent à faire sonner leurs campanes et cloches, et firent léans moult grands et horribles cris. Et pour ce, doutant qu'ils ne s'enfuissent par nuit, on mit grand guet tout à l'environ; et le lendemain furent assis plusieurs gros engins contre la muraille, desquels ils furent fort rompus. Si furent un jour assaillis des Picards et Flamands, mais ils se défendirent moult vaillamment de pierres en jetant à val, et de trait, tant qu'ils blessèrent et navrèrent plusieurs de ceux de dehors, et les firent retraire. Puis requirent ceux de dedans d'avoir trèves pour parlementer, lesquelles leur furent accordées. Et lors s'offrirent d'eux mettre en la volonté du duc de Bourgogne, moyennant qu'ils ne fussent point pendus, mais on feroit son plaisir en autre manière; à quoi ils furent reçus; et fut défendu, sur peine de la hart, que nul n'entrât au châtel s'il n'y étoit commis.

Et adonc furent ceux de dedans amenés, par les quatre membres de Flandre, en la tente de Gand, et fut ordonné qu'ils feroient charges, pour ravoir aucuns Flamands qui étoient prisonniers dedans ladite ville de Calais. Si furent amenés hors de ladite forteresse cent et quatre Anglois, lesquels furent menés en prison, en la ville de Gand, par le bailli dudit lieu. Et lors grand' partie du commun allèrent dedans ledit châtel, et prirent ce qu'ils purent trouver. Mais aucuns de ceux de la bourgeoisie de Gand se mirent à l'entrée d'icelui châtel, et tollurent et ôtèrent aux dessusdits, quand ils en issirent, tout ce qu'ils avoient pris, et le mirent tout en un mont; et disoient que ce faisoient-ils par l'ordonnance des échevins de la ville de Calais; mais quand la nuit fut venue, ils le chargèrent tout sur les chars et charrettes, et le menèrent où bon leur sembla. Si en furent de ce accusés devers les dessusdits échevins, dont ils furent bannis cinquante ans hors du pays et la comté de Flandre.

Pour lequel bannissement s'émut grand murmure entre eux, et furent en grand péril d'avoir l'un contre l'autre grand' dissension. Et le lendemain ensuivant, furent décapités sept hommes qui avoient été pris avecque les dessusdits Anglois, dont les six étoient Flamands, et le septième Hollandois; et après ce fut la forteresse démolie, et du tout abattue. Si se partirent de là, et s'en allèrent les Flamands au propre lieu où on dit que Jacque d'Artevelles avoit jadis mis ses tentes, quand Calais fut conquis de par le roi Henri d'Angleterre, après la grand' bataille de Crécy; et le duc de Bourgogne a tout sa chevalerie et ses gens d'armes, se logèrent assez près, en tirant vers Calais. Et y eut ce jour très grand assaut contre ceux de dedans; et en y eut de morts et de navrés de chacune partie, entre lesquels La Hire fut navré à la jambe d'un trait, lequel étoit venu voir ledit duc de Bourgogne. Si furent assis plusieurs engins, pour jeter dedans icelle ville de Calais ; et pareillement, ceux de dedans en affûtèrent plusieurs contre ceux de l'ost, dont leurs adversaires furent moult fort travaillés, et convint qu'ils se trahissent plus arrière. Si se logea ledit duc de Bourgogne plus près des dunes, contre les montagnes de sablon ; et ainsi qu'icelui duc chevauchoit à petite compagnie, pour aviser la ville, vint une grosse pierre de canon au plus près de lui, laquelle occit un trompette et trois chevaux, dont celui du seigneur de Saveuse étoit l'un. En outre, lesdits Anglois sailloient très souvent dehors, de pied et de cheval ; et en y eut moult de fois de très dures escarmouches entre les deux parties, lesquelles ne se pourroient raconter chacune à part elle, ni nommer ceux qui y besognèrent le pis ou le mieux ; mais entre les autres, j'ai ouï relater à aucuns notables et dignes de foi, que les seigneurs de Habourdin, de Créquy et de Waurin furent bien vus et loués en aucunes d'icelles escarmouches, et moult d'autres notables et vaillants hommes des pays de Picardie. Toutefois les dessusdits Anglois emportoient aucunes fois la renommée pour la journée, et d'autre part, les Picards les reboutoient trop souvent jusques dedans leurs barrières, assez confusiblement.

Et quant est aux Flamands, ils étoient assez peu crémus (craints) d'iceux Anglois ; et leur sembloit que s'ils n'eussent eu que trois flamands contre l'un d'eux, qu'ils en fussent venus bien à chef. Si étoient avecque le duc Philippe de Bourgogne en cet exercite, son neveu de Clèves, le comte d'Étampes, le seigneur d'Anthoing, qui gouvernoit lors les Flamands; le seigneur de Croy, les seigneurs de Créquy, de Fosseux, de Waurin, de Saveuse, de Habourdin, de Humières, d'Inchy, de Brimeu, de Launoy, de Huchin, et les frères de Hastine et de Fremessen, avecque plusieurs autres seigneurs gentilshommes, tant de son hôtel et famille comme de ses pays de Bourgogne, de Flandre, de Brabant, de Hainaut, d'Artois, et des autres lieux. Toutefois le dessusdit duc de Bourgogne n'avoit point assemblé la moitié de sa puissance, quant au regard de ses gens d'armes des pays de Picardie. Et en avoit été renvoyé grand' partie dès les montres, dont moult de gens, qui bien aimoient son honneur, étoient moult fort émerveillés; et leur sembloit qu'à tous besoins, il se fût mieux aidé d'eux que du double de ses communes. En outre, messire Jean de Croy, qui conduisoit la plus grand' partie des gens de guerre de Boulenois, avec aucuns autres qu'il avoit amenés, fut envoyé loger à l'autre côté, plus près de Calais, en tirant devers le pont d'Amillan; devant lequel logis y eut grand parlement entre ses gens et ceux de la ville. Mais assez bref ensuivant fut remandé par ledit duc de Bourgogne et envoyé devant Guines, où il se logea, lui, et ses gens, assez près des portes et murailles, devant lesquelles furent dressés et assis plusieurs gros engins qui fort les endommagèrent. Avecque lui étoient le Galois de Renty, chevalier, Robert de Saveuse, et plusieurs autres notables hommes, qui en grand' diligence approchèrent de leurs adversaires et ennemis, et les mirent en moult grand' doute et nécessité d'être pris de force, et tant qu'ils abandonnèrent leur ville et se retrahirent dedans le châtel, où ils furent derechef très fort approchés, assaillis et combattus desdits assiégeants. Et par avant leur venue audit lieu de Guines, s'étoit rendu audit messire Jean de Croy la forteresse de Vauclinguen; et lui avoient delivrée les Anglois, moyennant qu'ils s'en iroient, sauf leurs vies et aucune petite partie de leurs biens. Et pareillement rendirent lesdits Anglois le châtel de Sangathe à messire Robert de Saveuse, lequel alla devant entre temps qu'il étoit au siége de Guines, lequel châtel il garnit de ses gens. Durant lequel temps le dessusdit duc de Bourgogne étant logé devant la forte ville de Calais, comme dit est, avoit grand' merveille de son navire, qui devoit venir par mer et demeuroit tant; et d'autre part les Flamands en étoient très mal contents, et murmuroient très fort à l'encontre du conseil d'icelui duc de Bourgogne, et de ceux qui avoient la charge de les conduire et mener, c'est à savoir messire Jean de Hornes, sénéchal de Brabant et le commandeur de la Morée. Mais icelui duc les rapaisoit et contentoit par douces paroles, disant qu'ils viendroient bien bref, comme ils lui avoient fait savoir par leurs lettres; et n'avoient point eu vent propice jusques à présent, par quoi ils eussent pu venir plus tôt. Si venoient chacun jour des navires d'Angleterre dedans Calais, à la pleine vue de leurs adversaires, une fois plus, l'autre fois moins, qui leur amenoient et apportoient des vivres, nouvelles gens, habillements de guerre, et autres choses nécessaires. Aussi n'étoient-ils pas si près approchés de leurs ennemis, que chacun jour ne missent grand' partie de leur bétail dehors leur ville en pâture, qui faisoit moult grand mal à voir à ceux de dehors; et en y avoit souvent de grandes escarmouches, à cause et à l'occasion d'icelui bétail, pour cuider en gagner. Et mêmement un certain jour les seigneurs et bourgeois de Gand, qui plusieurs fois en avoient vu, et véoient souvent ramener par les Picards, s'aperçurent en eux-mêmes qu'ils étoient grands et forts et bien armés, et qu'ils pouvoient aussi bien conquerre et avoir leur part dudit bétail. Si se mirent à chemin bien deux cents, et allèrent, le plus couvertement qu'ils purent, ès marais auprès d'icelle ville, pour prendre et amener la proie; mais ils furent tantôt aperçus des Anglois, qui ne furent mie patients, quand ils virent les dessusdits venir si près d'eux, pour leur ôter ce dont ils devoient vivre, et les reconnurent bien à leurs habillements. Si se férirent en eux vigoureusement, et en occirent bien vingt-deux, et en prirent trente-trois qu'ils emmenèrent prisonniers; et les autres retournèrent à grand cours en leur logis, disant qu'ils y avoient grand' perte, et faisant grand effroi; et leur sembloit qu'ils étoient bien échappés.

Et y avoit souvent en l'ost d'iceux Flamands de grands alarmes ; car pour peu de chose ils s'émouvoient tous et se mettoient en armes, dont ledit duc de Bourgogne, leur seigneur, étoit déplaisant ; mais il n'en pouvoit avoir autre chose ; et convenoit que toutes besognes se conduisissent en la plus grand' partie à leur plaisir. Auquel temps vint devers ledit duc un héraut d'Angleterre, nommé Kemibruck, lequel le salua moult révéremment, et lui dit que Humfroy, duc de Glocestre, son seigneur et maître, lui faisoit savoir par lui, qu'au plaisir de Dieu le combattroit avec toute sa puissance bien bref, s'il le vouloit attendre ; et s'il se partoit de ce lieu, il le querroit en aucuns de ses pays ; mais il ne lui faisoit point savoir le jour, pour tant que la mer et le vent ne sont point stables, et ne savoit s'il pourroit passer à son plaisir. A quoi fut répondu par ledit duc de Bourgogne, qu'il ne seroit point besoin qu'il le quît en nul de ses pays, et qu'il le trouveroit là, si Dieu ne lui envoyoit aucune fortune. Après lesquelles paroles, ledit héraut fut grandement festoyé ; et lui fut donné aucuns dons, atout lesquels il s'en retourna en la ville de Calais. Et le lendemain, ledit duc de Bourgogne s'en alla en la tente de Gand, où il fit assembler tous capitaines et nobles chevaliers des Flamands, et là fit remontrer par maître Giles de la Voustine, son conseiller en la chambre de ladite ville de Gand, comment le duc de Glocestre lui avoit mandé par un sien héraut qu'il le combattroit, et les réponses qu'il lui avoit données. Parquoi il leur requéroit très instamment, comme à ses humbles amis, qu'ils voulsissent demeurer lui, et lui aider à garder son honneur. Laquelle avec requête ils lui accordèrent et promirent parfournir libéralement, et pareillement firent les Brugelins et autres membres de Flandre.

Adonc fut advisé par ledit duc de Bourgogne et ceux de son conseil, qu'on feroit une bastille sur une montagne, qui étoit assez près de la ville de Calais, par laquelle on verroit le gouvernement de leurs ennemis. Laquelle bastille fut commencée de chêne et autres bois, et y furent assis aucuns canons pour jeter dedans la ville; et y furent mis et ordonnés hommes de bonne garde pour faire le guet. De laquelle bastille lesdits Anglois eurent déplaisance, doutant que par icelle, leurs saillies ne fussent rompues et empêchées. Dont pour y obvier prestement, vinrent en grand nombre et l'assaillirent moult âprement; mais elle leur fut bien gardée et puissamment défendue des Flamands qui la gardoient, par le moyen et conseil d'aucuns nobles hommes de guerre qui s'étoient retraits; desquels étoit l'un, Le Bon de Saveuse. Et pour tant qu'en faisant ledit assaut, ceux de l'ost, de ce avertis allèrent au secours en grand nombre, se retrahirent les Anglois en leur ville, sans rien gagner, et en y eut plusieurs de navrés. Et le lendemain y eut grand paletis, et plusieurs journées ensuivant, dont à l'une desquelles fut pris un sot sage, nommé le seigneur de Plateaux, lequel, nonobstant sa folie, étoit assez roide et vigoureux homme d'armes.

En après, le jeudi ensuivant, qui fut le vingt-cinquième jour de juillet, on commença à voir venir le navire de devers orient, lequel on avoit tant désiré, et de long temps attendu. Si monta le duc de Bourgogne à cheval, accompagné d'aucuns seigneurs et autres gens de guerre, et alla sur la rive de la mer. Et lors s'avança une barge le plus près qu'elle put : de laquelle saillit hors un homme, qui en montant vint devers ledit duc, et lui conta que c'étoit son navire qui venoit. Pour lesquelles nouvelles on fit grand' joie par tout l'ost, et coururent plusieurs sur les dunes de la mer pour le voir; mais les capitaines en firent retraire ce qu'ils purent. Et le soir ensuivant, à la venue de la mer, vinrent aucuns dudit navire qui étoient à ce commis, et effondrèrent au hâvre de Calais, quatre nefs qui étoient pleines de pierres, bien maçonnées et ancrées de plomb, afin de rompre, démolir et désoler le passage, que ceux d'Angleterre n'y pussent plus venir ni aller atout leur navire; et alors ceux de dedans jetoient continuellement de leurs engins vers le port, pour adommager les vaisseaux, et en effondrèrent un. Et encore, le lendemain, par les dessusdits furent effondrés deux vaisseaux en icelui hâvre, qui étoient maçonnés comme les autres. Mais à bref dire, tous les dessusdits vaisseaux qui y furent mis par ledit duc de Bourgogne furent tellement assis, que quand la mer fut retraite, ils demeurèrent en la plus grande partie sur le sablon, à petite profondeur d'eau. Et pour tant les Anglois de ladite ville, tant femmes comme hommes, y coururent à grand effort; si les dépiécèrent et ardirent à grand exploit, par telle manière qu'il en demeura assez petit; et firent charrier et emmener grand' partie du bois en ladite ville; nonobstant qu'on tiroit âprement de canons après eux; dont le dessusdit duc et les siens eurent grand' merveille. Et ceux qui les avoient amenés, c'est à savoir messire Jean de Hornes, le commandeur de la Morée et plusieurs autres seigneurs de la Hollande, se départirent le lendemain, si loin qu'on perdit la vue d'eux, et se retrahirent vers la marche dont ils étoient venus; car bonnement ne pouvoient demeurer sur les marches d'entre Calais et d'Angleterre, pource que souvent la mer est très périlleuse, et plus qu'en autres lieux, comme disent les mariniers; et avecque ce ils étoient assez avertis que l'armée d'Angleterre étoit prête pour passer, contre laquelle ils n'avoient point puissance de résister. Pour lequel departement des dessusdits, les Flamands furent fort troublés. Si commencèrent de là en avant à murmurer l'un contre l'autre, en disant qu'ils étoient trahis par les gouverneurs de leur prince, et qu'on leur avoit promis à leur departement de Flandre, que la ville de Calais seroit aussi tôt assiégée par mer que par terre. Si avoient leurs gouverneurs et capitaines assez à faire à les rapaiser et entretenir.

Et entre temps, le duc de Bourgogne, qui par tous ses pays avoit mandé ses nobles gens de guerre pour en être accompagné à la descendue des Anglois, laquelle il attendoit chacun jour, fit adviser par aucuns de ses chevaliers féables, et à ce connoissant un champ et la place plus avantageuse que faire se pouvoit, pour lui et les siens mettre en bataille contre ses adversaires, quand ils viendroient. Et afin d'avoir avis sur toutes ses besognes et affaires, le vingt-septième jour de juillet assembla grand' partie de ceux de son conseil, avec eux plusieurs de ses capitaines et gouverneurs des communes, auxquels il remontra et fit remontrer l'intention et volonté qu'il avoit contre ses adversaires, de laquelle les dessusdits étoient assez contents; mais le propos desdites communautés fut assez tôt mué, par ce en partie, qu'en ce même jour ceux de la ville de Calais saillirent hors de leur ville en moult grand nombre, tant de pied comme de cheval, et vinrent soudainement: c'est à savoir ceux de pied à la bastille dont dessus est faite mention, et ceux de cheval allèrent courre entre l'ost et ladite bastille, pour empêcher qu'icelle ne pût si hâtivement avoir secours ni aide.

En laquelle bastille étoient de trois à quatre cents Flamands. Et adonc fut crié à l'arme par tout l'ost, et y eut moult grand effroi. Si saillirent gens de toutes parts en moult grand' multitude et abondance, pour aller au secours des dessusdits; et mêmement ledit duc de Bourgogne y alla en sa propre personne, tout de pied. Mais les dessusdits Anglois assaillirent très fièrement et âprement iceux Flamands de la bastille ; et pourtant qu'ils les trouvèrent de méchante et pauvre défense, icelle bastille ne leur dura guère, mais fut brièvement conquise et gagnée avant qu'on y pût venir. Si y furent tués environ huit vingts Flamands, et une grand' partie des autres pris et menés prisonniers ; desquels, quand ils furent auprès des portes de Calais, ils en mirent à mort la moitié largement, pource que lesdits Anglois surent que les Flamands avoient mis à mort un de leurs chevaliers qui avoit été pris par les Picards qui étoient de cheval à cette escarmouche ; pour laquelle prise et occision, le duc eut moult grand' déplaisance. Et d'autre part, les Flamands qui s'étoient mis en la bastille, se retrahirent moult troublés et ennuyeux pour leurs gens, qu'ils virent ainsi être occis et tués. Et s'assemblèrent en ce propre jour divers troupeaux, disant l'un à l'autre qu'ils étoient trahis, et que rien ne leur étoit entretenu de chose qu'on leur eût promis ; et aussi qu'ils perdoient chacun jour leurs gens ; et n'y mettoient les nobles nulle provision ; et finablement ils langagèrent (parlèrent) tant ensemble, qu'enfin, nonobstant les remontrances qui leur furent faites, ils conclurent d'eux déloger et retourner en leur pays. Et avecque ce en y avoit aucuns qui étoient en grand' volonté d'occire aucuns des gouverneurs de leurdit duc ; lequel, quand il fut averti qu'ils avoient pourparlé les choses dessusdites, fut moult troublé et déplaisant, considérant la charge et déshonneur qu'il pouvoit avoir s'il lui convenoit partir de là, attendu le mandement de Humfroy, duc de Glocestre, son adversaire, qui lui avoit été noncé par le héraut anglois, et la réponse que ledit duc lui avoit baillée. Si alla en la tente de Gand, où il fit assembler grand nombre des dessusdits, auxquels il requit le plus qu'il put, qu'ils voulsissent demeurer avecque lui et attendre la venue des Anglois, de laquelle ils étoient assez acertenés qu'ils arriveroient dedans brefs jours ensuivant, disant outre que s'ils se partoient sans attendre ses ennemis et les combattre, ils feroient à lui et à eux le plus grand déshonneur qui oncques fût fait à prince. Ainsi alors et plusieurs fois furent, par ledit duc et son conseil, faites plusieurs remontrances raisonnables à icelles communes; mais finablement, ce fut peine perdue, car ils étoient du tout affermés et obstinés l'un avecque l'autre d'eux partir.

Et pource, à toutes celles remontrances faisoient comme la sourde oreille, sinon aucuns des principaux, qui répondoient courtoisement en eux excusant. Pour lesquels ceux qui étoient dessous eux au besoin eussent fait assez petit. Et adoncque le dessusdit duc de Bourgogne, voyant le danger où il s'étoit bouté sous l'ombre et instance des dessusdites communes, considérant aussi le blâme qu'il lui convenoit recevoir à cause de son partement, il ne fait point à demander s'il avoit au cœur grand déplaisance ; car, jusques à ce, toutes ses entreprises lui étoient venues assez à son plaisir, et icelle, qui étoit la plus grande de toutes les autres de son règne, lui venoit au contraire. Toutefois lui convint souffrir la rudesse et grand' sottie de ses Flamands, car il n'y pouvoit pourvoir, jà-soit-ce que par plusieurs fois se mit en peine d'eux retenir aucuns peu de jours. Néanmoins, voyant qu'il perdroit son temps de les plus avant requerre, il se conclut, avec les seigneurs de son conseil, de déloger avecque eux ; et leur fit dire que, puisqu'ils ne vouloient plus demeurer, ils l'attendissent jusques au lendemain, et qu'ils se partissent par bonne ordonnance, atout leurs habillements qu'ils chargeroient : et afin que leurs adversaires ne leur portassent nul dommage, il les reconduiroit atout ses gens jusques outre l'eau de Gravelines. A quoi les aucuns répondirent qu'ainsi le feroient-ils, et la plus grand' partie disoient que ils étoient assez puissants pour eux en retourner sans avoir conduite. Et en y avoit grand' partie qui, à toutes fins, vouloient aller au logis du duc de Bourgogne tuer le seigneur de Croy, messire Baudo de Noyelle, Jean de Brimeu, pour lors bailli d'Amiens, et autres de son conseil, disant que par leurs exhortations avoit été ce voyage entrepris, lequel n'étoit point bien possible de l'achever, comme ils disoient, vu le gouvernement et les manières qu'on y tenoit. Lesquels trois seigneurs dessus nommés, sachant la mutation d'iceux Flamands ainsi être faite contre eux, se départirent de l'ost à privée mesgnie (suite), et se retrahirent au logis de messire Jean de Croy, devant Guines. Et iceux Flamands, entre le samedi et le dimanche, commencèrent à détendre par leur ost tentes et pavillons, et charger leurs bagues, pour eux en aller; et étoient les Gantois les principaux faisant cette mutation. A l'exemple desquels tous les gens de guerre et marchands là étant, troussèrent tout ce qu'ils pouvoient avoir de leursdites bagues; mais pour le soudain partement y demeura des vins, vivres, et autres biens, très largement; et convint effondrer plusieurs queues de vins, et autres breuvages, à la perte et dommage desdits marchands. Et aussi furent laissés plusieurs gros engins, et autres habillements de guerre, qui étoient audit duc de Bourgogne, pource qu'on ne pouvoit trouver de chars ni de chevaux pour les emmener; et pareillement y demeura grand' quantité des biens et habillements que y avoient amenés les Flamands. Si se commencèrent à déloger, en faisant très grand bruit, criant tous en une voix en très grand multitude, *gauwe, gauwe, nous sommes tous trahis!* qui vaut autant à dire: allons, allons en nos pays. Auquel partement boutèrent les feux en leurs logis, et commencèrent à tirer vers Gravelines, sans tenir ordonnance. Et lors, ledit duc de Bourgogne, qui avoit au cœur très grand' tristesse, atout ses nobles hommes et gens de guerre, se mit en bataille, par bonne ordonnance, vers ladite ville, jusques à tant qu'iceux Flamands fussent éloignés, pour les garder, afin que les Anglois de Calais ne saillissent dehors pour férir sur eux.

Et après, par bonne ordonnance, mettant ses meilleurs gens d'armes derrière par manière d'arrière-garde, suivit son ost, qui étoit déjà vers le châtel de Mare. Si se mirent lesdits Flamands illec un petit en ordonnance, et s'en allèrent loger emprès ladite ville de Gravelines, au même lieu où ils avoient logé au passer. Toutefois, les Brugelins étoient très mal contents de leur honteux département ; et pour tant qu'à ce jour n'avoient point leurs chevaux pour ramener leurs gros engins qu'ils avoient là amenés, en chargeant aucuns sur leurs chars, et à force et puissance de gens, les ramenèrent jusques audit lieu de Gravelines, au même lieu où ils avoient logé au passer. Auquel jour ledit duc de Bourgogne manda à messire Jean de Croy, qui étoit devant ladite ville de Guines, qu'il se délogeât atout ses gens d'armes, et s'en vînt devers lui sans délai. Lequel, oyant le mandement de son seigneur, et sachant que l'ost étoit délogé, fit apprêter ses gens, et se tira en bonne ordonnance envers sondit seigneur le duc ; mais aucuns gros engins demeurèrent là, parce qu'on ne les pouvoit charger sur les chars, avec grand' quantité d'autres biens. Pour lequel département ceux dudit châtel de Guines eurent moult grand' joie et liesse, car ils étoient fort contraints et en grand' nécessité comme pour eux rendre ; et dedans brefs jours ensuivant saillirent dehors, en faisant très grand' huée après leurs ennemis. Et pareillement, quand ceux de Calais virent et surent le partement de l'ost, ils en furent moult joyeux; si issirent hors en grand nombre pour recueillir les biens qui étoient demeurés, desquels y avoit très largement.

Et lors envoyèrent plusieurs messages en Angleterre noncer cette aventure; et ledit duc de Bourgogne, qui étoit logé à Gravelines, tout déplaisant et ennuyeux, comme dit est, prit conseil avec les seigneurs et nobles hommes qui là s'étoient retraits avec lui, sur ses affaires, en lui complaignant de la honte que lui faisoient ses communes de Flandre. Lesquels les aucuns lui remontrèrent amiablement qu'il prît en gré et patiemment cette aventure, et que c'étoit des fortunes du monde; et puis lui dirent et conseillèrent qu'il se pourvût au surplus par la meilleure forme et manière que faire se pourroit: c'est à savoir, qu'il fournît ses villes et forteresses sur les frontières de gens d'armes, de vivres et habillements de guerre, pour résister contre ses adversaires qu'on attendoit chaque jour, lesquels, comme on pouvoit supposer, s'efforçoient de grever lui et les siens par diverses manières, attendu les entreprises qui avoient été faites contre eux; et lui, de sa personne, se retrahit plus avant en l'une de ses villes, et manda par tous ses pays gens de guerre pour aider et secourir ceux qui en auroient besoin. Après laquelle conclusion, icelui duc requit à plusieurs seigneurs et nobles hommes là étant, moult instamment qu'ils voulsissent demeurer en icelle ville de Gravelines, laquelle pouvoit être moult préjudiciable à tout le pays, si elle n'étoit bien gardée ; et leur promettant sur son honneur que s'ils avoient aucun besoin, et ils fussent assiégés, il les secourroit sans point de faute, quelque péril ou dommage qu'il y dût avoir, lesquels lui accordèrent ; et demeurèrent là le seigneur de Créquy, le seigneur de Saveuse, sire Simon de Lalain, Sanse, son frère, Philebert de Valdray, et plusieurs autres notables, vaillants et experts hommes de guerre. Et d'autre part, furent envoyés à Ardre, messire Louis de Thiembronne et Guichard, son frère, et aucuns autres de devers la marche de Boulenois ; et ès autres lieux furent mis gens d'armes, selon les états des villes et forteresses, pour la garde d'icelles. Si étoient là présents plusieurs seigneurs de son conseil, par le moyen desquels icelle entreprise avoit été mise sus, qui de cette male aventure étoient déplaisants. Si ne le pouvoient avoir autre, et leur convenoit souffrir et ouïr les paroles du monde. En outre, après ce que ledit duc eut, comme dit est, tenu son conseil avec ses gens, et conclu les choses dessusdites, il fit requerre aux Flamands qu'ils demeurassent encore avec lui un peu de jours, pour attendre la venue de leurs ennemis. Laquelle requête ne voulurent accorder, pour les périls dont ils se doutoient ; et allèrent devers lui plusieurs des capitaines, le mardi dernier jour de juillet, requérir audit duc qu'il leur donnât congé de retourner en leurs propres lieux.

Lequel, voyant qu'il ne les pouvoit retenir en nulle manière du monde, leur accorda et leur donna congé d'eux en aller; car il apercevoit bien qu'ils n'y feroient jà beau fait, puisqu'ils n'avoient ce courage. Si se partirent et s'en allèrent par plusieurs journées, jusques en leurs villes : mais ceux de Gand ne vouloient point rentrer dedans leur ville, s'ils n'avoient chacun une robe aux dépens de leurdite ville, ainsi qu'anciennement étoit accoutumé de leur bailler quand ils revenoient d'aucune armée. Laquelle chose on leur refusa, pour ce qu'il sembloit aux gouverneurs d'icelle ville de Gand qu'ils s'étoient très mal portés. Et quand ils eurent réponse, ils rentrèrent dedans tout murmurant, et mal contents des dessusdits seigneurs et gouverneurs. Si avoient été au départir de devant Calais et au déloger, mises en feu et désolées les forteresses de Balingehen et de Sangathe. En après, le duc de Bourgogne, partant de Gravelines, s'en alla à Lille, et fit publier par tous ses pays, que toutes gens de guerre qui étoient accoutumés d'eux armer, fussent prêts pour aller devers lui, pour aller où il les envoieroit, pour résister à l'encontre de l'armée des Anglois ses adversaires, laquelle, comme dit est, on savoit assez qu'elle étoit prête pour venir descendre au hâvre de Calais. Et mêmement, après ce que ledit duc de Bourgogne et son ost furent délogés de devant Calais, arriva ledit duc de Glocestre avec son armée d'Anglois.

CHAPITRE CCVI.

Comment messire Florimont de Brimeu, sénéchal de Ponthieu, conquit la ville du Crotoy.

Durant le temps que le duc de Bourgogne étoit au voyage de Calais, messire Florimont de Brimeu, sénéchal de Ponthieu, Richard de Richaumes, capitaine de Rue, Robert du Quesnoy, capitaine de Saint-Valery, et autres des frontières vers Crotoy, s'assemblèrent un certain jour atout le nombre de quatre cents combattants ou environ; et allèrent de nuit eux mettre en embûche sur les grèves, vers la ville et forteresse du Crotoy; et envoyèrent le dessusdit Robert du Quesnoy, atout trente combattants ou environ, au matin, passer par un batel devant ladite ville et forteresse pour faire saillir les Anglois de léans après eux; ce qu'ils firent. Et quand ils aperçurent que lesdits Anglois les pouvoient bien voir, ils firent semblant que ledit batel fût féru en terre, et qu'ils ne pussent passer de là ni eux de là partir. Et mêmement, dix ou douze de leurs gens sortirent en l'eau, qui faisoient semblant de vouloir bouter icelui batel, par force, du lieu où il étoit assis. Si faisoient moult fort les embesognés; et lors Henri, Jean, Richard et Thomas, voyant de leurs murailles l'ébattement d'iceux galants et la manière qu'ils tenoient, désirant de les aller aider et secourir, non pas au plaisir d'iceux travaillants, mais pour vouloir conquerre proie, saillirent hors sans délai, et coururent vers icelui batel pour le prendre; mais ils furent tantôt forclos par ceux de ladite embûche, lesquels les assaillirent fièrement, et en occirent sur la place mieux de soixante-quatre; et si en y eut de pris de trente à quarante. Et par ainsi demeura icelle ville et forteresse du Crotoy fort dégarnie de gens; et en y eut plusieurs navrés de la partie dudit sénéchal.

Lequel sénéchal, et ceux qui étoient avec lui, sachant par lesdits prisonniers, que dedans la ville et forteresse dudit Crotoy, avoit demeuré peu de gens de défense, rassemblèrent derechef plusieurs hommes de guerre sur la marche à l'environ, et les mena loger devant ladite ville, et au bout de quatre ou cinq jours ensuivant, les fit assaillir. Laquelle fut prise d'assaut à petit dommage de ses gens; et ceux qui étoient dedans la ville se retrahirent dedans le châtel, devant lequel se logèrent les dessusdits; et firent dresser aucuns engins contre icelui, qui petit ou néant le dommagèrent, car il étoit excellemment fort. Et après qu'icelui sénéchal eut là été certaine espace de temps, voyant qu'il étoit mal possible d'icelle forteresse conquerre, se délogea, et fit abattre et démolir la fortification de ladite ville. Si se retrahit avec les siens ès lieux dont ils étoient venus, et emportèrent les biens qu'ils avoient conquis en ladite ville.

En après, iceux Anglois du Crotoy avoient deux bateaux nommés gabarres, par le moyen desquels ils travailloient souvent ceux d'Abbeville, et par espécial les pêcheurs. Si envoyèrent les dessusdits d'Abbeville de nuit aucuns de leurs gens atout un batel assez près du Crotoy; et en y eut aucuns qui, en nageant, allèrent attacher agrappes de fer par dedans l'eau aux bateaux dessusdits : auxquelles agrappes y avoit bien longues cordelles; par lesquelles cordelles iceux navires furent tirés dehors et amenés audit lieu d'Abbeville, dont les Anglois furent malement troublés.

CHAPITRE CCVII.

Comment Humfroy, duc de Glocestre, arriva à Calais atout grand nombre de gens d'armes, et entra en Flandre et en Artois, et ès autres pays du duc de Bourgogne, où il fit moult de dommages.

Après que le duc de Bourgogne et les Flamands se furent délogés de devant Calais, si comme dit est ailleurs, arriva dedans brefs jours après ensuivant le duc de Glocestre, au hâvre de la dessusdite ville de Calais, atout dix mille combattants Anglois ou environ; et venoient en intention de combattre ledit duc de Bourgogne et toute sa puissance s'ils l'eussent trouvé. Et pour tant qu'il étoit parti, se mit à chemin pour aller vers Gravelines, et de là se tira en Flandre, et passa par plusieurs gros villages, comme Poperinghe, Bailleul, et plusieurs autres; lesquels il désola par feu, et plusieurs faubourgs de villes, dont partout ne trouvoit guères de défense; mais tout le monde s'enfuyoit devant lui, et nuls Flamands ou peu ne l'osoient attendre. Et envoya grand' proie de bétail et d'autres biens; si y firent de moult grands dommages sans perdre de leurs gens, ou bien peu; mais ils endurèrent grand' faim par faute de pain. Si passèrent le Neuf-Châtel, et ardirent Rimesture et Valon-Chapelle, et puis entrèrent en Artois, et allèrent à Arques et Blandesques, là où ils firent des escarmouches; mais ils boutèrent les feux par tous les lieux où ils purent advenir. Et passèrent par emprès la justice de Saint-Omer, et partout en ces villages à l'environ ils firent moult de dommages; et descendirent autour de Tournehen, Esprelecques et Bredenarde, là où ils firent escarmouches des capitaines des châteaux à l'environ. Et Cawart et autres compagnons de Langle y furent blessés, qui, par force, en reboutèrent hors de leurs villages et d'autres de leurs châteaux. Donc ils furent en icelles marches et autour d'Ardre plus reboutés; et y eut plus de gens blessés que par tout Flandre où ils avoient été. Et se retrahirent vers Guines et Calais, pource que plusieurs de leurs gens prirent maladies par nécessité de pain, dont ils n'avoient point à leur plaisir, dont aucunes bonnes femmes qui leur en donnoient sauvèrent leurs maisons, et aussi gagnèrent en aucuns lieux de bon bétail en grand nombre, qu'ils amenoient de Flandre, dont les conduiseurs n'en pouvoient point bien venir à chef de les conduire, pource qu'en aucuns lieux ne trouvoient point d'eau pour les abreuver, dont elles s'espartoient (disperser); et ceux qui pensoient à leur retourner étoient surpris souventefois de leurs adversaires, quand ils s'éloignoient trop de l'avant-garde et de la bataille. Et en ce temps messire Thomas Kiriel et le seigneur de Fauquemberge assemblèrent au Neuf-Châtel d'Incourt environ mille combattants, lesquels ils menèrent passer la rivière de Somme à la Blanche-Tache, et allèrent loger à Forest-Moustier; et de là alla à Broye sur la rivière d'Authie, où ils furent quatre jours; et prirent le châtel d'assaut, qui n'étoit point grammient fort ni de grand' valeur, et appartenoit au Vidame d'Amiens. Si y furent morts une partie des défendeurs et cinq ou six des assaillants. Pour la prise duquel le pays fut en grand effroi, doutant que les Anglois ne se voulsissent la loger; car, pour ce temps, y avoit bien petite provision quant à la garde du pays, mais les Anglois avoient trouvé en icelle ville, et en plusieurs autres qu'ils avoient courues et prises, des biens très largement et grand' foison de prisonniers, atout lesquels ils s'en retournèrent audit passage de la Blanche-Tache, par où ils étoient venus, et de là en leurs garnisons sans faire perte de leurs gens qui fasse à écrire, et firent pour icelui voyage de grands dommages au pays de leurs ennemis et adversaires.

CHAPITRE CCVIII.

Comment les Flamands se remirent en armes depuis qu'ils furent retournés de Calais en leurs villes.

Après que les communes de Flandre furent rentrées dedans leurs villes, comme dit est dessus, leur vinrent, dedans brefs jours ensuivant, nouvelles, qu'une grande foison de navires d'Angleterre étoient arrivés devers septentrion sur la marche de Flandre, entour Bielinghe, ayants intention d'entrer au pays. Et pour ce derechef les bonnes villes remandèrent toutes leurs gens du plat pays, et se remirent en armes à toute puissance et allèrent hâtivement sans grand charroi devers Brevelier, et se logèrent sur la mer à l'encontre dudit navire d'Angleterre, qui étoit là environ. Et étoit ce navire là pour occuper et donner empêchement à ceux du pays, afin qu'ils ne se retrahissent devers l'ost du duc de Glocestre, qui étoit en la marche de Poperinghe et Bailleul. Lequel navire l'avoit là mené, et n'y étoit pour lors dedans que les mariniers, et aucun peu de gens pour le garder; pourquoi ils n'avoient mie volonté de prendre port pour entrer audit pays. Si se départirent en assez brefs jours ensuivants, et retournèrent à Calais.

Après laquelle retraite et département, lesdits Flamands se retrahirent chacune compagnie en leurs places ; mais les Gantois, qui bien savoient qu'on leur bailloit là plus grand' charge du département de Calais qu'à tous les autres, dont ils étoient très mal contents, ne vouloient mettre jus leurs armes. Si contendoient à faire de grands nouvelletés, et étoient en moult grand discord l'un contre l'autre : parquoi il convint que leur prince y allât. Lequel là venu lui firent bailler plusieurs articles de remontrances ; desquelles en y avoit aucunes qui vouloient savoir pourquoi le siége n'avoit été mis par mer devant Calais, comme par terre, si comme il avoit été conclu ; et aussi pour quelle raison le navire d'Angleterre n'avoit été ars, comme on avoit ordonné. A quoi on leur fit réponse de par le duc de Bourgogne, qu'au siége par mer il leur étoit impossible, comme bien savoient les mariniers à ce connoissants, que navire y sût arrêter par fortune de mer, sans péril d'être bouté forciblement par-devers la terre en divers lieux en la subjection de ses ennemis ; et avecque ce, les Hollandois, qui lui avoient promis une aide et accordée pour fournir ledit navire, lui avoient failli de promesse. Et au regard du navire d'Angleterre qui n'avoit point été brûlé, les gens et vaisseaux, qui avoient à ce été ordonnés à l'Ecluse

pour ce faire n'avoient nullement eu vent propice
pour y aller, mais leur avoit toujours été contraire.
Et quant à plusieurs autres points, qu'ils requéroient, c'est à savoir d'avoir trois capitaines pour
gouverner la ville de Gand, pour faire procession
par le pays à main armée, de garnir les forteresses
des gens natifs du pays de Flandre, d'apaiser le
discord d'entre ceux de Bruges et de l'Ecluse, et
de plusieurs autres besognes requises par eux,
leur fut par icelui duc faite si bonne et raisonnable
réponse, qu'ils furent assez contents de lui; et se
retrahirent ceux qui étoient armés au marché des
Vendredis en grand' multitude en leurs maisons;
et laissèrent leurs armes, jà-soit-ce qu'ils eussent
été fort émus de première venue. Et avoient aux
archers de leur prince fait mettre jus leurs bâtons,
qu'ils portoient après lui, disant qu'ils étoient
forts assez pour le garder. En après, furent bannis
de Gand messire Rolland de Haultekaerque, messire Colard de Communes, messire Gilles de la
Voustine, Enguerrand Auwiel et Jean Daudain,
pour ce qu'ils ne s'étoient remontrés comme bourgeois, ainsi comme les autres, quand il avoit été publié; et écrivirent lesdits Gantois à ceux de leur
châtellenie, que qui pourroit prendre l'un des dessusdits bannis et le mettre en leurs mains, il auroit
pour son salaire trois cents livres tournois, avecque
raisonnables dépens; et depuis furent faites plusieurs ordonnances pour la garde et défense du
pays. Si furent commis plusieurs capitaines; des-

quels le seigneur d'Estenhuse fut établi capitaine ; le seigneur de Communes, à Gand ; messire Girard de Tournay, à Audenarde; messire Girard de Ghistelles, à Courtrai. Et pareillement furent commis par toutes les autres villes aucuns nobles et gens de guerre selon l'état d'icelles, tant selon les frontières vers Calais comme sur la mer et ailleurs. En outre fut publié que nul ne se partît du pays pour cause de la guerre et sur grande amende, et que chacun se pourvût et garnît d'armes selon son état et puissance ; et aussi que toutes bonnes villes et forteresses fussent réparées et fournies de vivres et habillements de guerre ; et avecque ce, que toutes fosses et barrières fussent visitées et réédifiées ès lieux et ès places accoutumés, et tout aux dépens du pays et ceux dessous qui les réédifications se devoient faire.

En après, pour mieux faire que laisser, convint que ledit duc dessusdit dît de sa propre bouche aux Gantois qu'il étoit bien content d'eux pour la départie de devant Calais, et qu'ils s'en étoient retournés par sa licence et ordonnance ; car c'étoit tout leur désir et affection que d'en être excusés, pource qu'ils savoient et connoissoient bien qu'ils s'en étoient partis trop honteusement. Et quand toutes ces besognes dessusdites furent ainsi remises en règle, comme dit est, ledit duc s'en retourna à Lille ; et lors vinrent devers lui le seigneur de Chargny et aucuns autres vaillants hommes, qui amenèrent des parties de Bourgogne environ quatre cents combattants, qui furent mis en garnison sur les frontières de Boulenois. Et puis après bref ensuivant, vinrent et arrivèrent les seigneurs d'Ansy et de Warenbon, atout encore quatre cents combattants Savoyens, lesquels dommagèrent moult les pays d'Artois, Cambrésis et vers Tournai ; et puis après les mena le seigneur de Warenbon en garnison à Pontoise, là où ils furent grande espace de temps. Si étoient lors, par toutes les parties du royaume de France, les églises et le pauvre peuple oppressé et travaillé à l'occasion de la guerre, et n'avoient comme nuls défendeurs. Et nonobstant la paix d'Arras faite, les François et Bourguignons vers les pays et marches de Beauvoisis, Vermandois, Santois, Laonnois, Champagne et Rethelois, faisoient moult souvent de grandes entreprises les uns sur les autres, et prenoient querelles non raisonnables l'un contre l'autre. Pourquoi il advenoit moult de fois que les pays dessusdits, tant d'un côté comme d'autre, étoient courus et pillés, et avoient autant ou plus à souffrir comme paravant la dessusdite paix d'Arras. Si n'y pouvoient les pauvres laboureurs mettre autre provision, sinon de crier misérablement à Dieu leur créateur, vengeance; et, qui pis étoit, quand ils obtenoient aucun sauf-conduit d'aucuns capitaines, peu en étoit entretenu, mêmement tout d'un parti. Et entre temps que ces besognes se faisoient, messire Jean de Hornes, sénéchal de Brabant, qui avoit eu la charge, avecque le commandeur de la Morée, de conduire le navire par mer et aller devant Calais, quand le duc de Bourgogne y étoit, fut rencontré par aucuns Flamands sur les dunes de la mer, ainsi qu'il alloit à ses affaires, à petite compagnie; lesquels le mirent à mort, dont ledit duc de Bourgogne eut au cœur très grand déplaisir.

Et d'autre part, après que ledit duc eut rapaisé les Gantois, comme dit-est ci-dessus, et qu'il eut entendu que toutes les communes de sa comté fussent bien unies, si s'émurent les Brugelins en très grand nombre, pour aller assiéger l'Ecluse, et se tinrent en armes sur le marché par moult long temps. Et entre temps mirent à mort l'escontecte de la ville, qui étoit un des officiers du prince, nommé Vaustre d'Estembourg; et fut pource qu'il ne vouloit point aller en armes sur le marché avecque le commun, où ils furent bien six semaines; et étoient les capitaines, Pierre de Bourgrane et Christophe Minère. Et y eut un nommé Georges Vauldeberques, qui fit lever la duchesse et son fils de son charriot, pour quérir ceux de dedans; laquelle duchesse pour lors y étoit, et l'arrêtèrent. Et puis après, quand elle se départit, lui ôtèrent de son charriot la femme de messire Jean de Hornes, dont icelle duchesse fut moult troublée; mais elle n'en put avoir autre chose. Si étoient avecque elle messire Guillaume et messire Simon de Lalain. Toutefois, par certains moyens qui depuis se firent entre leur prince et eux, se retrahirent en leurs hôtels; et leur pardonna pour celle fois leurs offenses et maléfices, pource qu'il avoit plusieurs grandes affaires vers eux.

CHAPITRE CCIX.

Comment La Hire prit la ville et forteresse de Soissons, et autres matières.

En ce même temps fut prise d'emblée la ville et forteresse de Soissons, de laquelle étoit capitaine Guy de Roye, pour messire Jean de Luxembourg, qui point n'avoit fait de serment au roi Charles de France à la paix d'Arras, ainsi comme avoient fait les autres seigneurs et capitaines tenant le parti du duc de Bourgogne, comme dit est ci-dessus. Et pour tant que les François le tenoient pour leur ennemi, jà-soit-ce qu'il eût obtenu du roi mandement durant jusques à certain jour, pour avoir avis de faire icelui serment, lequel roi défendit à ses gens que dedans icelui jour on ne leur fît point de guerre, moyennant aussi que lui et les siens n'en feroient à lui ni aux siens, néanmoins, quand il vint à la connoissance dudit de Luxembourg, qu'on avoit pris sur lui icelle ville et forteresse de Soissons, qui en la plus grand' partie appartenoit héritablement à sa belle-fille, Jeanne de Bar, comtesse de Saint-Pol, il le prit très mal en gré, et pourvut et garnit aucunes de ses forteresses de gens de guerre pour résister à telles et pareilles entreprises. Et d'autre part, le dessusdit Guy de Roye, qui tenoit le châtel de Maicampre, entre Chargny et Noyon, y mit grand' garnison, et commença à mener forte guerre à La Hire et aux pays de Soissonnois, Laonnois et autres villes tenant le parti du roi Charles. Et pareillement fit le roi Charles, par La Hire et ses alliés, aux bienveillants du dessus nommé, messire Jean de Luxembourg; et par ainsi tous les pays autour d'eux furent moult travaillés et oppressés, tant d'un côté comme d'autre.

Après que le duc d'Yorck eut conquis la ville de Fécamp, comme dit est, et que Jean d'Estouteville l'eut rendue, fut depuis reprise des François sur lesdits Anglois, et en ce même temps le duc d'Yorck dessusdit conquit, par continuation de siége, Saint-Germain-sur-Cailly. Si furent pendus les François léans étant jusques au nombre de douze ou environ. Et pareillement reconquit Fontaines, le Bourg, Blainville, Préaux, l'Ile-Bonne, Tancarville et autres plusieurs fortes places et villes, dont la plus grand' partie furent désolées et ruées jus par lesdits Anglois, durant lequel temps iceux Anglois continuoient à dégâter les vivres autour de Harfleur, sur intention de l'assiéger au plus tôt qu'ils pourroient par aucune bonne manière.

CHAPITRE CCX.

Comment la duchesse de Bedfort, sœur au comte de Saint-Pol, se remaria de sa franche volonté ; et comment le roi Charles de Sicile traita avec le duc de Bourgogne, à cause de sa délivrance ; et comment les Anglois reprirent la ville de Pontoise.

En l'an dessusdit, la duchesse de Bedfort, sœur au comte de Saint-Pol, se remaria, de sa franche volonté, à un chevalier d'Angleterre, nommé messire Richard d'Oudeville (Woodville), lequel étoit jeune homme moult bel et bien formé de sa personne; mais, au regard de lignage, il n'étoit point pareil à son premier mari, le régent, ni à elle. Si en fut Louis de Luxembourg, archevêque de Rouen, et autres ses prochains amis, aucunement mal contents; mais ils n'en purent oncque avoir autre chose. Et après, environ le mois de novembre, Jacqueline de Bavière, qui étoit épouse franche de Borselle, après que, par long-temps, elle eut geu en son lit, de maladie langoureuse, alla de vie à trépas; si succéda le duc de Bourgogne en toutes ses seigneuries.

En ce même temps, vers la Saint-Andrieu, vinrent devers le duc de Bourgogne, à Lille en Flandre, où il tenoit son état, le roi de Sicile, duc d'Anjou, le duc de Bourbon, le connétable

21.

de France, le grand chancelier de France, et plusieurs autres grands seigneurs et notables princes; lesquels il reçut et festoya très honorablement, et après furent les traités ouverts d'entre le roi Charles de Sicile, dessus nommé, et le duc de Bourgogne, touchant la délivrance de sa prison, dont en autre lieu est faite mention : car encore n'étoit sa foi acquittée pour sa prise; mais étoient aucuns de ses enfants demeurés otagiers pour lui au pays de Bourgogne. Lesquels traités vinrent enfin à conclusion, moyennant que présentement le dessusdit duc de Bourgogne eût la possession de la terre et châtel appartenant à celui roi, laquelle étoit moult bonne et profitable; et, avec ce, promit à payer certaine somme de deniers, pour la sûreté de laquelle il bailla en ôtage, en ses duchés de Bar et de Lorraine, quatre bonnes villes et forteresses, c'est à savoir Neuf-Châtel en Lorraine, Clermont en Argone, Princhy et Louy, que ledit roi devoit bailler, quand requis en seroit. Esquelles villes et forteresses le dessusdit duc de Bourgogne mit garnison et capitaines de par lui.

Et, par ainsi, le roi dessusdit fut acquitté de sa foi, et reut ses enfants; car, à présent, ne furent baillés, en la main dudit duc, que les deux enfants premiers, et eut sûreté, par promesse, d'avoir les deux autres, si faute de paiement y avoit. Et, à ce faire, pour les bailler, s'obligèrent, avec ledit roi, messire Collard de Saussy et Jean de Chambly. Et, après toutes ces besognes accomplies, comme dit est, ledit connétable de France traita avec messire Jean de Luxembourg, qui étoit audit lieu de Lille, que la guerre d'entre lui et La Hire, pour la prise de Soissons, cesseroit sur forme d'appointement ; et si fut audit messire Jean de Luxembourg rallongé son jour de faire serment au roi de France, jusques au jour Saint-Jean-Baptiste ensuivant, ou de lui déclarer partial, par tel si qu'il promit non faire guerre durant le terme dessusdit. Cependant Guillaume de Flavy, qui, par le connétable de France avoit été débouté de la ville de Compiégne, trouva manière de rentrer dedans, atout grand' foison de gens de guerre. Si le reprit sur ceux que ledit connétable de France y avoit commis ; et, ce fait, la tint long-temps depuis, et du consentement du roi Charles, nonobstant qu'icelui connétable fît depuis de grands diligences de la ravoir.

En ce même temps, reprirent les Anglois la ville de Pontoise d'emblée, à un point du jour ; dedans laquelle étoient en garnison les seigneurs de l'Ile-Adam et de Varenbon, avec eux environ quatre cents combattants, lesquels, en la plus grand' partie, se sauvèrent par fuite, en délaissant leurs biens. Pour laquelle prise, l'Ile-de-France et le pays à l'environ furent derechef fort troublés ; car iceux Anglois y mirent une très grande et forte garnison de leurs gens, lesquels coururent très souvent jusques aux portes de Paris.

CHAPITRE CCXI.

Comment le roi d'Écosse fut meurtri par nuit en sa chambre, par le comte d'Atholles, son oncle ; et autres matières.

Au mois dessusdit, advint une très grande et merveilleuse cruauté au royaume d'Écosse. Car le roi d'icelui pays, lequel étoit à Saint-Jean (Perth), séant sur la rivière de Tay, au milieu de son royaume, et là séjournoit et tenoit son état en une abbaye de jacobins, au dehors d'icelle ville, fut là épié par aucuns de ses haineurs ; et étoit le chef et capitaine un sien oncle, nommé le comte d'Atholles. Si vint le second mercredi de carême, qu'il étoit jeûne des quatre-temps, accompagné de trente hommes ou environ, jusques à la chambre du roi, qui de rien ne se doutoit, une heure après minuit. Si rompirent et dépecèrent l'huis de ladite chambre, et entrèrent dedans ; et là mirent ledit roi à mort cruellement, en lui faisant plusieurs plaies, jusques au nombre de trente ou au-dessus, dont il y en avoit aucunes adressées droit à son cœur. Durant laquelle cruauté, la reine sa femme, sœur au comte de Sommerset d'Angleterre, pour le cuider rescourre et le préserver de cet inconvénient, fut navrée en deux lieux moult vilainement par aucuns d'iceux facteurs. Et, ce fait, se partirent de là hâtivement, pour eux mettre à garant et à sauveté. Et lors, par le cri de la dessusdite reine, comme par autres de ses gens, fut icelle besogne tantôt divulguée et prononcée, tant en l'hôtel comme en ladite ville. Si s'assemblèrent, en très grand nombre, ceux de sondit hôtel et de la ville; et vinrent en la chambre du roi, où ils trouvèrent ledit roi meurtri très piteusement, comme dit est dessus, et la reine navrée, dont ils eurent au cœur très grand' tristesse, et en firent moult grands douleurs et lamentations; et le lendemain fut mis en terre très solennellement aux Chartreux.

Et tantôt après ensuivant, furent mandés les nobles et grands seigneurs du royaume d'Ecosse, lesquels conclurent tous ensemble avecque ladite reine, qu'iceux homicides fussent poursuivis en très grand' diligence. Laquelle conclusion fut mise à exécution; et enfin furent tous pris et mis à mort par divers et merveilleux tourments : c'est à savoir ledit comte d'Atholles, oncle du roi d'Ecosse, qui étoit le principal, eut le ventre ouvert, et lui ôta-on les boyaux hors, et puis furent ars en un feu en sa présence, et puis fut écartelé; et furent mis les quartiers au dehors des quatre plus puissantes villes d'icelui royaume d'Ecosse; un nommé Robert Stewart, qui étoit un des principaux facteurs, fut pendu à un gibet, et après écartelé; Robert de Gresme fut mis sur une charrette, où il y avoit un gibet fait au-dessus tout propice, auquel on avoit attaché l'une de ses mains, c'est à savoir celle dont il avoit féru ledit roi d'Écosse, et en cet état fut mené par la ville en plusieurs rues ; et environ lui avoient trois exécuteurs de justice, qui lui lançoient les fers tout chauds parmi les cuisses et autres parties de son corps ; et après fut écartelé. Et les autres, chacun en droit soi, furent tourmentés très horriblement. Et fut cette justice tout accomplie en dedans les quarante jours après la mort du dessusdit roi d'Écosse. Et la cause pour quoi ledit comte fit cette cruauté à sondit neveu le roi d'Écosse, fut pource que après qu'icelui roi fut retourné d'Angleterre, où il avoit été long-temps prisonnier, comme il est déclaré en mon premier livre, et il fut retourné en son royaume d'Écosse, il fit de très grands justices de plusieurs grands seigneurs, tant de son sang comme d'autres, qui avoient eu le gouvernement de son royaume durant sadite prison, et n'avoient point fait leur devoir selon son vouloir de le délivrer de la dessusdite prison. Entre lesquels en avoit fait exécuter aucuns qui étoient moult prochains audit comte d'Atholles. Et pour tant, jà-soit-ce que devant le jour dudit homicide, il fût un des plus prochains et plus féables dudit roi, néanmoins lui avoit de long-temps gardé cette mauvaise pensée et volonté, laquelle enfin il mit à exécution, comme vous avez ouï ci-dessus. Lequel roi d'Écosse avoit un sien fils âgé de douze ans ou environ, lequel, par l'autorité et du consentement des trois états du pays, fut prestement élu et élevé à roi d'Écosse, et fut mis à gouvernement d'un moult notable chevalier, nommé messire Guillaume Criston, lequel le gouvernoit dès le vivant du roi son père; et avoit icelui roi nouvel la moitié du visage droit à ligne vermeil, et l'autre blanc. Et puis après certain temps ensuivant, ladite reine embla audit chevalier le roi son fils au châtel de Haudebourg (Edimbourg), et le mit en autre gouvernement, c'est à savoir de grands seigneurs du pays, lesquels depuis firent mourir le comte de Douglas et un sien frère, appelé David de Combrebant, pource qu'on disoit qu'il avoit fait conspiration contre le jeune roi pour le déposer de sa seigneurie. Si avoit icelui jeune roi, six sœurs, dont l'aînée étoit mariée au Dauphin, fils au roi de France; et depuis en eut une le duc de Bretagne; et la tierce fut mariée au fils du duc de Savoie; la quarte, au fils du seigneur de La Verre en Hollande. Et après, la reine d'Écosse, mère aux enfants dessusdits, se remaria à un jeune chevalier nommé Jacques Stuart, et en eut plusieurs enfants.

Or est ainsi que depuis cet article écrit, je sus par approbation que ledit comte d'Atholles, principal facteur de la mort du roi d'Écosse, fut dévêtu tout nu en pur ses braies en la ville de Edimbourg, et fut tiré par plusieurs fois à une poulie, encontre mont tout haut, et puis on le laissoit choir en bas à deux pieds de terre; et après fut mis sur un pilier, et couronné d'une couronne de fer ardent, en signifiant qu'il étoit le roi des traîtres. Et le lendemain fut mis sur une claie tout nu, et traîné de rue en rue; et après fut mis sur une table, et lui ouvrit-on le ventre; et puis furent tous ses boyaux et entrailles tirés hors et jetés en un feu, et ars en sa présence durant sa vie; et depuis fut son cœur jeté au feu; et après fut décapité et écartelé, et les quartiers mis aux quatre meilleures et bonnes villes d'icelui royaume d'Écosse, comme dit est ci-dessus. Et avecque ce que lesdits facteurs moururent par divers martyres et tourments, furent aussi exécutés plusieurs de leurs plus prochains amis, qui point n'en étoient coupables : et n'est point mémoire qu'oncque on vît faire aux chrétiens plus âpre justice.

En ce propre temps, le duc de Bourgogne tint plusieurs étroits conseils avecque les trois états de son pays, pour avoir avis pour résister contre la descendue et puissance des Anglois ses ennemis, lesquels il attendoit chacun jour.

Il fut sur ce conclu de mettre garnison par toutes les frontières, tant sur la mer comme ailleurs. Et aussi fut ordonné à tous les nobles de ses pays et autres, qui s'avoient accoutumé armer, qu'ils fussent prêts, toutes les fois qu'on les manderoit, pour aller avecque les capitaines qui étoient commis pour la garde et défense des pays, c'est à savoir en chef, Jean de Bourgogne, comte d'Étampes. Et d'autre part, durant le temps dessusdit, plusieurs citoyens de la ville de Lyon sur le Rhône se rebellèrent contre les officiers du roi de France, pour et à cause de ce qu'ils étoient trop travaillés de gabelles et subsides qu'on levoit sur eux; mais pour cette cause en furent plusieurs exécutés, et les autres emprisonnés par lesdits officiers royaux. Et pareillement aucuns Parisiens furent accusés de vouloir relivrer la ville de Paris aux Anglois; entre lesquels en furent décapités maître Jacques Roussel et maître Mille des Saulx, avocats en parlement, et avecque eux un poursuivant; desquels les biens furent confisqués au roi.

En l'an dessusdit, se mirent les Gantois en armes, et en très grand nombre, et occirent un nommé Gillebert Pactetent, souverain doyen des métiers, et lui imposèrent qu'il avoit empêché qu'on n'assaillît pas la ville de Calais quand on fut devant, et que les engins jetèrent peu durant le siége; et disoient que trahison y avoit couru. Si requéroient entre les autres choses, qu'on ordonnât et publiât que dorénavant on ne brassât plus nulles cervoises (bières), et qu'on ne fît nuls autres métiers à trois lieues près de Gand. Mais pource que les eschevins et autres officiers de la ville se mirent atout la bannière de France amiablement avecque eux sur le marché des Vendredis, et leur dirent courtoisement qu'ils en auroient avis et conseil, et feroient tant qu'ils y pourvoiroient, en telle manière qu'ils s'en devroient bien tenir pour contents, par raison ils furent tantôt rapaisés, et tantôt se départirent d'illec et mirent jus leurs armures paisiblement.

Et après plusieurs conseils tenus par les échevins et les doyens des métiers d'icelle ville sur le fait de ladite requête, icelle fut déclarée être inutile et déraisonnable ; et finablement fut conclu et déterminé qu'on laisseroit le pays en l'état où il avoit été moult longuement, sans faire aucune irraisonnable nouvelleté.

CHAPITRE CCXII.

Comment La Hire, Pothon et plusieurs autres capitaines du roi de France cuidèrent avoir la cité de Rouen; et comment ils furent assaillis et déconfits des Anglois, lesquels les surprirent en leurs logis.

En cet an s'assemblèrent plusieurs des capitaines du roi Charles sur les frontières de Normandie, c'est à savoir La Hire, Pothon de Sainte-Treille, le seigneur de Fontaines, Lavagan, Philippe de la Tour, et aucuns autres, qui tous ensemble pouvoient être de huit cents à mille combattants. Et se tirèrent tous vers la cité de Rouen, sur intention d'entrer dedans icelle par le moyen d'aucuns des habitants, qui secrètement leur avoit promis d'eux faire ouverture. Mais cette entreprise fut rompue, parce que nouvellement les Anglois y étoient venus en grand nombre. Et pource que les dessusdits capitaines françois, atout leurs gens, qui déjà étoient assez près dudit lieu de Rouen, sachant, qu'ils ne pouvoient achever ce pour quoi ils étoient partis, pour eux rafraîchir se logèrent en un gros village, nommé Ris, à quatre lieues dudit Rouen. Et ainsi qu'ils étoient là, les seigneurs d'Escalles, de Talbot, messire Thomas Kiriel, et aucuns autres capitaines anglois, atout mille combattants ou environ, qui déjà étoient avertis de leur venue, les poursuivirent roidement. Et de fait, avant qu'ils s'en donnassent garde, sinon assez peu, vinrent férir par divers lieux ès logis desdits François, lesquels furent si très surpris qu'ils ne se purent oncque défendre ni mettre ensemble; et furent, en assez bref terme, du tout tournés à déconfiture, et mis à déroi. Toutefois La Hire monta sur un cheval qui appartenoit à l'un de ses hommes d'armes, et cuida rassembler ses gens; mais ce fut peine perdue. Si se mit à chemin et fut chassé et poursuivi assez longue espace de temps, et fut moult grandement navré et blessé en plusieurs lieux. Néanmoins il échappa par la bonne aide d'aucuns de ses gens. Si y furent pris par ledit seigneur de Fontaines, Allain-Géron, Louis de Bale, Allardin de Mensay, Jean de Lon, et plusieurs autres nobles hommes; et le surplus se sauvèrent, et la grand' partie, dedans les bois; et perdirent la plus plus grand' partie de leurs chevaux et autres bagues; et quant est au regard des morts, n'en y eut que huit ou dix.

CHAPITRE CCXIII.

Comment ceux de Bruges s'émurent contre leur prince et ses officiers, et y eut grand débat et grand' occision.

Au commencement de cet an, se rémurent ceux de Bruges contre les officiers du prince, et occirent assez soudainement Maurice de Versenaire. Et étoient bourgeois, maîtres et eschevins, lui et Jacques son frère, lequel aussi ils occirent, pource qu'ils étoient allés à Arras, devers le duc de Bourgogne leur prince. Et furent allés querre par le converseur des maisons où ils s'étoient allés musser (cacher), quand ils surent qu'on les quéroit pour eux occire. Desquels les plus notables furent tous en grand doute. Et ainsi le duc de Bourgogne, quand ce fut venu à sa connoissance, en fut très mal content, et pour plusieurs fois fit grand' délibération avecque ceux de son conseil, pour savoir comment on les pourroit punir. Si fut avisé qu'on enverroit secrètement aucunes personnes féables dedans ladite ville parler à ceux qu'on pensoit être de la partie dudit duc, pour savoir comment on pourroit punir et corriger ceux qui faisoient les lamentations dessusdites. Et ce fait, grand' partie des plus notables écrivirent secrètement devers ledit duc de Bourgogne, en eux excusant des rigueurs dessusdites; et lui firent savoir que volontiers aideroient à punir les dessusdits mainteneurs.

Et adonc, sur intention de faire icelle publier le dessusdit duc de Bourgogne, qui avoit volonté d'aller en Hollande pour aucunes besognes et affaires, comme on disoit, et passer par Bruges, et voir comment et en quelle manière on pourroit le mieux besogner sur cette matière, si fit assembler grand nombre de gens d'armes de ses Picards de Picardie, sous plusieurs capitaines, au nombre de quatorze cents combattants ou environ. Et après, partant de Lille, atout iceux et plusieurs notables seigneurs, s'en alla au gîte en la ville de Roulers; et le lendemain envoya ses fourriers devant en la ville de Bruges; avec lesquels allèrent plusieurs des gens d'armes dessusdits, pour prendre les logis, comme il est de coutume. Si entrèrent dedans et se logèrent dedans chacun en droit soi où ils pouvoient le mieux; et ledit duc les suivit tantôt après atout ses gens, et avoit d'heure en heure nouvelles de ceux de la ville. Et pour vrai, la plus grand' partie des plus puissants eussent été bien joyeux, si ceux qui avoient fait les offenses, dont dessus est faite mention, eussent été punis; car c'étoient gens de petit état, qui ne désiroient autre chose que de fort entroubler les besognes pour eux augmenter, et avoir majesté sur les plus riches. Et pour ce, quand ils surent la venue dudit duc de Bourgogne, furent en grand doute, et pensoient que cette assemblée se faisoit pour eux, ce qui étoit vérité. Et pour tant se commencèrent à assembler par compagnies et en divers lieux, et en y eut aucuns qui donnèrent à entendre que ledit duc et les Picards venoient là pour les détruire et pour piller la ville. Et adonc les autres, entendant et oyant ces paroles, furent plus que devant en grand effroi, et s'armèrent communément et en très grand' multitude. Et de fait, atout beaux ribaudequins de guerre, se mirent sur le marché, et envoyèrent grand' partie de leurs gens à la porte vers Roulers, par où leur prince devoit entrer.

Et étoit le mercredi des fêtes de la Pentecôte. Et quand ledit duc fut venu, qu'il cuida entrer dedans, il trouva les barrières fermées et les Brugelins armés et embâtonnés; lesquels ne furent point contents de lui laisser entrer, sinon à petite compagnie et à simple état, ce que point ne leur vouloit accorder, ains lui firent réponse que point n'y entreroit si toutes ses gens n'étoient avecque lui. Durant lequel temps y eut plusieurs parlements par manière de moyens entre icelles parties; et étoient lors avecque ledit duc, messire Roland de Hutekerque et messire Colard de Commines, que les dessusdits Brugelins avoient très mal en grâce; et aussi étoient avec ledit duc plusieurs autres seigneurs et notables hommes de guerre et de grand' autorité; c'est à savoir le comte d'Étampes, le seigneur de l'Ile-Adam, le seigneur de Tervane, le seigneur de Humières, le seigneur de Haubourdin, le seigneur de Saveuse, le seigneur de Crèvecœur,

Jacques Kiriel, le seigneur de Liternelle, Pierre de Roubaix, et plusieurs autres qui avoient grand' merveille de voir les manières que tenoient iceux Brugelins contre leur prince. Et y eut d'aucuns qui furent d'opinion qu'on prît une partie de ceux qui étoient venus pour traiter et parler au-dehors d'icelles barrières, et qu'on coupât les hâtereaux (cous) à ceux qui seroient trouvés coupables des commotions devant dites; mais ce propos fut délaissé pour doute qu'ils ne fissent le pareil à ceux qui étoient dedans entrés pour prendre leurs logis. Néanmoins, après que lesdites parties eurent parlementé assez longuement les uns avec les autres, de deux à trois heures, fut conclu que ledit duc y entreroit. Devant laquelle entrée il garnit la porte et y mit de ses gens; c'est à savoir Charles de Rochefort, messire Jean, bâtard de Dampierre, Meliades, breton, accompagnés d'aucuns gentilshommes et partie de ses archers.

Ainsi entra dedans ledit duc en moult belle ordonnance, accompagné de plusieurs seigneurs et autres gens de guerre, et se commença à mettre bien avant en la ville pour aller descendre à son hôtel. Et quand ce vint qu'il y eut dedans de quatre à cinq cents de ses gens, ceux de la ville, qui, comme dit est, étoient à la porte en très grand nombre, armés et embâtonnés, refermèrent icelle barrière et puis la porte, et enfermèrent les autres dehors. Laquelle chose fut noncée audit duc, qui en fut très déplaisant; et fit dire à d'aucuns desdits gouverneurs que puisqu'on ne lui vouloit laisser ses gens entrer avecque lui, qu'on le remît dehors, à quoi ils s'excusèrent aucunement. Et entre temps le duc fit mettre en ordonnance une partie de ses gens au vieil marché, durant lequel temps s'émut débat entre les parties; et commencèrent à tirer et à combattre l'un contre l'autre en plusieurs lieux. Et adonc fut conseillé icelui duc qu'il se retrahît vers icelle porte pour la reconquerre, afin qu'il pût avoir ses gens avecque lui, et retourner dehors, si besoin lui en étoit. Laquelle chose il fit; et envoya par une rue une partie de ses gens sur les fossés, pour envoyer ceux qui étoient devant ladite porte au travers, et lui en sa personne alla par la grand' rue. Si écrièrent leurs ennemis, tous à une voix; et les envahirent en moult grand bruit; mais sans délai ces Brugelins si se départirent et laissèrent celle porte ; si furent aucunement poursuivis, et les aucuns mis à mort.

Et adoncque le seigneur de l'Ile-Adam, qui s'étoit mis à pied avecque aucuns archers, qui point ne faisoient bien leur devoir à son plaisir, se bouta si avant pour rebouter les dessusdits, pensant que les autres le suivissent de près qui rien n'en faisoient, sinon assez doutablement, qu'il fut incontinent envahi de plusieurs Brugelins; lequel, avant qu'il pût avoir aucun secours, fut mis à mort, et lui arrachèrent l'ordre de la toison qu'il portoit. Pour la mort duquel ledit duc, et généralement tous ceux qui étoient avecque lui, avoient au cœur très grand tristesse; mais ils n'en purent avoir autre chose. Et n'y avoit celui, qui ne fût en très grand doute de sa vie, pource qu'ils sentoient icelles communes être en très grands multitude tous en armes, prêts pour les envahir de toutes parts; et n'étoient qu'un petit de gens au regard d'iceux. Néanmoins ledit duc, de sa personne, fut toujours assez reconforté, et avoit grand regret qu'il ne pouvoit avoir ses gens qui étoient dehors, pour combattre lesdits Brugelins, lesquels il véoit ainsi émus. Et d'autre part, ses gens de dedans étoient en grand doute, et ceux qui étoient dehors avoient très grand' déplaisance; car ils savoient par leurs gens qui étoient sur ladite porte, le meschef et tribulation où étoient leur prince et leurs compagnons. Et avecque ce virent jusques à huit ou dix d'iceux leurs compagnons, lesquels furent achassés sur les fossés par les Brugelins, qui pour eux cuider sauver saillirent ès fossés et furent noyés.

Si dura cette mortelle tempête moult cruelle, dedans icelle ville de Bruges, par l'espace d'heure et demie ou environ. Et après, pource que ledit duc fut averti qu'ils s'apprêtoient tous aval la ville à grand' puissance, pour là venir à eux combattre atout grand nombre de ribaudequins, artilleries et autres habillements de guerre, à quoi nullement n'eût su résister, lui fut conseillé derechef qu'il se mît en tous périls et en peine de reconquerre la porte devant dite, où ses ennemis étoient assemblés. Et lors vint vers eux pour les combattre, atout ce que pour lors pouvoit avoir de gens, mais ils se départirent hâtivement comme ils avoient fait. Si furent pris les marteaux qui étoient dedans la maison d'un maréchal, assez près de ladite porte; si leur bailla icelui maréchal, et en furent tantôt rompus les verroux d'icelle porte et les serrures. Et quand elle fut ouverte avecque les barrières, lors issirent ses gens de grand' volonté; mais ledit duc, qui étoit monté sur un moult bon coursier durant toutes ces tribulations dessusdites, et avoit moult fort été approché de ses ennemis, demeura sur le derrière en guise de bon pasteur, et se mit à chemin pour retourner en la ville de Roulers, dont il s'étoit parti ce propre jour, très ennuyeux de cœur de ce qu'il véoit les besognes ainsi tourner sur lui, et par espécial de la mort du seigneur de l'Ile-Adam dessus nommé, et de ses autres gens. Si étoient, la plus grand' partie de ses autres gens d'armes là étants si effrayés, qu'à grand' peine leur pouvoit-on faire tenir ordonnance au retour dessusdit. Et n'étoient point entrés en icelle ville avec ledit duc, messire Roland de Hutekerque, ni messire Colard de Communes. Si furent morts en icelle journée des gens du duc, jusques à cent ou plus, qui tous furent enterrés en une fosse au cimetière de l'hôpital, réservé le seigneur de l'Ile-Adam, qui fut enterré à part lui; et depuis, à grand' solennité, fut remis en l'église de Saint-Donast de Bruges. Et si en demeura deux cents prisonniers des gens dudit prince, desquels, le vendredi ensuivant, en y eut trente-deux décapités ; et le surplus eurent leurs vies sauves par les prières de bonnes gens d'église et des marchands d'étrange pays, qui en firent très humble requête.

Et au bout de huit jours ensuivant, délivrèrent atout leurs bagues tous les familiers dudit duc de Bourgogne ; mais ils firent écarteler le dessusdit maréchal, dont dessus est faite mention, qui avoit livré les marteaux pour ouvrir la porte; et se nommoit Jacob Van Ardoyen. Et quant aux Brugelins combattants au prince, n'en y eut de morts que douze ou environ. Et entre lesdits Picards qui furent morts, y eut peu de gens de renom, sinon le devant-dit seigneur de l'Ile-Adam, et un huissier de salle du duc de Bourgogne, nommé Herman. Et quant est au gouvernement d'iceux Brugelins, ils étoient nuit et jour en armes en très grand nombre, tant sur les marches qu'ailleurs. Et bref après ensuivant, allèrent abattre la maison d'un bourgeois, nommé Gérard Reubs. Et quant au regard du duc de Bourgogne, il s'en alla à Roulers, et delà en la ville de Lille, où il tint plusieurs conseils, pour savoir par quelle manière il pourroit mettre en obéissance iceux Brugelins. Et fut avisé, pour les mieux contraindre, qu'on feroit crier par toutes les villes et pays entour d'eux, que nuls ne leur portassent vivres sur quant que on doit être ennemi du prince. Et ainsi en fut fait, dont ils furent fort émerveillés, et en grand doute ; mais pour tant ne laissèrent-ils point de continuer en ce qu'ils avoient commencé.

CHAPITRE CCXIV.

Comment Le Bourg de La Hire courut et fit moult de maux ès marches de Péronne, Roye et Mont-Didier.

En ce même temps, le Bourg (bâtard) de La Hire, qui se tenoit au châtel de Clermont en Beauvoisis, atout environ de soixante à quatre-vingts combattants, dont il travailloit malement le pays environ, et par espécial, les châtellenies de Péronne, Roye et Mont-Didier, appartenants au duc de Bourgogne, et y couroit très souvent, et en ramenoit à leurs garnisons de grands proies, tant prisonniers, bétail, comme autres biens, nonobstant la paix d'Arras faite entre le roi de France, et le duc de Bourgogne, comme dit est dessus, entre les autres vint un certain jour courre devant la ville de Roye. Si prit et leva le bétail, et aucuns biens qu'il put atteindre, atout lesquels s'en retourna pour s'en aller devers le dessusdit lieu de Clermont. Si avoit avec lui gens de plusieurs garnisons, tant de Mortemer, appartenants à Guillaume de Flavy, comme d'autres forteresses. De laquelle ville de Roye étoit capitaine, de par ledit duc, un très vaillant homme d'armes et noble homme, nommé Aubert de Folleville, lequel, sachant l'entreprise dessusdite, assembla incontinent tout ce qu'il put avoir de gens sur de guerre, et sans délai poursuivit les dessusdits, intention de rescourre la proie qu'ils emmenoient. Si les atteignit vers un village nommé Boulogne-la-Grasse, et leur courut sus de grand' volonté; mais, par avant sa venue, avoient mis de leur gens en embûche, qui tantôt saillirent sur ledit Aubert et les siens. Et finablement, pource qu'ils étoient en très grand nombre au regard de lui, il fut tantôt tourné à déconfiture; et de fait lui coupèrent prestement la gorge. Et avecque lui furent morts plusieurs, tant gentilshommes comme autres, c'est à savoir son neveu, Soudan de la Bretonnerie, Hue de Bazincourt, le bâtard d'Esne, Collard de Picellen, Jacques de la Bruyère, Jean Bazin, Simon le Maire, et aucuns autres; et les autres se sauvèrent par les bons chevaux qu'ils avoient. Pour laquelle détrousse, et aussi pour plusieurs autres, et assez pareilles entreprises, le duc de Bourgogne en étoit très mal content; et afin d'y résister furent mises esdites villes de Roye, Péronne et Mont-Didier plusieurs gens de guerre, par le comte d'Etampes.

CHAPITRE CCXV.

Comment plusieurs capitaines François, au commandement du roi Charles de France, allèrent reconquêter plusieurs villes et forteresses que les Anglois tenoient; et comment ledit roi, en sa propre personne, alla devant la ville de Montereau-Faut-Yonne, laquelle il reconquit.

En ces jours, Charles, roi de France, convoqua, de plusieurs parties de son royaume, très grand nombre de nobles hommes et de gens de guerre, à venir devers lui à Gien-sur-Loire, en intention de recouvrer aucunes villes et forteresses que tenoient les Anglois ses adversaires vers Montargis et sur les marches de Gastinois. Lesquels venus audit lieu de Gien devers le roi, avec lequel étoient le connétable de France, messire Jacques d'Anjou, le comte de Pardiac, le comte de Vendôme, le bâtard d'Orléans, et autres plusieurs, si fut conclu par le conseil royal, que ledit connétable et le comte de Perdiac iroient atout leurs gens d'armes mettre le siége devant Château-Landon, que lors tenoient lesdits Anglois; et comme il fut délibéré en fut fait. Et en bref vinrent devant et l'environnèrent de toutes parts, dont les Anglois furent moult ébahis; car ils étoient bien avant au pays, et avoient petite espérance d'avoir secours, et si n'étoient mie fort pourvus de vivres. Néanmoins, ils montrèrent semblant d'avoir bonne espérance d'eux tenir et défendre ; et, jà-soit-ce que par ledit connétable furent sommés d'eux rendre sauf leur vie, ils firent réponse, que n'étoient point conseillés de ce faire ; et dirent qu'il coûteroit chèrement avant que ce fissent. Toutefois au troisième jour furent si fièrement et âprement assaillis par lesdits François, qu'ils furent pris de force. Si y eut la plus grand' partie pendus, et par espécial ceux qui furent natifs du royaume de France ; et les autres furent délivrés en payant finance. Et après, les seigneurs dessusdits, partants dudit lieu de Château-Landon, allèrent mettre le siége devant Nemours, lequel se tint environ douze jours ; au bout duquel temps, ceux de dedans se rendirent saufs leurs vies et leurs biens, et s'en allèrent à Montereau. Et entre temps, messire Gaston de Logus, bailli de Bourges en Berri, et autres capitaines, allèrent assiéger la ville et château de Terny, que tenoient les dessusdits Anglois ; lesquels dedans brefs jours ensuivant se rendirent, moyennant qu'ils s'en iroient sauvement atout leurs biens. Et quand ils se partirent de là atout leurs saufs-conduits, ledessusdit messire Gaston, qui étoit monté sur un bon coursier, les convoya un petit ; mais en le férant de l'éperon et tournant, icelui coursier chut dangéreusement, et se tua ledit chevalier tout mort. Au lieu duquel, Pothon de Sainte-Treille fut, de par le roi, constitué bailli de Bourges.

Tantôt après, le roi, atout sa compagnie, vint à Gien, à Sens en Bourgogne, et de là à Bray-sur-Seine; duquel lieu il envoya devant Montereau-Faut-Yonne, le seigneur de Gaucourt, messire Denis de Sailly, Pothon de Sainte-Treille et Boussac; le bâtard de Beaumanoir, et aucuns autres capitaines, atout environ seize cents combattants, lesquels se logèrent sur une montagne vers le châtel, sur la Brie. Et devant icelui châtel, firent faire une grosse bastille et puissante, où ils se logèrent et fortifièrent en grand' diligence. Et de l'autre côté, vers Gâtinois, vinrent ledit connétable, le comte de Pardiac, le bâtard d'Orléans, messire Jacques de Chabannes, et leurs gens, dont dessus est faite mention, lesquels se logèrent assez près de la ville. En après vinrent le seigneur de Valognes, messire Anselin de La Tour, bailli de Vitry, Regnault Guillaume, bailli de Montargis, lesquels se logèrent dedans l'île entre les deux rivières. Et par ainsi ladite ville et le châtel de Montereau-Faut-Yonne furent environnés de tous côtés par les gens du roi de France, lesquels firent asseoir en plusieurs lieux plusieurs gros engins, dont la muraille fut en assez bref terme très fort endommagée. Dedans laquelle ville et château étoit, de par le roi d'Angleterre, capitaine général, un nommé Thomas Gérard, et avecque lui Mondo de Montferrant, Mondo de Lausay, et plusieurs autres compagnons de guerre, jusques au nombre de trois ou quatre cents combattants, lesquels firent très grand' résistance contre leurs adversaires et ennemis, selon qu'il leur étoit possible. Et avoient grand' espérance d'avoir secours par les capitaines qui gouvernoient de par le roi d'Angleterre au pays de Normandie, car ainsi leur avoit été promis. En après vint le roi de France dessusdit, très grandement accompagné, de Bray-sur-Seine, audit lieu de Montereau; et se logea dedans la forte bastille dessusdite. Si avoit bien avec lui de six à sept mille combattants, gens de bonne étoffe, et très bien habillés; et depuis sa venue, fit faire moult grands diligences, tant d'approcher ladite ville comme de faire jeter ses gros engins, et lui-même de sa personne y prit moult grand travail. Et enfin, au bout de six semaines ou environ, après icelui siége mis, fut finablement, par le roi et ses gens, ladite ville prise d'assaut, à petite perte des assaillants; et au regard des assiégés, en furent morts de vingt à trente ou environ, et autant de pris, desquels la plus grand' partie furent pendus. Si entra icelui roi assez tôt après dedans; et pour vrai il défendit qu'on ne méfit rien aux bonnes gens de la ville, tant aux hommes comme aux femmes, qui s'étoient retraits en l'église, quant à leurs personnes; mais, quant au regard de leurs biens, tout fut pris et pillé comme ville conquise. Auquel assaut furent faits plusieurs chevaliers, c'est à savoir, le jeune comte de Tancarville, fils de messire Jacques de Harcourt, Robert de Béthune, seigneur de Moreul, en bref, et aucuns autres. En outre, le roi et grand' partie de ses princes se logèrent dedans ladite ville. Et environ quinze jours ensuivant, ceux dudit châtel se rendirent au roi, par tel si qu'ils s'en iroient saufs leurs vies et leurs biens. Après laquelle reddition, fut constitué capitaine le bâtard d'Orléans, qui le regarnit de ses gens. Et toutes ces besognes achevées, le dessusdit roi Charles, avecque lui son fils, et autres grands et nobles princes, s'en alla à Melun; et les gens d'armes, par compagnies, se tirèrent en divers lieux, mais la plus grand' partie allèrent vers Paris.

CHAPITRE CCXVI.

Comment ceux de Bruges issirent par plusieurs fois hors de leur ville et allèrent fourrager le plat pays.

Or, convient retourner à parler de ceux de Bruges, lesquels continuèrent toujours en leur mauvaise et folle opinion à l'encontre de leur prince, et allèrent très souvent par grands compagnies hors de leur ville fourrager le plat pays, et abattre les maisons de ceux qu'ils hayoient et tenoient pour leurs ennemis; et entre les autres, prirent le châtel de Coquelaire, que tenoit le bâtard de Bailleul, et y firent de grands dérois. Et d'autre part, quand ils étoient retournés dedans leur ville, ils faisoient souvent de cruelles justices sur ceux qu'ils savoient non être du tout de leur alliance. Et entre les autres, firent décoller le doyen des feures, et lui mirent sus qu'il vouloit livrer la ville aux Gantois. Et quant aux puissants et plus notables de la ville, grande partie s'en étoient partis, et allèrent en divers lieux pour doute des dessusdits; et après se mirent sus de trois à quatre mille, atout charrois, engins et habillements de guerre, et allèrent assiéger la ville de l'Écluse, qu'ils avoient en moult grand' haine; dedans laquelle étoit, de par ledit duc de Bourgogne, messire Simon de Lalain, avecque certain nombre de combattants. Si y furent par l'espace de vingt-trois jours; durant lequel temps livrèrent plusieurs assauts à aucunes des portes et barrières d'icelle ville de l'Écluse; et y furent entre les parties faites plusieurs escarmouches, auxquelles en y eut grand nombre de morts et de navrés, et par espécial desdits Brugelins.

Et entre temps, le dessusdit duc de Bourgogne fit grand' assemblée de nobles et gens de guerre du pays de Picardie, et autres lieux de ses seigneuries autour de Saint-Omer, sur intention d'y aller pour eux combattre; mais durant le temps dessusdit, tant par le moyen des Gantois, qui s'en entremirent, comme pour la doute de l'assemblée que faisoit ledit duc, les dessusdits Brugelins se retrahirent en leur ville.

CHAPITRE CCXVII.

Comment les Anglois reconquirent la ville de Fescamp, en Normandie.

En ces jours, les Anglois mirent le siége devant la ville de Fescamp, en Normandie, et y furent environ trois mois ; en la fin desquels ceux de dedans se rendirent moyennant que de là se départiroient saufs leur corps et leurs biens ; mais tôt et assez brefs jours ensuivant, fut reconquise par les François. Si y avoit pour lors très grand' guerre par toute la Normandie, et se faisoient très souvent de diverses rencontres entre les parties ; et entre les autres, y en eut une dont il faut faire mention : c'est à savoir que La Hire, Pothon de Sainte-Treille, le seigneur de Fontaines, Lavagan, et autres capitaines, se mirent ensemble un certain jour, et allèrent environ atout six cents combattants courre devers Rouen, sur intention de faire aucune bonne besogne sur iceux Anglois de Normandie leurs adversaires ; mais ils faillirent de ce qu'ils avoient entrepris, et pourtant se prirent à retourner vers Beauvais. Et pource qu'eux et leurs chevaux étoient fort travaillés, se logèrent à un village nommé Ris, pour eux repaître et rafraîchir. Auquel logis vint assez tôt après messire Thomas Kiriel et aucuns autres capitaines anglois, lesquels vigoureusement coururent sus, devant qu'ils pussent être assemblés, et enfin les déconfirent à peu de dommage de leurs gens. Et y fut pris ledit seigneur de Fontaines, Allardin de Moussay et plusieurs autres. Et La Hire, par le bon cheval qu'il avoit, se sauva à grand' peine, et fut navré en plusieurs et divers lieux. Et pareillement se sauva Pothon de Sainte-Treille, et aucuns autres avecque eux, et par espécial, perdirent la plus grand' partie de leurs chevaux et harnois. Après laquelle détrousse, les Anglois s'en retournèrent à Rouen, très joyeux de leur bonne fortune; mais ce nonobstant, ils perdirent tantôt ladite ville de Fescamp, comme ci-devant est déclaré.

CHAPITRE CCXVIII.

Comment le seigneur d'Offemont prit La Hire prisonnier, où il jouoit à la paume, en la cité de Beauvais.

DURANT les besognes dessusdites, le seigneur d'Offemont, qui point encore n'avoit oublié la mauvaise compagnie que La Hire lui avoit faite, lequel l'avoit pris et rançonné à Clermont en Beauvoisis, comme en autre lieu est plus à plein déclaré, assembla environ six vingt combattants, desquels étoit le seigneur de Moy, son beau-frère, le bâtard de Chauny, et plusieurs autres capitaines, lesquels il mena, par moyen dudit seigneur de Moy, dedans la cité de Beauvais, dont La Hire étoit capitaine; et à cette heure jouoit à la paume en la cour d'une hôtellerie où étoit l'enseigne Saint-Martin. Ledit seigneur d'Offemont, atout ses gens, y alla tout droit, car bien le savoit par ses espies être à icelui jeu; mais La Hire, qui en fut averti aucunement, s'en alla musser (cacher) sous une mangeoire de chevaux, où enfin fut trouvé et pris par les gens dudit seigneur d'Offemont, avecque lui un nommé Perret de Salle-Noire. Si furent prestement montés à cheval derrière deux hommes; et leur fut dit que s'ils faisoient semblant de crier, ni d'émouvoir quelque noise pour les rescourre, on les mettroit incontinent à mort. Et lors sans arrêter, furent amenés à travers de la ville hors de la porte; mais aucuns de ses gens et de la communauté s'assemblèrent et poursuivirent pour eux cuider délivrer, et y eut fait aucunes escarmouches de trait entre icelles parties. Néanmoins ils furent emmenés jusques au châtel de Moy, et de là à Meulan, où ils furent aucune espace de temps; et depuis furent amenés au châtel d'Ancre, qui étoit au dessusdit seigneur d'Offemont; et là furent certaine espace de temps prisonniers. Pour laquelle assemblée et entreprise le roi de France et plusieurs de ses capitaines n'étoient mie bien contents, pour tant qu'on l'étoit ainsi allé quérir ès pays du roi; mais la plus grand' partie de ces nobles hommes et seigneurs dessusdits disoient avoir fait à icelui seigneur ce service à cause de lignage et appartenance.

Et depuis, le roi en récrivit bien détroitement au duc de Bourgogne en faveur de La Hire, afin qu'il mît moyen à sa délivrance, et aussi qu'on ne lui fît aucune grièveté de sa personne. Et enfin y fut tant besogné que ledit duc de Bourgogne, en partie par contrainte, trouva moyens qu'icelui et sa partie se soumirent de leur discord sur lui et son conseil, chacun d'eux ouï en ses raisons; et se tinrent plusieurs journées en icelle ville de Douai, présent ledit duc. Lequel duc, en conclusion, tant pour complaire au roi, qui moult acertes lui en avoit écrit, comme dit est, comme pour tant qu'il fut trouvé que la prise n'étoit belle ni bonne, ni honnête, mais du tout déraisonnable, les mit d'accord; et eut ledit seigneur d'Offemont aucunes récompensations pour ses intérêts, non mie à comparer à la finance qu'il avoit payée; et si lui rendit le châtel de Clermont, et ledit Perret paya mille écus pour sa rançon. Et par ainsi furent icelles parties rapaisées et accordées de toutes les questions qu'ils avoient eues ensemble.

Esquels jours furent accordés La Hire avecque messire Jean de Luxembourg, lequel le hayoit mortellement, tant pour la prise de Soissons, comme pour autres griefs et dommages qu'il lui avoit faits en ses seigneuries; et demeurèrent bons amis l'un avec l'autre, comme ils montrèrent les semblant. Et tantôt après ledit La Hire retourna devers le roi de France, auquel il se loua grandement de l'honneur et de l'amour que le dessusdit duc de Bourgogne lui avoit fait en faveur de lui, dont le roi fut très content, et lui fit très bonne chère; et lui assigna incontinent la plus grand' partie de ses frais et intérêts qu'il avoit eus ès besognes dessusdites. Et pource que ses gens furent avertis qu'il les convenoit de partir du châtel de Clermont, allèrent réparer une vieille forteresse nommée Thois, appartenant au seigneur de Crèvecœur. Si s'y boutèrent en garnison et commencèrent derechef à moult fort travailler le pays devers Amiens et Péquigny, et par espécial, les terres et seigneuries qui avoient aidé à aller quérir La Hire leur capitaine, dont dessus est fait mention. Si étoit l'un des chefs de ceux qui ledit châtel avoient réparé, et faisant toutes les besognes dessusdites, un qui s'appeloit Philippe de la Tour.

CHAPITRE CCXIX.

Comment Charles, roi de France, fit sa première entrée en la ville de Paris, depuis qu'elle fut réduite en son obéissance, et des préparations qu'on y fit.

Le mardi douzième jour de novembre de cet an, le roi Charles de France se logea en sa ville de Saint-Denis. Si étoient en sa compagnie son fils le dauphin de Viennois, le connétable de France, messire Charles d'Anjou, les comtes de Perdiac et de

Vendôme, le jeune comte de Tancarville, messire Christophe de Harcourt, le bâtard d'Orléans, et autres en très grand nombre, nobles et grands seigneurs, chevaliers et écuyers; et si y étoit La Hire en très bel et noble appareil. Et de là s'en alla ledit roi en la cité de Paris, où il n'avoit été depuis le temps qu'il en avoit été débouté, quand elle fut prise du seigneur de l'Ile-Adam, qui fut en l'an mil quatre cent dix-huit. Et vinrent au-devant de lui, jusques à La Chapelle, le prévôt des marchands, échevins et bourgeois, en très grand nombre, accompagnés des arbalêtriers et archers de la ville, tous vêtus de robes pareilles, de pers (bleu) et de vermeil. Et quand ils furent venus devant le roi, ledit prévôt des marchands lui présenta les clés de la ville de Paris, et le roi les bailla en garde au connétable de France. Si mirent, iceux prévôt et échevins, un ciel bleu couvert de fleurs de lys d'or, et le portèrent toujours par-dessus le chef du roi.

Après, vint le prévôt de Paris, accompagné de ses sergents de pied, qui avoient chacun un chaperon, parti de vert et de vermeil. Et ensuivant iceux sergents vinrent les notaires, procureurs, avocats et commissaires du Châtelet.

En après, vinrent les personnages des sept péchés mortels et des sept vertus, montés à cheval; et étoient tous habillés selon leurs propriétés, lesquels personnages suivoient les seigneurs de parlement et des requêtes.

Après, suivoient les présidents; et y avoit très grand' multitude de peuple.

Et ainsi alla le roi, très authentiquement et très noblement accompagné, entrer par la porte Saint-Denis en la ville et cité de Paris. Sur laquelle porte étoit un écu de France, que trois angles (anges) tenoient élevé, et au-dessus dudit écu étoient angles chantants, et au-dessous y avoit écrit :

> Très excellent prince et seigneur,
> Les manants de votre cité
> Vous reçoivent en toute honneur
> Et en très grande humilité.

Item, au poncelet, avoit une fontaine, en laquelle y avoit un pot où étoit une fleur de lys qui jetoit bon hypocras, vin et eau; et dedans ladite fontaine étoient deux dauphins, et au-dessous avoit une terrasse voûtée de fleurs de lys; et dessus ladite terrasse étoit un personnage de saint Jean-Baptiste, qui montroit l'*Agnus Dei*; et y avoit anges chantant moult mélodieusement.

Item, devant la Trinité étoit la Passion : c'est à savoir, comment Notre-Seigneur fut pris, battu, mis en croix, et Judas, qui s'étoit pendu. Et ne parloient rien ceux qui ce faisoient, mais le montrèrent par jeux de mystère; et furent les manières bonnes et bien jouées, et vivement compassionnées et moult piteuses.

Item, à la seconde porte étoient saint Thomas, saint Denis, saint Maurice, saint Louis de France et sainte Geneviève au milieu.

Item, au sépulcre étoit comment Notre-Seigneur ressuscita, et comment il s'apparut à Marie-Madeleine.

Item, à Sainte-Catherine, en la rue Saint-Denis, étoit le Saint-Esprit qui descendoit sur les apôtres.

Item, devant le Châtelet étoit l'Annonciation faite par l'ange aux pastoureaux, chantant *Gloria in excelsis Deo*. Et au-dessous de la porte étoit le lit de justice, la loi divine, la loi de la nature et la loi humaine; et à l'autre côté, contre la boucherie, étoient le jugement, paradis et enfer; et au milieu étoit saint Michel l'ange, qui pesoit les ames.

Item, au pied du grand pont, derrière ledit Châtelet, étoit le baptisement de Notre-Seigneur, et y étoit sainte Marguerite, contrefaite, issant d'un dragon.

Item, s'en vint le roi au portail de Notre-Dame de Paris, où il descendit; et vint devant lui l'université, qui proposa en bref. Et audit portail étoient les prélats : c'est à savoir les archevêques de Toulouse et de Sens, et les évêques de Paris, de Clermont et de Saint-Mangon-lez-Montpellier; les abbés et les ministres de Saint-Denis, de Saint-Maur, de Saint-Germain-lez-Paris, et aussi pareillement de Saint-Magloire et de Sainte-Geneviève. Et là fit le roi le serment à l'évêque de Paris, et puis entra en l'église de Notre-Dame, en laquelle étoient trois arches, comme à Amiens, la nuit de l'an, bien pleines de chandelles et de cire. Et de là s'en alla le roi, après qu'il eut fait son oraison, au Palais, où il coucha pour celle nuit. Et à son entrée étoient environ huit cents archers, bien habillés et en moult ordonnance, lesquels le comte d'Angoulême conduisoit. Et étoient le roi et le dauphin armés de plein harnois, réservé leur chef; et sur le harnois du roi étoit une tourmole couverte d'orfévrerie, et sur son cheval étoit un pers (bleu) velour, tout tissu de grands fleurs de lys d'or moult riche, et battoit jusques à terre, et avoit un chanfrain d'acier, sur lequel avoit un très bel plumail. Et devant lui alloit, tout au plus près de sa personne, Pothon de Sainte-Treille, lequel portoit le heaume du roi, sur un bâton, appuyé contre la cuisse, lequel heaume étoit couronné d'une moult riche couronne; et sur le milieu de ladite couronne avoit une double fleur de lys. Et menoit son cheval, tout à pied, un gentilhomme nommé Jean d'Olon, et toujours portoit-on le ciel dessusdit par-dessus lui. Et après lui suivoient les pages, qui étoient très richement et noblement habillés et ouvrés d'orfévrerie, et leurs chevaux pareillement. Et un petit devant ledit Pothon alloient le connétable, les comtes de Vendôme et de Tancarville, et plusieurs autres grands et notables seigneurs moult noblement montés et habillés. Et un petit ensuivant, le roi chevauchoit, et ledit dauphin, tout couvert d'orfévrerie, lui et son coursier moult noblement, et semblablement ses pages et leurs coursiers; et étoit accompagné de messire Charles d'Anjou, son oncle, des comtes de Perdiac et de la Marche. Et tout derrière suivoit le bâtard d'Orléans, armé de plein harnois, tout couvert d'orfévrerie, lui et son cheval; et avoit une moult riche écharpe d'or, qui alloit par derrière jusques sur le dos de son cheval, et menoit la bataille du roi, où il y pouvoit avoir environ mille lances, fleur de gens d'armes, et habillés eux et leurs chevaux.

Et quant aux autres chevaliers et écuyers et gentilshommes, en y avoit en grand nombre qui étoient, eux et leurs chevaux, tout chargés d'orfévrerie. Desquels entre les autres, après les princes messire Jacques Chabannes et le seigneur de Rostelant, en eurent le bruit pour icelui jour, d'avoir été, eux et leurs gens et leurs chevaux, le plus richement parés et ornés. Et quant est au peuple d'icelle ville de Paris, il y en avoit si grand' multitude, qu'à grand' peine pouvoit-on aller parmi les rues, lesquels en divers lieux crioient à haute voix, tant comme ils pouvoient crier: Noël! pour la joyeuse venue de leur roi et naturel seigneur, et de son fils le dauphin. Si en avoit plusieurs qui pleuroient de la joie et de la pitié qu'ils avoient, de ce qu'ils le revoyoient dedans leur ville. En après toutes ces choses faites et accomplies, et le roi venu au Palais en la manière comme dit est; se logea là, et avecque lui le dauphin, son fils, et tous les autres seigneurs, tant chevaliers et écuyers comme gens de guerre, s'en allèrent loger parmi la ville, en plusieurs et divers lieux. Et fut crié, de par le roi, à son de trompe, sur la hart, que homme nul, de quelque état qu'il fût, ne méfît rien aux Parisiens, ni en corps, ni en biens. Et le lendemain, le roi montra au peuple, à la Sainte-Chapelle, la vraie croix Notre-Seigneur, le fer de lance dont Notre-Seigneur Jésus-Christ fut féru au côté en la croix. Et tantôt après montèrent à cheval, et alla le roi loger à l'hôtel neuf, près de la bastille, et le dauphin se logea aux Tournelles. Si demeurèrent certaine espace de temps audit lieu de Paris; et furent faites plusieurs nouvelles ordonnances sur le régime du royaume. Et par espécial dedans icelle ville de Paris, furent adonc faits aucuns nouveaux officiers, tant en la cour de parlement comme ailleurs.

En outre, après ce que le roi eut fait son entrée à Paris, comme dit est, les comtes de la Marche et de Perdiac, enfants de Bernard, comte d'Armagnac, jadis connétable de France, mis à mort par la communauté de Paris, très grandement accompagnés de plusieurs seigneurs, tant d'église comme séculiers, firent déterrer leur feu père, et mettre en un cercueil de plomb; et après le firent porter en l'église Saint-Martin-des-Champs, où lui fut fait un service très solennel, auquel furent toute la plus grand' partie des collèges de Paris; et le lendemain fut mis sur un charriot couvert de noir, et convoyé à grand' solennité hors de la ville, et après mené à grand' compagnie de gens, de ses deux fils dessusdits, en la comté d'Armagnac.

CHAPITRE CCXX.

Comment les Brugelins se commencèrent à modérer et envoyèrent leurs ambassadeurs devers le duc de Bourgogne pour avoir la paix.

En ce temps, les Brugelins, qui se sentoient grandement avoir offensé vers le duc de Bourgogne, leur seigneur, et aussi considérant que les autres bonnes villes de Flandre ne les vouloient aucunement conforter ni aider, par quelque manière que ce fût, se commencèrent à esmayer (effrayer) et avoir doute qu'à long aller ne pussent résister, ni eux défendre contre le dessusdit duc de Bourgogne; car avecque ce ils savoient assez qu'ils n'étoient point bien en la grâce des Gantois, et leur venoient chacun jour des nouvelles que le devant dit duc de Bourgogne venoit à très grand' puissance de gens d'armes pour les subjuguer, et iceux Gantois seroient en son aide pour à eux faire guerre. Et pour à toutes ces choses dessusdites obvier, trouvèrent aucune manière d'envoyer leurs ambassadeurs devers icelui duc, qui se tenoit à Arras; et fut la besogne assez longuement démenée entre icelles parties; et entre temps iceux Brugelins se commencèrent à abstenir de faire leurs courses et rudesses en icelui pays, comme par avant avoient fait.

CHAPITRE CCXXI.

Comment le seigneur d'Auxy et messire Florimont de Brimeu, sénéchal de Ponthieu et d'Abbeville, allèrent assiéger le Crotoy.

Au temps dessusdit, qui fut environ le mois d'octobre audit an, le seigneur d'Auxy, capitaine-général des frontières de Ponthieu et d'Abbeville, avecque lui messire Florimont de Brimeu, sénéchal dudit Ponthieu, et un chevalier de Rhodes, preux et hardi aux armes, qui étoit nommé messire Jean de Foi, assemblèrent certain nombre de combattants, lesquels conducteurs conduisirent et menèrent devant le châtel du Crotoy, que pour lors tenoient les Anglois, espérant icelui reconquerre et mettre en l'obéissance du duc de Bourgogne, dedans bref terme ensuivant, parce qu'un paysan, qui naguère avoit été audit châtel, et comme il disoit, avoit épondré tous les blés de léans, leur donna à entendre qu'il étoit impossible qu'ils pussent vivre ni eux entretenir plus haut d'un mois. Sur lequel rapport, qui point n'étoit véritable, comme depuis fut apparent, s'en allèrent loger avecque leurs gens devant ledit châtel, en la vieille fermeté de la ville, et mandèrent aide de gens à plusieurs seigneurs, qui leur envoyèrent aucuns hommes de guerre. Et avecque ce furent fort aidés et soutenus de vivres et d'argent par ceux d'Abbeville, qui avoient moult grand désir qu'icelui Crotoy fût subjugué, pource qu'il leur faisoit souvent de grands dommages.

Si envoyèrent les chevaliers dessusdits, noncer ces nouvelles au duc de Bourgogne, en lui requérant son aide, lequel leur envoya aucuns de son hôtel pour savoir que de ce pouvoit être. Lesquels lui firent réponse et rapport, que si l'on pouvoit garder qu'ils ne fussent regarnis de vivres par la mer, il étoit possible de les affamer et de les contraindre de eux rendre par famine. Et sur ce fut écrit par le dessusdit duc de Bourgogne, à ceux de Dieppe, de Saint Valery et de la marine à l'environ, qu'ils s'apprêtassent, atout ce qu'ils pourroient finer de navires, pour garder le dessusdit passage de la mer. Si se tira ledit duc au châtel de Hesdin, et manda à venir devers lui messire Jean de Croy, bailli de Hainaut, auquel il avoit autrefois donné la capitainerie d'icelui châtel du Crotoy, s'il pouvoit être conquis ; et lui ordonna d'aller en icelui logis devant dit, atout certain nombre de combattants et de gens de guerre, pour en être le principal chef et gouverneur ; et depuis y alla ledit duc, en sa personne, à privée mesgnie (suite), pour voir et savoir plus au vrai l'état d'icelui logis ; et n'y séjourna mie grand temps. Et afin que ses gens y fussent plus sûrement, pour la doute du secours qui pourroit venir d'Angleterre par mer et par terre, à ceux dudit Crotoy, il ordonna à faire et ordonner une grande bastille, pour eux loger plus sûrement; et fut faite moulte forte et bien environnée de grands fossés, et en étoit l'édifieur et deviseur aux ouvriers, un chevalier nommé messire Baudo de Noyelle. Après l'accomplissement de laquelle bastille furent faits plusieurs logis; et avecque ce fut pourvue de toute artillerie et de toutes besognes nécessaires à guerre. Durant lequel temps furent faites plusieurs escarmouches entre les parties; entre lesquelles fut pris le lieutenant du capitaine de la forteresse dessusdite, par le seigneur d'Auxy.

Desquelles préparations ainsi faites par la partie dudit duc de Bourgogne, fut averti le roi Henri d'Angleterre et son conseil; dont ils ne furent point bien joyeux, pource qu'il leur sembloit qu'icelle forteresse leur étoit moult convenable, pour avoir entrée ès pays et marches de Picardie. Si fut conclu avec lui et les seigneurs de son conseil qu'on y pourvoiroit de remède. Et pour icelui mettre à exécution, fut écrit de par le dessusdit roi Henri d'Angleterre, à ceux de son conseil qui se tenoient à Rouen, qu'incontinent et sans délai, ils assemblassent le plus de gens de guerre qu'ils pourroient finer sur les marches de Normandie, pour le secours dessusdit: laquelle chose ils firent diligemment publier en leur obéissance. Si se mirent ensemble jusques au nombre de quatre mille combattants ou environ, tant de cheval comme de pied; desquels furent les conducteurs, le seigneur de Talbot, le seigneur de Fauquemberge, messire Thomas

Kiriel, et aucuns autres, qui s'adressèrent à venir vers le châtel d'Incourt par plusieurs journée; et de là, par aucuns peu de jours, vinrent loger à l'abbaye de Saint-Valery tous ensemble, portant avec eux leurs vivres et pourvoyances.

Et entre temps que cette assemblée se faisoit, le duc de Bourgogne, qui étoit assez acertené de leur venue, avoit par avant assemblé de toutes les marches de Picardie et de ses autres pays, la plus grand' partie de tous les nobles hommes avec lui, et autres gens de guerre; et tant qu'ils pouvoient dedans être de huit cents à mille combattants, lesquels étoient partis de Hesdin et venus à Abbeville le jour devant que les dessusdits Anglois à la dessusdite abbaye de Saint-Valery. Si étoient en la compagnie d'icelui duc le comte d'Étampes, son neveu, de Clèves, le comte de Saint-Pol, et plusieurs autres nobles et grands seigneurs. Si étoit venu audit lieu de Hesdin vers lui, et à son mandement, messire Jean de Luxembourg, comte de Ligny; mais il s'excusa devers ledit duc de lui armer, disant qu'il avoit encore à renvoyer le serment qu'il avoit fait aux Anglois, et que bonnement ne se pouvoit armer contre eux. De laquelle excusation, si comme je fus informé, ledit duc de Bourgogne ne fut point bien content, et lui remontra comment il avoit fait serment à lui, et étoit son homme-lige portant son ordre, et avoit toujours tenu son parti ; pourquoi bonnement à son honneur ne se pouvoit ou devoit excuser de lui servir, attendu qu'il alloit pour rebouter ses ennemis qui lui venoient courre sus en son pays. Néanmoins ledit de Luxembourg s'en retourna par le congé dudit duc, et obtint de lui mandement de ladite excusation. Et après que le dessusdit duc fut venu audit lieu de Abbeville, et qu'il eut certaine nouvelle de la venue de ses ennemis, il fit derechef hâtivement pourvoir ladite ville de vivres, artilleries, habillements et gens de guerre; et tant qu'ils pouvoient dedans être de huit cents à mille combattants, gens experts et renommés en armes. Et quand il leur fut demandé par ledit duc de Bourgogne s'il leur sembloit qu'ils pussent bien tenir cette bastille contre leurs adversaires, ils firent réponse que oui, et qu'il n'en fût en nulle doute.

Toutefois ledit duc avoit conclu qu'il ne combattroit point iceux Anglois à jour nommé ni assigné; mais feroit garder les passages de la rivière contre eux, et les feroit affamer et hérier en leur logis, ou il les feroit prendre en aucuns autres détroits avantageusement s'il pouvoit; lequel propos ne fut point bien mis à exécution.

Et les dessusdits Anglois, tantôt qu'ils furent logés en l'abbaye devant dite, passèrent la rivière à gué, deux ou trois cents au-dessus de ceux dudit Crotoy, et allèrent courre au pays par devant la bastille jusques emprès Rue; et prirent aucuns hommes d'armes avec leurs chevaux et autres bagues; atout lesquels, sans aucun empêchement, retournèrent très matin; et se mirent à chemin tous ensemble, et vinrent en bonne ordonnance passer la rivière ; et pouvoient être environ deux mille de pied, qui entroient en l'eau jusques aux reins. Si s'allèrent mettre en bataille aux pleins-champs sur le haut au-dessus de la ville, en la vue de ceux de ladite bastille, lesquels cuidoient qu'ils les dussent venir assaillir ; si se préparèrent diligemment pour eux défendre. Et adonc, dedans icelle bastille, furent faits plusieurs nouveaux chevaliers, c'est à savoir Jacques de Craon, seigneur de Dommart, en Ponthieu, Aymond de Moucy, seigneur de Massy ; Eustache d'Inchy, le grand bâtard de Renty, Antoine d'Ardentin, seigneur de Bouchannes ; Harpin de Richaumes, Gilles de Fay, et aucuns autres. Les Anglois, qui en rien n'avoient été empêchés audit passage, s'en allèrent loger tous ensemble au monastère de Forêt-Moustier, à deux lieues de là ; et le second jour se mirent aux champs et s'en allèrent loger à un gros village sur l'eau d'Authie, nommé la Broie, lequel étoit fourni de vivres très abondamment, et y furent quatre ou cinq jours ; et alloient très souvent battre, vanner et recueillir des vivres, cent ou six vingts au coup, en aucuns villages à demi-lieue de leurs logis.

Et mêmement, en ce temps qu'ils furent en icelui logis, allèrent quatre ou cinq ardoir un gros village, nommé Enghien, auprès de Hesdin, jàsoit-ce que le duc eût renvoyé pour la garde de Hesdin et du pays grand nombre de gens d'armes qui, à bref comprendre, leur firent une molle guerre; car ils ne les adommagèrent, sinon assez petit. Et après que les Anglois eurent été audit lieu de la Broye, quatre ou cinq jours, ils l'embrasèrent en feu et en flammes, et s'en allèrent loger à Auxy, où ils furent par l'espace de trois jours; et coururent par petites compagnies en plusieurs et divers lieux, pour fourrager le pays; et ne furent de leurs ennemis aucunement empêchés, dont il soit besoin faire mention.

Et quant est au gouvernement dudit duc de Bourgogne, il se tenoit toujours à Abbeville; et s'étoient départis de lui grand' partie de ses gens par son congé, pour aller garder les bonnes villes et forteresses du pays. Si envoya un certain jour le seigneur de Croy, et Jean de Brimeu, bailli d'Amiens, pour visiter la bastille dessusdite, et savoir si ceux de dedans étoient encore en ferme propos d'eux là tenir. Lesquels, venus illec, aperçurent assez bien à leur façon, qu'il en y avoit une grand' partie qui bien eussent voulu être dehors à leur honneur. Si avoit été conclu, tant du dessusdit duc comme de ceux de son conseil, que, pour pis eschever (éviter), on rechargeroit toutes les artilleries, et puis se retrahiroient les gens d'armes à Rue, après ce qu'ils auroient bouté le feu dedans icelle bastille. Mais ils n'attendirent point à eux retraire si honorablement qu'il avoit été ordonné; car, sans ce qu'ils fussent avertis de cause raisonnable, ni aussi pareillement qu'ils vissent venir leurs ennemis sur eux, grand' partie d'iceux, s'émurent soudainement par manière de commotion, et saillirent à qui mieux hors d'icelle bastille en grand déroi, sans tenir aucune ordonnance, délaissant dedans icelle toute leur artillerie et grand' partie de leurs harnois et plusieurs autres bagues. Si commencèrent à cheminer ensemble pour aller devers Rue, en la manière comme dit est dessus: mais aucuns des principaux chefs d'iceux se mirent en peine de les retenir et ramener en icelle, ce que faire ne purent; et aussi le feu avoit été bouté ès logis secrètement, par quoi ladite bastille fut assez tôt éprise.

Si saillirent avant aucuns Anglois de la forteresse, qui crièrent et huèrent fort après eux, comme on fait après merdaille. Et bref ensuivant, les capitaines, qui étoient, comme on peut supposer, la plus grand' partie des plus vaillantes gens et plus experts hommes de guerre de la compagnie du duc de Bourgogne, se départirent ainsi honteusement comme vous avez ouï, et retournèrent à Rue, et de là en plusieurs autres lieux de leurdite obéissance. Desquels étoient les principaux messire Jean de Croy, bailli de Hainaut, messire Florimont de Brimeu, messire Jacques de Brimeu, et messire Baudo de Noyelle, tous quatre portant la Toison et l'ordre du duc de Bourgogne. Et, avecque eux, étoient Waleran de Moreul, le seigneur d'Auxy, le Galois de Renti, chevaliers, le seigneur de Fremessen, Robert de Saveuse, messire Jacques de Craon, Jean d'Arly, et tous les nouveaux chevaliers dessusdits, avecque grand nombre de chevaliers et écuyers de Picardie, qui grandement furent blâmés pour celle départie. Si s'excusèrent les grands en donnant la charge aux petits archers, disant qu'ils ne les avoient pu retenir. Et, en ce propre jour, les Anglois, qui, comme dit est, étoient logés, surent le département des dessusdits, dont ils se réjouirent grandement. Si conclurent tous ensemble de repasser la rivière pour retourner vers leur pays, et ès lieux et places dont ils étoient venus; et, à leur département, boutèrent les feux en la ville d'Auxy, qui étoit un moult bel et grand village, et reprirent leur chemin devers le Crotoy, et allèrent loger au Nouvion; et, le lendemain, repassèrent la rivière de Somme, par le lieu où ils étoient venus, et s'en allèrent loger à l'abbaye de Saint-Valery, comme ils avoient fait devant; et de là se retrahirent à Rouen et ès autres lieux de leur obéissance, et emmenèrent plusieurs hommes prisonniers, chevaux et autres bêtes qu'ils avoient pris et rapinés au pays. Et, avec ce, avoient fait grands dommages des feux qu'ils avoient boutés en sept ou en huit villes; et si n'avoient eu nul empêchement de leurs adversaires, sinon de trente ou quarante fourragiers qu'ils avoient pendus. Et, après toutes ces besognes, se retrahit ledit duc de Bourgogne à Hesdin, et donna congé à tous ses gens d'armes, réservé ceux qui demeurèrent sur les frontières.

CHAPITRE CCXXII.

Comment plusieurs capitaines François, atout grand nombre de gens de guerre, qu'on appela écorcheurs, vinrent au pays de Hainaut.

Après ce que le roi Charles eut, comme dit est ailleurs, séjourné par aucun temps dedans la cité de Paris, il s'en départit, et retourna à Tours en Touraine; et lors, après sondit département, plusieurs de ses capitaines se départirent des frontières de Normandie, pour tant qu'ils n'avoient vivres, fors à grand peine, pour eux y entretenir; c'est à savoir Antoine de Chabannes, Blanchefort, Gautier de Bron, Floquet, Pierre, Régnault, Chapelle, Mathelin d'Escouvet, et aucuns autres. Si se mirent à chemin tous ensemble, et étoient environ deux mille chevaux. Et, parmi le pays de Vimeu, s'en allèrent passer la rivière de Somme, à la Blanche-Tache, et se logèrent au pays de Ponthieu; et de ce lieu là s'en allèrent devers Dourlens; et logèrent à Orville, et ès villages d'entour, appartenant au comte de Saint-Pol, et puis après se tirèrent vers Bray, et repassèrent l'eau à Cappy, et s'en allèrent loger à Libons en Santois. Et toujours faisoient de très grands maux par tout le pays où ils passoient, et ne se tenoient point contents de prendre vivres, mais rançonnoient tous ceux qu'ils pouvoient atteindre, tant de paysans comme de bétail, et autres biens ; et mêmement assaillirent le châtel dudit lieu de Lihons; mais il leur fut bien défendu par Waleran de Moreul et ses gens, qui étoient dedans. Et, après ce qu'ils eurent là été par plusieurs journées, et y fait de très grands et somptueux dommages, se tirèrent au pays de Cambrésis, auprès des terres de messire Jean de Luxembourg, comte de Ligny, qui encore n'avoit point fait serment au roi Charles. Néanmoins ils ne lui méfirent rien sur ses terres, pource qu'il étoit toujours bien pourvu de gens de guerre; mais lui baillèrent leurs scellés, et lui à eux, de rien entreprendre l'un sur l'autre. Si firent iceux François plusieurs maux audit pays de Cambrésis, et après s'en allèrent loger à Solames, vers le pays de Hainaut.

Et adonc messire Jean de Croy, bailli de Hainaut, assembla les nobles du pays de Hainaut, et manda aussi aucunes des bonnes villes, pour défendre ledit pays contre les dessusdits, lesquels on nommoit, en commun langage, les écorcheurs. Et la cause pourquoi ils avoient ce nom, si étoit pour tant que toutes gens qui étoient rencontrés d'eux, tant de leur parti comme d'autre, étoient dévêtus de leurs habillements, tout au net jusques à la chemise. Et pour ce, quand iceux retournoient ainsi nus et dévêtus en leurs lieux, on leur disoit qu'ils avoient été entre les mains des écorcheurs, en les gabant de leur mal venture. Si dura ledit nom par aucune espace de temps; et par ainsi ne fut plus nouvelle des Armagnacs, ni de leur nom, qui longuement avoit duré. Toutefois, quand iceux capitaines furent logés à Solames, comme dit est dessus, et ès villages à l'environ, il y en eut une partie qui, un jour certain, se tirèrent au pays de Hainaut, outre le Quesnoy, pour trouver aucun gagnage. Si rencontrèrent d'aventure le bailli de Leschines, nommé Collard de Sennières, atout de trois à quatre cents hommes qu'il avoit assemblés en son village, atout lesquels il venoit au Quesnoy-le-Comte, au mandement de la comtesse de Hainaut, douairière, et du dessus-dit bailli de Hainaut, qui là faisoit son amas de gens d'armes, et étoit très matin. Et incontinent qu'iceux François les aperçurent, ils leur coururent sus vigoureusement et de hardi courage. Si furent icelles communes toutes émerveillées; et nonobstant que les aucuns se missent très vaillamment en défense, néanmoins ils furent, en bref, mis à grand meschef et tournés à déconfiture, et la plus grand' partie pris et mis à mort très piteusement. Et mêmement ledit Collard y demeura mort sur la place, et avec lui environ huit vingts de ses gens; et les autres ils emmenèrent prisonniers, et les rançonnèrent comme leurs ennemis, sinon aucuns en très petit nombre qui échappèrent par bien fuir.

Pour laquelle détrousse, les nobles hommes des bonnes villes d'icelui pays de Hainaut furent durement troublés. Si envoya ledit bailli de Hainaut vers le duc de Bourgogne, lui noncer cette mauvaise besogne, en lui requérant qu'il lui voulsît envoyer aide de gens de guerre; lequel duc lui en envoya largement. Si fit derechef icelui bailli une très grand' assemblée audit lieu du Quesnoy, tant de gens de guerre comme de ceux de Valenciennes, et autres bonnes villes, pour combattre les dessusdits, mais entre temps ils se départirent dudit pays, et se retirèrent vers la terre de Guise, et de là au pays de Champagne, en faisant toujours de grands dommages. Mais avant leur département dudit pays de Hainaut, rendirent aucuns des prisonniers dessusdits, sans payer aucune finance, à la requête dudit duc de Bourgogne, qui leur en écrivit. Et pour cette cause y envoya un gentilhomme de son hôtel, nommé Méliades, lequel étoit breton, et bien aimé d'iceux capitaines de France.

CHAPITRE CCXXIII.

Comment grandes pestilences et famines furent en cet an.

En cet an mil quatre cent trente-sept, furent les blés et autres grains si chers par toutes les parties du royaume de France, et en autres et divers lieux et pays de chrétienté, que ce qu'on avoit aucunes fois donné pour quatre sous, monnoie de France, on le vendoit quarante, ou au-dessus. A laquelle cherté fut si grande famine universelle, que grand' multitude de pauvres gens moururent par indigence. Et étoit moult douloureuse et piteuse chose à les voir ès bonnes villes mourir de faim, gésir sur les fumiers par grandes compagnies. Si y eut aucunes villes qui les déboutèrent de leur seigneurie; et si en y eut aussi des autres qui les reçurent et administrèrent assez longuement, selon leur puissance, en accomplissant les œuvres de miséricorde: entre lesquelles, de celles qui les reçurent et administrèrent, en fut l'une la cité de Cambrai. Si dura cette pestilence jusques en l'an trente-neuf; et furent faits à cette cause plusieurs édits par les seigneurs, tant princes comme autres, et aussi par ceux des bonnes villes, en défendant que nuls blés et autres grains ne fussent portés hors, sur grosses peines.

Et mêmement, en la ville de Gand, fut crié qu'on s'abstînt de brasser cervoises (bières), ni autres pareils breuvages, et que toutes autres pauvres gens fissent tuer leurs chiens, et que nul ne gouvernât chienne, si elle n'étoit châtrée.

Telles et pareilles ordonnances furent faites en moult de pays, afin de pourvoir à la commune pauvreté du menu peuple et des mendiants.

CHAPITRE CCXXIV.

Comment les Gantois firent nouvelle mutation et se remirent en armes, dont les feures furent les principaux.

En ce temps dessusdit, les Gantois se mirent en armes de nouvel, en très grand nombre, par le moyen des feures d'icelle ville. Et fut la cause de cette assemblée, pource qu'ils disoient que ceux de la garnison de l'Ecluse avoient pillé sur ceux du plat pays, dont les plaintes en étoient venues en ladite ville de Gand; si requéroient iceux feures qu'on punît iceux pillards; *item*, et qu'on allât en armes sur ceux de Bruges, savoir s'ils voudroient se départir de ceux du franc, et les laisser être un des quatre membres; *item*, et que pareillement on allât sur ceux de l'Ecluse, pour ôter lesdits piliers fichés en l'eau de la Lière, afin que la marchandise pût venir et entrer au pays; *item*, qu'on iroit par toute la comté de Flandre visiter et aviser ceux qui étoient leurs amis ou non, et qui leur voudroient aider à faire et entretenir paix au pays, et que les gens y pussent avoir à ouvrer et gagner par les villes. Et si en ce les échevins et habitants de Gand ne vouloient faire assistance, qu'entre eux feures le feroient d'eux-mêmes, moyennant l'aide de ceux de leur alliance. Et autrement ne se vouloient départir de leurs armes. Si étoit fèvre le doyen des métiers pour le temps de lors, lequel étoit appelé Pierre Hemubloc. Lesquelles choses les échevins remontrèrent aux bourgeois et aux doyens des tisserands et des autres métiers de Gand, en la place à ce ordonnée, en l'hôtel de la ville, afin que sur ce ils eussent avis chacun avec ceux de son métier, et ce qu'ils trouveroient en conseil ils l'apportassent le lendemain à la loi. Et adonc chacun métier fut sur ce en congrégation, ès lieux accoutumés en tel cas. Si revinrent les dessusdits doyens faire leurs rapports à la loi le neuvième jour d'octobre; et après plusieurs interrogations, concordèrent aux feures leursdites requêtes, pource qu'il leur convenoit ainsi faire, par l'importunité d'eux et de leurs alliés, dont toutefois grand murmure fut des plus notables, pource qu'en ce temps ceux de la ville de Bruges traitoient de paix, en la ville de Lille, aux députés du duc de Bourgogne, leur seigneur, là où ceux de Gand même avoient envoyé certains ambassadeurs. Si doutoient plusieurs que les menues gens ne voulsissent appliquer à eux les biens des riches.

Tantôt les feures (artisans), atout leur bannière, allèrent sur le marché au blé, et tantôt incontinent vinrent avec eux les parmentiers, les vendeurs de vieilles robes, et bientôt après tous les autres métiers. Après y vinrent les vingt-sept bannières de tisserands, et puis le bailli avec la loi, et la bannière de Flandre et de la ville, et avec eux la bourgeoisie; et tant qu'il y eut en nombre quatre-vingt-deux bannières.

Tantôt après se départirent ceux de la loi, et après eux toutes les autres bannières, par la manière accoutumée et l'ordonnance coutumière. Si s'en allèrent au marché des Vendredis, devant l'hôtel des Remontrances, où ils demeurèrent toute icelle nuit jusques au lendemain, que les dessusdits seurs, et les autres de leur opinion, vouloient aller aux champs. Mais la bourgeoisie et la plus saine partie des tisserands désiroient de laisser icelle armée, pource qu'ils n'avoient point volonté de guerroyer, mais étoient d'opinion contraire; si étoient en chance d'eux discorder et entrebattre. Lors les seurs se retrahirent de l'autre côté du marché, et se séparèrent des autres, disant que ceux venissent qui suivre les voudroient, dont plusieurs se mirent avec eux de leur côté; et après, tous les autres se départirent par bonne ordonnance, et allèrent à Mérenquerque, qui est le chemin de Bruges, loger en tentes et en pavillons. Si étoient en ce temps plusieurs apauvris et par ce étoient émus et rioteux, tant pour la perte de la monnoie nouvelle de l'an trente-trois, et de l'abaissement des vieilles monnoies, comme pour ce qu'ils avoient moult frayé (dépensé) en tailles au voyage de Calais; et aussi ils n'avoient point de laines d'Angleterre; par quoi plusieurs ne savoient à quoi employer leur temps pour gagner leur pauvre vie, et en espécial, ceux d'Ypres, qui étoient accoutumés de draper de ces laines d'Angleterre, et plusieurs autres.

Et d'autre part, le froment et tous autres blés étoient moult chers; et si n'y usoit-on ni ne trouvoit marchandises en Flandre pour la cause de la guerre de ceux de Bruges. Par quoi les biens cessoient à venir audit pays de Flandre. Car ceux de l'Écluse avoient fiché piliers au fleuve de la Lieve, si que les marchandises ne pouvoient entrer au pays; et les riches gardoient le mieux qu'ils pouvoient ce qu'ils avoient de chevance, pource qu'ils véoient que ces gens de labeur se vouloient maintenir d'eux armer et apprendre à vivre de rapine, et que aucuns ne se pouvoient remettre à leurs labeurs, et les riches ne vouloient rien mettre dehors, pource qu'ils se doutoient de guerre avoir tous les jours, tant d'un côté que d'autre.

Après ce, les dessusdits Gantois mandèrent ceux des villes et villages de leur châtellenie, qu'ils vinssent incontinent devers eux en armes, en tel nombre qu'ils étoient quand ils furent au voyage de Calais. Lequel mandement les échevins montrèrent au commun et habitants, pour eux sur ce conseiller ensemble; et pource qu'ils ne le faisoient mie volontiers, allèrent aucuns devers les échevins de Gand, pour avoir délai, et qu'ils pussent passer à moins de nombre: mais adonc leur commandèrent les échevins de Gand qu'ils obéissent.

Ce temps pendant, lesdits Gantois élurent un capitaine âgé d'environ trente ans, nommé Rasse Ouvren, bourgeois de Gand, auquel ordonnèrent douze conseillers, qui oncque n'avoient été en la loi de ladite ville. Et de ces douze, en y eut quatre de la bourgeoisie, quatre des tisserands, et quatre des métiers; lequel capitaine ainsi élu, ne vouloit entreprendre ledit office.

Item, le neuvième jour d'octobre avoit été publié en l'hôtel des échevins, que tous les bourgeois forains vinssent en ladite ville de Gand, sur peine de corps et de biens, dedans trois jours, tellement habillés en armes comme ils voudroient garder leurs corps. Donc en ce dit terme plusieurs y comparurent, et aucuns autres s'envoyèrent excuser, disant que ils avoient loyale essoine (affaire) par quoi ils ne pouvoient venir, et firent traité que ils paieroient aucune pécune pour être excusés. Et pource qu'on ne donnât charge ni à besogner à ceux qui y étoient venus, quand ils eurent séjourné trois jours ou environ en la ville, ils s'en partirent allant en leurs besognes. Par quoi le vingt-septième jour dudit mois d'octobre, furent mandés, sur peine de perdre leur bourgeoisie et de payer issue. Cedit jour furent pris huit hommes, soudoyers de l'Ecluse, lesquels, sous ombre de guerroyer ceux de Bruges, déroboient le pays. Et les prirent ceux de Saint-Laurent-au-Bloc, car il avoit été crié et publié que chacun prît et menât devers la justice tous dérobeurs qu'on pourroit trouver, si on les prenoit vifs; et si on ne les pouvoit prendre, qu'on les tuât et mît à mort. Lesquels les désarmèrent, et retinrent icelles armures avec leurs vêtements; si les emmenèrent en leurs pourpoints à Merenquerque en l'ost de Gand, où le lendemain, par le jugement des échevins, eurent les hâtereaux (cous) coupés, et à la prière du souverain doyen, furent leurs corps donnés aux Augustins, qui les ensevelirent. Depuis furent quatre hommes boutés hors de l'ost de Gand, pour cause de pillage par eux fait par ceux des villages.

Ledit Rasse, qui fut élu capitaine, alla devers le duc de Bourgogne à Arras, pour quérir sa commission, si son plaisir étoit qu'il fût capitaine, et laissa trois lieutenants à Gand de trois membres de la ville : un de la bourgeoisie, nommé Jean l'Estauble; des métiers, un nommé Jean Cacielle; et un des tisserands, nommé Jean de Sterque. Le lundi quatrième jour du mois de novembre, revint Rasse dessusdit, atout la commission d'icelui duc de Bourgogne, d'être capitaine desdits Gantois; et comme il en eut fait le serment en la ville de Lille, devant les seigneurs du conseil, semblablement jura en l'ost, devant le bailli et échevins de Gand, d'être bon et loyal au prince, à garder ses droits et seigneuries, et les priviléges de la ville, mettre paix en droit et justice, et tenir le peuple en paix et union; et pareillement jurèrent les douze conseillers. Le cinquième jour dudit mois de novembre, Rasse le capitaine, atout deux personnes de chacune bannière, avecque ceux de la loi, vint de Merenquerque à Gand, à la requête de ceux qui avoient pour ce pris armes. Si prit plusieurs personnes, qui avoient été des principaux gouverneurs de ladite ville de Gand, c'est à savoir Louis de Holle, qui avoit été premier échevin; Lievin le Jagre, qui plusieurs fois avoit été échevin et trésorier; Gilles le Clerc, avocat; Jean l'Apothicaire, qui avoit été trésorier et échevin de Gand, qui Jean de Graubbe avoit été échevin, et Jacques la Jachère, qui avoit été souverain doyen des métiers. Et furent ensemble prisonniers en la maison du prince. Et encore eussent-ils pris des autres; mais ils s'étoient absentés; et les appeloit-on mangeurs de foie.

Si fit ledit capitaine publier que tous ceux qui avoient été en loi en la ville de Gand, depuis dix ans, qu'ils vinssent en l'ost. Lors étoit grandement accru l'ost de Gand-lez-Mérenquerque; car ceux de leur châtellenie étoient venus étoffément, excepté ceux de Courtrai; et sembloit une grande bonne ville de leurs tentes et pavillons qu'on y véoit. Si prirent leurs armes derechef, le sixième jour de novembre; et vouloient aller à Gand quérir les prisonniers de la ville, pour iceux être en leur compagnie; mais le capitaine les refreignit, et dit qu'il avoit été ordonné qu'on les laisseroit en prison jusques à ce que l'ost seroit retourné en la ville, et que lors on feroit droit et loi, selon ce qu'on trouveroit par une générale inquisition par toute la comté de Flandre. Si eût volontiers vu icelui capitaine, que ledit ost se fût appetissé, disant qu'il mettroit bien la paix en droit et en justice atout la quarte partie d'icelui ost; mais ceux de l'ost ne se

vouloient nullement départir l'un de l'autre, ains
vouloient demeurer ensemble en fraternel amour,
et vouloient aller loger entre les villes de Bruges et
de l'Écluse, et savoir si ceux de Bruges se partiroient
du franc, selon la sentence du prince; et si se sou-
mettoient de leurs méfaits et outrages en l'ordonnance du prince, et des autres trois membres d'icelui pays de Flandre sauvés leurs vies et leurs priviléges; et si ceux de Bruges le vouloient ainsi faire,
ou qu'ils suppliassent au prince qu'il lui plût sur ce
eux avoir en grâce, et en outre déterminer du débat d'entre ces deux villes de Bruges et de l'Ecluse,
afin que les marchands pussent paisiblement fré-
quenter le pays. Que si ceux de Bruges le refusoient,
on feroit tant qu'on les mettroit en obéissance en la
volonté du prince. Or avoient ceux de Bruges envoyé de chacun métier de leurs députés, lesquels
traitèrent tant à Merenquerque en l'ost, qu'après
plusieurs paroles furent d'accord. Si étoient iceux
députés, en nombre de quarante-deux personnes,
lesquels, après ledit accord, ensemble présentèrent
et accordèrent à bailler lettres selon une minute
faite par eux, le douzième jour de novembre, dont
la teneur s'ensuit.

« Nous, bourguemestres, échevins, conseil,
chevetins de la bourgeoisie; doyens, jurés des
maîtres, et toute communauté de la ville de Bruges,
faisons savoir à tous ceux qui ces présentes lettres
verront, que nous, à l'honneur de notre très redouté
seigneur et prince le duc de Bourgogne, comte de

Flandre, etc., à la prière des trois membres de la bonne ville de Gand, et de toutes les franches villes de la châtellenie de Gand, avons consenti et consentons par ces présentes, par nous et nos successeurs, à tenir ferme et stable tel dit et sentence donnée et ordonnée de notredit seigneur et son conseil, en sadite bonne ville de Gand, le onzième jour de février, l'an mil quatre cent trente-six; de ceux du franc comme le quart membre du pays, comme par avant eut été, sans fraude et selon le contenu d'icelle sentence.

» En témoin de vérité avons ces lettres scellées du scel des promesses de ladite ville. »

Lequel accord ainsi par les députés de Bruges rapporté en la ville après grand conseil, ceux de la loi firent demande aux habitants de Bruges assemblés devant l'hôtel des échevins, s'ils vouloient accorder ce dit traité; lesquels là étant jusques au nombre de vingt mille ou plus, après un peu de silence, répondirent comme tous : oui.

Lors s'avança un nommé Coppin de Mesinacre, pieçà banni de Gand pour ses démérites, qui dit : Tout va mal : comment! « êtes-vous si couards que » vous craignez les Gantois? Certes vous êtes dignes » d'avoir à souffrir à cause de votre folie et incon- » stance. » Et après ce, le doyen des feures, un couturier et plusieurs autres commencèrent fort à murmurer, et à contrarier ledit accord; et espécialement contredisoient moult d'en faire lettres, et tant firent que tout ledit accord et traité fut anéanti par le tumulte d'iceux. Par quoi, depuis, par le jugement de la loi de Bruges, eurent les hâtereaux (cous) coupés ledit Coppin, le doyen des feures (artisans), le conturier et un autre; et en furent bannis de leurs complices jusques à dix-sept d'iceux.

Toutefois icelle unité et paix entre ceux de Bruges et ceux de Gand, fut toute dépecée, quoique lesdits députés et ceux de Bruges en eussent baillé dix-sept ôtages à ceux de Gand; lesquels ceux de Gand délivrèrent depuis, et les renvoyèrent, sous ombre qu'iceux députés leur disoient qu'ils avoient fait leur devoir et leur pouvoir à faire entériner ledit traité et accord. Avecque lequel traité avoit aussi été ordonné et accordé, que ceux du Franc pourroient prendre la franchise de bourgeoisie à Gand ou à Bruges, où mieux plairoit à chacun. Et sur ce, devoient lesdits Gantois et ceux d'Yprès, envoyer devers le duc de Bourgogne leurs ambassadeurs, prier qu'il lui plût ôter les souldoyers étrangers de l'Ecluse, et les piliers de la rivière de la Lieve, afin que les marchandises pussent venir au pays, ou sinon qu'eux-mêmes le pussent ôter.

Après ce, s'en alla l'ost de Gand loger à Ardembourg, et pour ce que ceux de Bruges après, contredisant cedit accord, ne vouloient partir du Franc, fut publié à Gand et en la châtellenie le mandement du prince fait en l'été dernier passé, qu'on ne menât ni souffrît mener aucuns vivres à Bruges. *Item*, que leurs biens et dettes fussent pris et délivrés en justice. Et après fut publié que si ceux de Bruges vouloient faire aucunes courses ou envahies sur ceux de la châtellenie, qu'on sonnât les cloches aux églises, et les bassins, pour soi assembler et résister à l'encontre d'eux.

Après ce, eut le hâtereau (cou) coupé Clarus Boye, natif d'Axelle; et aussi furent décolés Guillaume le Boquelaire, patinier, natif du pays de Wast, et un homme de Courtray, pource qu'ils avoient été à Courtray par l'instigation des feures et couturiers de Gand, et avoient dit illec que ceux de Gand désiroient moult que ceux de Bruges vinssent aux champs en armes avecque eux, pour le bien du commun pays de Flandre et l'union d'icelui, et pour corriger ceux de l'Écluse.

Le seizième jour de novembre, ceux de l'ost eurent conseil qu'ils envoieroient certains députés à Gand et ès villes de la châtellenie, pour savoir qu'on feroit, et en quelle manière on procéderoit. En outre, que s'ils étoient de l'opinion qu'on allât sur ceux de Bruges, qu'on leur envoyât encore autant de gens qu'ils étoient. Mais ceux de Gand eurent autre avis, pource que les vivres étoient chers et que l'hiver étoit près, avecque ce aussi qu'il leur ennuyoit bailler l'argent des souldées; parquoi on retournât et délaissât-on l'armée; car aussi la greigneure (majeure) partie étoient adonc contraires contre icelle, et quéroient occasion de le dépêcher. Et adonc l'ost des Gantois se départit de Ardembourg, retournant jusques à Hecqueloc; et illec, un de la châtellenie portant une partie d'une souche de bois et clôture d'un champ pour faire feu, et échauffer viandes, pource qu'aucuns de Gand lui vouloient ôter par force, se défendit et cria à la châtellenie, et les Gantois crièrent : Gand ! si que tous s'émurent à cette cause, les Gantois d'une part ; et la châtellenie d'autre part, et y eût eu grand' bataille, si n'eût été un nommé Pierre Simon, échevin de Gand, qui par belles paroles départit l'estourmie (bataille) par grand' vaillance. Et y fut vilainement blessé des coups qu'il reçut de se bouter entre eux; mais il ne pouvoit être fort navré pour ses bonnes armures. Et en y eut plusieurs navrés dont les aucuns en moururent depuis, et par espécial des Gantois, dont il en mourut en la place un navieur de Gand, vigoureux homme. Et depuis furent bannis de Gand deux hommes qui avoient féru sur le premier échevin dessusdit. Et la vigile saint Andrieu retournèrent chacun en son lieu lesdits Gantois, qui s'étoient mis en armes à petite délibération, et repairèrent (retournèrent) en leur ville à peu de consolation. Et ceux de leur châtellenie, qui y étoient allés bien enuis (avec peine), retournèrent bien volontiers chacun en son hôtel. Peu de temps après ensuivant, fut déposé de sa capitainerie ledit Rasse Ouven ; et les dessusdits six pour ce qu'ils promirent de ester (se tenir) à droit et à loi prisonniers furent délivrés, de ce qu'on leur imposeroit ou demanderoit dedans trois jours après qu'ils en seroient semons.

25.

En décembre, le mois ensuivant, furent publiées lettres du prince, par villes et châtellenies de Gand, contenant qu'on n'obéît plus au capitaine Rasse Rouven ; car ledit prince l'avoit démis. La vigile de Noël, fut ordonné par ceux de Gand, en pleine collation, que messire Roland de Hutequerque, messire Colard de Communes, Jean de la Damme, Gilles de la Voustine, Girard de Mal-Digen, Jean de Papegen, Pierre Gougebus, Pierre Bris, Josse de Beys, Martin de Sinimes et Jean de Crique, lesquels avoient été bannis de Gand, qu'ils pourroient revenir en ladite ville de Gand et au pays de Flandre. En outre, un nommé Coppin Coppon qui passé cinq ans, s'étoit absenté de ladite ville, et avoit dérobé plusieurs personnes en la comté de Flandre, tant que plusieurs, allant par le chemin, se doutoient moult fort de lui, si fut pour lors retourné à Gand, cuidant que tout ce fût oublié ; mais il fut pris et condamné, par quoi il eut le hâterel (cou) coupé, avec deux autres qui avoient dérobé deux hommes emprès la ville de Tenremonde.

CHAPITRE CCXXV.

Comment le traité se fit entre le duc de Bourgogne et ceux de la ville de Bruges.

Entre temps que toutes les besognes dessusdites se faisoient, les devant dits Brugelins, qui bien véoient, comme dit est ailleurs ci-devant, que à demeurer longuement en l'indignation de leur prince, étoit totalement la destruction d'eux et de leur ville, si commencèrent fort à continuer quérir les moyens à avoir traité avec lui. Lequel traité enfin ils trouvèrent ; et se soumirent du tout à leur prince dessusdit, avec ceux de son conseil, par certaines conditions déclarées entre icelles parties. Duquel traité, au moins aucuns des principaux points prononcés à Arras, le quatrième jour de mars, présent le dessusdit duc et son conseil, et très grand nombre d'autres gens, la teneur s'ensuit.

« Premier, fut ordonné qu'à la première fois que le duc iroit à Bruges, viendroient au-devant de lui vingt personnes, avecque ceux de la loi, sans chaperons, nu-pieds et déchaussés, une lieue hors ladite ville. Et eux venus en sa présence, se mettroient à genoux, en lui requérant pardon, et lui prier qu'il lui plût venir en icelle ville.

» *Item*, que la porte de la bouverie seroit convertie en une chapelle, où on célèbreroit chacun jour les sept heures canoniaux.

» *Item*, que dorénavant à toujours, quand mondit seigneur et ses successeurs, comtes et comtesses de Flandre, viendroient à Bruges, iceux de Bruges viendroient hors de ladite ville, portant les clés de toutes les portes, en perpétuelle mémoire d'obéissance.

» *Item*, que chacun an, le jour de leurs mesdits, ils feront en l'église de Saint-Donat, chanter une messe solennelle à diacre et à sous-diacre, où ils feront être vingt et quatre personnes, chacun tenant une torche ardente, tant que la messe durera, d'une livre de cire chacune torche, et à chacun quatre gros.

» *Item*, qu'au bout de la Lière, on fera une belle croix.

» *Item*, que les biens des bâtards ne seront plus affranchis à la mort, mais seront confisqués au prince.

» *Item*, que ceux de Bruges quitteront et rachetteront à mondit seigneur les rentes viagères, en quoi ces domaines sont tenus et obligés.

» *Item*, que ceux de Bruges n'auront plus de connoissance sur ceux de l'Écluse : c'est à savoir, que ceux de Bruges ne seront leur chef-lieu ; et ne les suivront plus ceux de l'Écluse en l'ost ni autrement ; et n'auront à faire avec eux, fors seulement en ce qui touche la marchandise.

» *Item*, que aux métiers qu'on fait à l'Écluse,

dont longuement a été question entre les deux villes, iceux de Bruges n'en auront plus nulle connoissance.

» *Item*, que ceux de Bruges ne pourront faire nulle armée, sur la forfaiture de corps et de biens.

» *Item*, quiconque feroit cesser les métiers, quand armes et dissensions se naîtroient, encourroit moult griéves peines contenues en la principale sentence.

» *Item*, sont réservées à mondit seigneur, aucunes personnes à être en sa volonté, de ceux de Bruges, et de ceux qui sont devenus bourgeois durant la dissension.

» *Item*, donneront et paieront ceux de Bruges, à mondit seigneur, deux cents mille riddes d'or.

» *Item*, ceux de la loi et autres dénommés de Bruges, iront dedans huit jours hors de la ville à l'encontre d'aucuns députés, qui y seront envoyés de par ledit duc, et les recevront en grand' obédience.

» *Item*, que nul ne sera plus bourgeois forain d'icelle ville s'il n'y demeure par trois fois quarante jours.

» *Item*, fut ordonné que le fils du seigneur de l'Ile-Adam auroit, pour la mort de son père, dix mille écus, avec aucunes amendes honorables; et pareillement amenderoient la mort du feure, à sa femme et à ses amis, lequel feure avoit été écartelé, pource qu'il avoit baillé les marteaux pour ouvrir la porte. »

Avec lesquelles amendises en y avoit de plusieurs autres, mises par écrit au principal traité, desquelles, pour cause de brièveté, je me tais d'en faire récitation ni mention. A laquelle sentence prononcer et ouïr, étoient présents à genoux, devant leur prince, en son hôtel dedans Arras, plusieurs notables personnes, et jusques au nombre de vingt et quatre à ce commis et députés de par la ville de Bruges, lesquels furent moult troublés pour la lecture et longueur d'icelle sentence, et tant qu'enfin le duc, ce voyant, par pitié ordonna qu'on les fît seoir pour être plus à leur aise. Et toutes ces besognes parfaites et accomplies, et que les dessusdits députés furent retournés en la ville de Bruges, assemblèrent le peuple en très grand nombre et multitude, et montrèrent la copie de la sentence, laquelle, pour le grand désir qu'ils avoient pour retourner à la grâce du prince leur naturel seigneur, fut à la plus grand' partie assez agréable. Et à aucuns autres gens de petit état, qui avoient eu gouvernement durant les tribulations, ne fut point plaisant, et eussent volontiers derechef, par leurs paroles séditieuses, ému le peuple contre les puissants ; ce que faire ne pouvoient, car ils doutoient grandement, après icelle paix, être punis de leurs outrages et démérites; et comme ils doutoient leur advint. Et dedans bref temps ensuivant, furent pris jusques au nombre de douze ou environ des principaux, qui avoient soutenu et entretenu toutes les rigueurs dont dessus est faite mention, lesquels eurent les hâtereaux (cous) coupés, et si en y eut plusieurs bannis qui se rendirent fugitifs.

Et fut faite cette justice, à la venue du damoiseau de Clèves, neveu du duc de Bourgogne, qui, de par lui, avec aucuns de son conseil, fut commis d'aller recevoir lesdites amendises, selon le contenu du traité fait et passé à Arras. Et par avant, avoient été envoyés devers ledit duc en la ville d'Arras, soixante-trois hommes, lesquels avoient été pris en la ville de Bruges, quand ledit duc en fut débouté; et à leur département de Bruges leur fut délivré à chacun une robe de vert, aux dépens de la dessusdite ville.

CHAPITRE CCXXVI.

Comment la guerre se rémut entre la duché de Bar et la comté de Vaudemont.

En l'an dessusdit, se rémut la guerre d'entre la duché de Bar et la comté de Vaudemont, pour ce principalement que messire Jean de Hossonville, sénéchal héritable de la duché de Lorraine, voulut prendre la ville de Vaudemont, sur aucune querelle qu'il se disoit y avoir. Et depuis qu'il eut failli de son entreprise, fit guerre ouverte, en boutant les feux en plusieurs lieux par ladite comté. Laquelle besogne venue à la connoissance du comte de Vaudemont, qui étoit agenouillé, monta à cheval hâtivement, et avecque lui Forte-Épice, atout environ cent combattants ; et poursuivit ses ennemis, tellement qu'il les atteignit à l'issue de son pays. Si les assaillit très vaillamment et vigoureusement ; et en conclusion, les mit en desroi (désordre), jà-soit-ce qu'ils fussent bien trois cents. Si en furent morts environ quarante, et autant de prisonniers ; et les autres se sauvèrent en fuyant ; et fut leur étendard, gagné sur eux, porté en l'église de Veselise.

Et tantôt après fut la guerre pleinement ouverte entre icelles parties, et allèrent les gens dudit comte courre sur leurs ennemis, lesquels furent rencontrés de messire Girard du Châtellier, et rués jus, et menés prisonniers à Mirecourt, qui est une bonne ville appartenant au duc de Lorraine. Et depuis, le dessusdit comte de Vaudemont prit ladite ville de Mirecourt, par l'aide de Floquet et de Forte-Épice. Si en rescouit (délivra) de ses gens, et en laissa ledit Floquet capitaine ; lequel bref en suivant la rendit aux Lorrains, et se retourna contre ledit comte, à la requête de La Hire. En outre, Blanchefort, Antoine de Chabannes, Chapelle, Gautier le Breton, Mathelin, et aucuns autres capitaines, atout leurs gens, menoient guerre aux Lorrains et aux Barrois, pour ledit comte de Vaudemont ; lequel leur avoit baillé en garde Veselise et aucunes autres de ses places. Mais après qu'ils eurent tout dégâté le pays, ils s'en retournèrent et trouvèrent manière d'avoir mandement, contenant qu'ils se partissent de là et servissent lesdits Lorrains et Barrois contre icelui comte. Lequel mandement ils montrèrent à messire Hector de Flavy, qui étoit gouverneur de la dessusdite comté de Vaudemont. Et tantôt après, les capitaines dessusdits délivrèrent la dessusdite ville de Veselise à iceux Lorrains, lesquels la désolèrent ; et tantôt après, quand ils eurent gâté grand' partie des pays, tant d'un côté comme d'autre, se départirent iceux François, qu'on nommoit écorcheurs, en commun langage, et se tirèrent vers les Allemagnes.

Auquel département ils eurent très grand' finance desdites duchés de Bar et de Lorraine ; et avec ce emmenèrent ôtages avec eux pour être payés du surplus ; desquels ôtages en étoit l'un le fils de messire Girard du Châtellier. Durant lequel temps, le roi de Sicile envoya son fils, le marquis du Pont, âgé de neuf ans, pour entretenir le pays. Et gouvernoient pour lui l'évêque de Toul et ledit messire Girard. Et un petit par avant, un nommé Vatelin Tieulier menoit guerre au comte de Vaudemont, et avoit sa retraite en un moult fort châtel, qui étoit à son beau-père, c'est à savoir le seigneur de Hartuel, lequel le soutenoit ; et avoit fait plusieurs dommages par feu et par épée en ladite comté de Vaudemont. Pour lesquels contre-venger, ledit comte de Vaudemont, accompagné de son neveu le comte de Blamont, le seigneur de Commercy et Forte-Épice, avecque le nombre de quatre cents combattants ou environ, alla devant ladite forteresse, et la prit par force d'assaut, et ledit chevalier dedans. Mais incontinent, lesdits Lorrains vinrent à grand' puissance pour bailler secours et aide à icelui chevalier, lesquels, voyant que sa place étoit prise, et leurs adversaires dedans, se retrahirent, et firent derechef moult grand' assemblée de gens pour mettre le siége devant Moûtier-sur-Saux. Et pource que messire Hector de Flavi avoit fait ardoir la ville, où ils se cuidoient bouter et loger, s'en retournèrent en leurs marches. Ainsi, et par cette manière, se détruisoient icelles deux parties.

FIN DU SIXIÈME VOLUME.

TABLE

DES

MATIÈRES CONTENUES DANS CE VOLUME.

LIVRE SECOND.

                                                Page

Chap. cvii. Comment le duc de Bar vint en la comté de Vaudemont pour la conquerre à force............ 1

Chap. cviii. Comment le duc de Bar, qui avoit assiégé la ville de Vaudemont, fut combattu du comte de Vaudemont, et déconfit par lui et ses aidants..... 7

Chap. cix. Comment le jeune roi Henri d'Angleterre vint à Paris en grand'compagnie pour être consacré à roi de France......................... 14

Chap. cx. Comment ceux que le duc de Bar avoit laissés devant Vaudemont se départirent après la bataille dessusdite............................ 20

Chap. cxi. Comment messire Jean de Luxembourg assembla gens et s'en alla en Champagne contre les François, où il conquit plusieurs forteresses; et autres matières............................ 22

Chap. cxii. Comment le duc d'Alençon prit prisonnier le chancelier de Bretagne.................. 25

Chap. cxiii. Comment les François cuidèrent prendre le château de Rouen...................... 27

	Page
Chap. cxiv. Comment les François prirent le châtel de Dommart, en Ponthieu, et menèrent le seigneur prisonnier...	31
Chap. cxv. Comment messire Thomas Kiriel, anglois, fut comme capitaine du châtel de Clermont, en Beauvoisis...	33
Chap. cxvi. Comment les habitants de Chauny-sur-Oise détruisirent et désolèrent le châtel et leur ville.	35
Chap. cxvii. Comment la cité de Chartres fut prise par les gens du roi Charles.................................	37
Chap. cxviii. Comment le cardinal de Sainte-Croix vint en France, de par le Saint-Père, pour apaiser la guerre des parties dessusdite...................	42
Chap. cxix. Comment le boulevert de Lagny-sur-Marne fut pris des Anglois............................	44
Chap. cxx. Comment Philebert de Vaudray, gouverneur de Tonnerre, et le seigneur d'Amont, allèrent servir le duc de Bedfort............................	47
Chap. cxxi. Comment le duc de Bedfort vint à grand' puissance devant la ville de Lagny-sur-Marne, pour aider et conforter les Anglois et Bourguignons, qui l'avoient assiégé, lesquels enfin s'en partirent sans nul conquêt..	48
Chap. cxxii. Comment les Gantois s'émurent contre aucuns des gouverneurs de leur ville.............	53
Chap. cxxiii. Comment messire Jean, bâtard de Saint-Pol, et le seigneur de Humières, furent pris des François..	55
Chap. cxxiv. Comment plusieurs maléfices furent faits et perpétrés és pays d'Amiénois, Santois et Vimeu.	56

Chap. cxxv. Comment le damoisel de Commercy prit

la ville de Ligny, en Barrois, appartenant à messire Jean de Luxembourg............................ 58

Chap. cxxvi. Comment la forteresse de la Bove, vers Laon, fut prise des Bourguignons, lesquels se contrefirent Anglois; et autres matières............. 60

Chap. cxxvii. Comment frère Thomas alla à Rome, où il fut ars.................................... 62

Chap. cxxviii. Comment la duchesse de Bedfort mourut.. 63

Chap. cxxix. Comment aucuns capitaines François passèrent la rivière de Somme pour courir en Artois.. 64

Chap. cxxx. Comment un moine de l'ordre saint Benoît voulut prendre le châtel Saint-Ange, à Rome.. 65

Chap. cxxxi. Comment la paix fut traitée entre le duc de Bar, d'une part, et le comte de Vaudemont..... 67

Chap. cxxxii. Comment la duchesse de Bourgogne accoucha d'un fils en la ville de Gand............. 68

Chap. cxxxiii. Comment la paix fut traitée entre le duc de Bar, d'une part, et les comtes de Saint-Pol et de Ligny, d'autre part........................ 69

Chap. cxxxiv. Comment la guerre s'émut entre messire Jean et messire Antoine de Vergy, d'une part, et le seigneur de Château-Vilain, d'autre part..... 71

Chap. cxxxv. Comment la paix fut traitée entre le duc de Bourgogne et les Liégeois.................. 73

Chap. cxxxvi. Comment le duc de Bedfort, qui se disoit régent de France, épousa la fille du comte de Saint-Pol................................... 74

Chap. cxxxvii. Comment la ville de Saint-Valery, en Ponthieu, fut prise des François................ 76

Chap. cxxxviii. Comment les ducs de Bedfort et de

TABLE

	Page
Bourgogne vinrent à Saint-Omer................	77

Chap. cxxxix. Comment en la cité de Tournai eut grand trouble et dissension pour l'évêché d'icelle, à cause de la mort de l'évêque dudit lieu, messire Jean de Torsy.................................... 78

Chap. cxl. Comment les François firent plusieurs conquêtes sur les marches de Bourgogne............. 82

Chap. cxli. Comment le duc de Bourgogne reconquit plusieurs forteresses que les François avoient conquises en son pays de Bourgogne................. 87

Chap. cxlii. Comment Gilles de Postelles fut accusé de trahison, dont il fut décapité................ 88

Chap. cxliii. Comment les François échelèrent la ville de Crespy, en Valois; et plusieurs autres matières.. 89

Chap. cxliv. Comment le duc de Bourgogne tint la journée de Passy; et comment il fit assiéger la ville et forteresse d'Avalon............................ 90

Chap. cxlv. Comment Pierre de Luxembourg, comte de Saint-Pol, assiégea la ville de Saint-Valery, auquel voyage il mourut......................... 92

Chap. cxlvi. Comment le seigneur de la Trimouille fut pris en l'hôtel du roi Charles, et rendit la vicomté de Thouars...................................... 95

Chap. cxlvii. Comment Guillaume de Coroam rua jus Jean de Beaurain; et comment la forteresse de Haplaincourt fut reconquise par messire Jean de Luxembourg.. 97

Chap. cxlviii. Comment les comtes de Saint-Pol et de Ligny tinrent la journée de Villiers-le-Carbonnel, et depuis ruèrent jus les François de la garnison de Laon... 99

DES MATIÈRES. 401

Page

CHAP. CXLIX. Comment La Hire et plusieurs autres François coururent en Artois et en Cambrésis; mais ce fut devant l'aventure dessusdite.............. 102

CHAP. CL. Comment le duc de Bourgogne tint la fête de la Toison d'or en la ville de Dijon; et comment il alla aux noces du fils du duc de Savoie......... 105

CHAP. CLI. Comment le concile de Bâle fut en cet an en grand état tenu............................ 107

CHAP. CLII. Comment la ville et le châtel de Provins, en Brie, que tenoient les François, furent pris des Anglois et Bourguignons; et aussi comment la ville et forteresse de Saint-Valery fut reprise des François.. 108

CHAP. CLIII. Comment le duc de Bourgogne retourna en ses pays de Bourgogne, en Flandre et en Artois, et amena avec lui Jean, fils du comte de Nevers; et autres matières................................ 110

CHAP. CLIV. Comment ledit Jean de Nevers fut ordonné à mettre le siége devant Moreul, et lui fut donné la comté d'Étampes...................... 111

CHAP. CLV. Comment le pape Eugène fut en discord contre les Romains, qui le voulurent tenir à Rome contre son gré.................................. 113

CHAP. CLVI. Comment le fort de Saint-Vincent, emprès Laon, fut démoli; et comment plusieurs forteresses furent conquises par les Bourguignons........... 114

CHAP. CLVII. Comment le seigneur de Talbot vint en France, où il conquit plusieurs villes et forteresses. 116

CHAP. CLVIII. Comment le comte d'Étampes reconquit la ville de Saint-Valery......................... 118

CHAP. CLIX. Comment les François prirent la ville de Ham-sur-Somme, en Vermandois................ 120

Chap. clx. Comment la ville et forteresse de Château-Vilain furent mises en l'obéissance du duc de Bourgogne. 122

Chap. clxi. Comment, à l'occasion de la guerre, grands tailles furent faites et cueillies sur le pays d'Artois et autres à l'environ.............................. 123

Chap. clxii. Comment les capitaines du duc de Bourgogne vinrent devant Ville-Franche, où étoit le duc de Bourbon; et comment après ils assiégèrent Belleville, laquelle se rendit............................... 124

Chap. clxiii. Comment le seigneur de Villeby et Mathagou, Anglois, mirent siége devant Saint-Sellerin; et comment, premiers les François, et depuis iceux Anglois, furent rués jus et déconfits......... 127

Chap. clxiv. Comment La Hire prit malicieusement le seigneur d'Auffemont.............................. 130

Chap. clxv. Comment les communes de Normandie s'élevèrent contre les Anglois et leurs garnisons... 131

Chap. clxvi. Comment La Hire prit le fort de Breteuil, en Beauvoisis, par force d'assaut................ 133

Chap. clxvii. Comment les ducs de Bourgogne et de Bourbon convinrent ensemble, en la cité de Nevers, sur traité et convention de paix................. 134

Chap. clxviii. Comment Amé, duc de Savoie, se rendit hermite en un manoir nommé Ripaille......... 140

Chap. clxix. Comment les communes de Normandie se rassemblèrent en grand nombre, et allèrent devant la ville de Caen............................... 142

Chap. clxx. Comment le duc Philippe de Bourgogne, avec la duchesse sa femme, retourna des pays de Bourgogne en Flandre et en Artois................ 144

Chap. clxxi. Comment les François prirent la ville de

DES MATIÈRES.

Page

Rue sur les Anglois.................................. 146

Chap. CLXXII. Comment La Hire, Pothon, Philippe de la Tour, et le seigneur de Fontaines déconfirent le comte d'Arondel, anglois, devant le châtel de Gerberoy.. 148

Chap. CLXXIII. Comment le duc de Bourgogne fut mal content et indigné sur ceux de la ville d'Anvers.... 153

Chap. CLXXIV. Comment les François prirent sur les Anglois la ville de Saint-Denis, en France........ 155

Chap. CLXXV. Comment les François, après qu'ils eurent fait unes lettres de trèves aux Bourguignons sur les marches de Beauvoisis, allèrent courre le pays de Boulenois et autres.................................. 158

Chap. CLXXVI. Comment les cardinaux de Sainte-Croix et de Chypre vinrent à Arras, pour être au grand parlement.. 161

Chap. CLXXVII. Comment Louis de Luxembourg, comte de Saint-Pol, épousa Jeanne de Bar, comtesse de Maile et de Soissons............................... 162

Chap. CLXXVIII. Comment les François furent rués jus vers Rethers, du bâtard de Humières............... 163

Chap. CLXXVIX. Comment les ambassadeurs du roi d'Angleterre vinrent à Arras pour être au grand parlement avec le duc de Bourgogne........................ 164

Chap. CLXXX. Comment les ambassadeurs de France vinrent en grand nombre en la ville d'Arras, pour être au parlement dessusdit........................ 166

Chap. CLXXXI. Comment messire Jean de Mer (Merle), chevaliers d'Espagne, et le seigneur de Chargny, furent armés l'un contre l'autre.................... 171

Chap. CLXXXII. Comment les François et Bourgui-

26.

gnons, étant en la ville d'Arras, étoient cordialement ensemble l'un avecque l'autre............ 177

Chap. clxxxiii. Comment le cardinal de Vincestre vint à Arras pour être à la convention, qui là étoit assemblée... 178

Chap. clxxxiv. Comment, durant le temps du parlement d'Arras, La Hire et Pothon vinrent courir et fourrager le pays du duc de Bourgogne................ 180

Chap. clxxxv. Comment les rois d'Arragon et de Navarre furent pris et déconfits devant Gaïette, par l'armée du duc de Milan......................... 183

Chap. clxxxvi. Comment le cardinal de Vincestre, atout toute l'ambassade des Anglois, se départit de la ville d'Arras; et comment autres ambassadeurs de plusieurs lieux vinrent en ladite ville........... 185

Chap. clxxxvii. Comment la paix fut faite et confirmée entre le roi Charles de France et le duc de Bourgogne, en la ville d'Arras................................. 186

Chap. clxxxviii. Comment les Anglois assiégèrent la ville de Saint-Denis, en France, laquelle enfin leur fut rendue par traité............................. 223

Chap. clxxxix. Comment Isabelle, la reine de France, trépassa en la ville de Paris...................... 228

Chap. cxc. Comment les cardinaux, et plusieurs autres ambassadeurs se départirent de la ville d'Arras; et comment le duc de Bourgogne constitua ses officiers ès bonnes villes et forteresses à lui données et accordées par le traité dessusdit................ 229

Chap. cxci. Comment, après la paix d'Arras, le duc de Bourgogne envoya aucuns de ses officiers d'armes devers le roi d'Angleterre et son conseil, pour remontrer les causes de la paix qu'il avoit faite au roi de France.. 231

Chap. cxcii. Comment le commun peuple de la cité d'Amiens s'émut pour les impositions qu'on vouloient remettre sus........................... 236

Chap. cxciii. Comment les François coururent et pillèrent le pays du duc de Bourgogne après la paix d'Arras; et comment le maréchal de Rieux prit villes et forteresses, en Normandie, sur les Anglois....... 241

Chap. cxciv. Comment les Anglois commencèrent à douter des Bourguignons qui menoient guerre avec eux contre le roi de France, et ne voulurent plus converser en leur compagnie; et autres matières en bref. 246

Chap. cxcv. Comment le roi Henri d'Angleterre envoya ses lettres à ceux du pays de Hollande, pour les attraire de sa partie; et la copie desdites lettres.. 249

Chap. cxcvi. Comment, après la paix d'Arras, le duc de Bourgogne conclut de faire et mener guerre aux Anglois................................. 253

Chap. cxcvii. Comment le duc de Bourgogne, avec aucuns de ses privés conseillers, se conclut d'aller assiéger et conquerre la ville de Calais........... 257

Chap. cxcviii. Comment la ville de Paris fut réduite en l'obéissance du roi Charles de France......... 262

Chap. cxcix. Comment Artus, comte de Richemont, connétable de France, fit guerre au damoiseau de Commercy................................... 267

Chap. cc. Comment l'évêque de Liége et ses Liégeois détroussèrent Bousseuvre et plusieurs autres forteresses qui leur faisoient guerre............... 270

Chap. cci. Comment les villes et forteresses d'Orchimont furent détruites et démolies par le damoisel Everard de la Marche.......................... 274

Page

Chap. ccii. Comment les Anglois de Calais coururent vers Boulogne et Gravelines, et déconfirent les Flamands; et de La Hire qui gagna Gisors et tantôt le perdit.. 276

Chap. cciii. Comment les Gantois et ceux du pays de Flandre firent grand appareil de guerre, pour aller devant la ville de Calais........................... 277

Chap. cciv. Comment messire Jean de Croy, bailli de Hainaut, atout plusieurs autres capitaines, assaillit les Anglois, dont il fut vaincu..................... 281

Chap. ccv. Comment les Flamands allèrent assiéger la ville de Calais, et comment ils en partirent..... 285

Chap. ccvi. Comment messire Florimont de Brimeu, sénéchal de Ponthieu, conquit la ville du Crotoy... 310

Chap. ccvii. Comment Humfroy, duc de Glocestre, arriva à Calais atout grand nombre de gens d'armes, et entra en Flandre et en Artois, et ès autres pays du duc de Bourgogne, où il fit moult de dommages... 312

Chap. ccviii. Comment les Flamands se remirent en armes depuis qu'ils furent retournés de Calais en leurs villes.. 315

Chap. ccix. Comment La Hire prit la ville et forteresse de Soissons; et autres matières......................... 321

Chap. ccx. Comment la duchesse de Bedfort, sœur au comte de Saint-Pol, se remaria de sa franche volonté; et comment le roi Charles de Sicile traita avec le duc de Bourgogne, à cause de sa délivrance; et comment les Anglois reprirent la ville de Pontoise... 323

Chap. ccxi. Comment le roi d'Écosse fut meurtri par nuit en sa chambre, par le comte d'Atholles, son oncle; et autres matières........................... 328

Chap. ccxii. Comment La Hire, Pothon et plusieurs autres capitaines du roi de France cuidèrent avoir la cité de Rouen; et comment ils furent assaillis et déconfits des Anglois, lesquels les surprirent en leurs logis..................................... 332

Chap. ccxiii. Comment ceux de Bruges s'émurent contre leur prince et ses officiers, et y eut grand débat et grand' occision.. 334

Chap. ccxiv. Comment Le Bourg de La Hire courut et fit moult de maux ès marches de Péronne, Roye et Mont-Didier.. 342

Chap. ccxv. Comment plusieurs capitaines François, au commandement du roi Charles de France, allèrent reconquêter plusieurs villes et forteresses que les Anglois tenoient; et comment ledit roi en sa propre personne, alla devant la ville de Montereau-Faut-Yonne, laquelle il reconquit............... 344

Chap. ccxvi. Comment ceux de Bruges issirent par plusieurs fois hors de leur ville et allèrent fourrager le plat pays.. 348

Chap. ccxvii. Comment les Anglois reconquirent la ville de Fécamp, en Normandie....................

Chap. ccxviii. Comment le seigneur d'Offemont prit La Hire prisonnier, où il jouoit à la paume, en la cité de Beauvais..................................... 351

Chap. ccxix. Comment Charles, roi de France, fit sa première entrée en la ville de Paris, depuis qu'elle fut réduite en son obéissance, et des préparations qu'on y fit..................................... 354

Chap. ccxx. Comment les Brugelins se commencèrent à modérer et envoyèrent leurs ambassadeurs devers le duc de Bourgogne pour avoir la paix........... 361

Chap. ccxxi. Comment le seigneur d'Auxy et messire Florimont de Brimeu, sénéchal de Ponthieu et d'Abbeville, allèrent assiéger le Crotoy.............. 362

Chap. ccxxii. Comment plusieurs capitaines françois, atout grand nombre de gens de guerre, qu'on appela écorcheurs, vinrent ae pays de Hainaut.......... 371

Chap. ccxxiii. Comment grandes pestilences et famines furent en cet an............................ 374

Chap. ccxxiv. Comment les Gantois firent nouvelle mutation et se remirent en armes, dont les feures furent les principaux...................... 376

Chap. ccxxv. Comment le traité se fit entre le duc de Bourgogne et ceux de la ville de Bruges.......... 389

Chap. ccxxvi. Comment la guerre se remut entre la duché de Bar et la comté de Vaudemont......... 393

FIN DE LA TABLE DES MATIÈRES.

www.ingramcontent.com/pod-product-compliance
Lightning Source LLC
Chambersburg PA
CBHW052118230426
43671CB00009B/1032